新星数学竞赛丛书

数学竞赛问题与感悟

第四卷：好题与妙解

主　编　冷岗松　吴尉迟

华东师范大学出版社

·上海·

图书在版编目(CIP)数据

数学竞赛问题与感悟. 第四卷,好题与妙解/冷岗松,吴尉迟主编. —上海:华东师范大学出版社,2020
(新星数学竞赛丛书)
ISBN 978 - 7 - 5760 - 0710 - 7

Ⅰ.①数… Ⅱ.①冷…②吴… Ⅲ.①中学数学课−高中−题解 Ⅳ.①G634.603

中国版本图书馆 CIP 数据核字(2020)第 176014 号

数学竞赛问题与感悟(第四卷:好题与妙解)

主 编	冷岗松 吴尉迟
总 策 划	倪 明
责任编辑	孔令志 芮 磊
特约审读	张丽玉
责任校对	时东明
装帧设计	高 山

出版发行 华东师范大学出版社
社 址 上海市中山北路 3663 号 邮编 200062
网 址 www.ecnupress.com.cn
电 话 021 - 60821666 行政传真 021 - 62572105
客服电话 021 - 62865537 门市(邮购)电话 021 - 62869887
地 址 上海市中山北路 3663 号华东师范大学校内先锋路口
网 店 http://hdsdcbs.tmall.com

印 刷 者 杭州日报报业集团盛元印务有限公司
开 本 787×1092 16 开
印 张 12
字 数 226 千字
版 次 2020 年 12 月第 1 版
印 次 2020 年 12 月第 1 次
书 号 ISBN 978 - 7 - 5760 - 0710 - 7
定 价 46.00 元

出 版 人 王 焰

序 言

数学新星网创刊于 2014 年元月. 创刊的宗旨是为参加国内外高层次的数学竞赛学生和他们的老师提供一个网上交流的平台. 五年来, 它坚持严格的择文标准, 宁缺毋滥, 因此成长为一个高质量的中学数学竞赛期刊. 现在, 它既是反映中学生数学创新能力的一个窗口, 又引导师生在数学竞赛活动中进行"研究型学习".

五年来, 数学新星网共发表各类文章 180 余篇, 新星征解问题 30 期 (共计 120 个问题).

数学新星网中最有特色的专栏是数学新星问题征解, 供题者有在读的中学生、教练员及年轻的数学家 (他们不少是当年的数学竞赛选手, 有些甚至是当年的国家队队员). 从第十三期开始, 新星征解栏由牟晓生 (2008 年 IMO 满分金牌获得者, 哈佛大学博士) 主持, 题目的新颖度和难度更是有了大的提升, 获得了广泛赞誉.

数学新星网中另一个亮丽的专栏是学生作品专栏. 学生投稿踊跃, 其中不少文章具有新的观点、新的视野及新的方法, 反映出中学生极强的创新能力. 不少学生作品得到一些专家和学者关注、讨论并给予精心指导. 在这里, 我们要特别感谢那些幕后的专家和学者的无私奉献. 也正是因为这样, 学生们的研究兴趣被大大激发, 研究能力也得到相应的提升. 现在, 学生们以能在新星网学生专栏中发表文章为荣. 我们也会为收到一篇优秀的学生作品而兴奋不已.

数学新星网的所有文章将分别在两个出版社正式出版. 其中有 27 篇学生作品将发表在由熊斌教授主编的《数学竞赛与初等数学研究》一书中, 由高等教育出版社出版. 其他的大多数文章和新星征解题都将收录新星系列丛书《数学竞赛问题与感悟》, 分三卷在华东师大出版社出版. 第一卷书名为《征解题集》, 主编: 牟晓生; 第二卷书名为《研究文集》, 主编: 冷岗松; 第三卷书名为《真题集锦》, 主编: 羊明亮.

在新星系列丛书出版之时, 我们特别感谢中国数学奥林匹克的创始人之一裘宗沪先生, 他一直关注数学新星网的创建和发展, 多次献计献策, 使我们备受鼓舞. 我们还要特别感谢华东师范大学的熊斌教授, 他一直特别关心新星网的建设, 给予很多鼓励, 在新星网文的出版过程中更是鼎力支持.

我们还要感谢余红兵、李伟固、吴建平、冯志刚、瞿振华、艾颖华、何忆捷、张思汇、付云皓、王彬、冯跃峰、萧振纲、边红平、张瑞祥、聂子佩、邹瑾、张端阳、李先颖等老师多年来对新星网的支持和厚爱. 我们还要感谢华东师大出版社的倪明和孔令志两位老师, 他们的辛勤劳动和支持, 使得这套系列丛书能够顺利出版. 我们也要感谢仁慧书院的张慧伦先生为新星网的宣传和传播所做的贡献.

最后我们还要感谢新星网的一些编辑人员: 施柯杰、杜昌敏、王广廷、席东盟、李晋、罗振华、吴尉迟、孙孟越、叶思及一些其他工作人员.

永无踌躇和休止, 不断追求和创新. 祝愿新星网越办越好!

冷岗松

2020 年 4 月

前　言

　　本书是新星数学丛书《数学竞赛问题与感悟》的第四卷：好题与妙解. 本书收集了 2016 年至 2019 年新星精品营的测试题、2019 年新星数学奥林匹克(NSMO)的试题、三篇选自作者讲义的解题札记.

　　在问题的选择过程中，题目的新颖度、难度、数学内含和教育功能都被考虑和评估，有些题目还被团队讨论过. 解答和评析也被反复琢磨与打造. 解法力求流畅、自然，既介绍通法也介绍妙解，其中包含了不少学生的优秀解法. 评析则着眼于问题的背景、难度分析、问题的难点和关键点等.

　　全书的总体难度是全国联赛二试水平，其中也有少量题的难度达到了 CMO 中难题的水平. 大多数题我们都统计了一个考试时的得分率. 读者在使用此书时可将其作为难度评估的一个参考指标.

　　著名的金牌教练李秋生老师(曾多次任中国国家队副领队，现为美国普林斯顿国际数理学校(PRISMS)校长)曾这样评价新星测试题："这些题目给人的感觉很'正'，不偏不怪，是数学的东西." 虽然和秋生老师的赞美之词尚有差距，但他说的正是我们多年的追求，也是我们编辑此书的初衷.

冷岗松

2020 年 12 月

目　录

一、新星测试题

003　2016 年秋季上海新星精品营两次测试题解答与评析

011　2017 年春季上海新星精品营两次测试题解答与评析

018　2017 年夏季上海新星精品营两次测试题解答与评析

029　2017 年秋季上海新星精品营两次测试题解答与评析

040　2018 年春季上海新星精品营两次测试题解答与评析

050　2018 年夏季上海新星精品营两次测试题解答与评析

060　2018 年秋季上海新星精品营两次测试题解答与评析

070　2019 年春季上海新星精品营两次测试题解答与评析

077　2019 年夏季上海新星精品营两次测试题解答与评析

089　2019 年秋季上海新星精品营两次测试题解答与评析

二、2019 新星奥林匹克(NSMO)真题及解答评析

101 2019 年春季上海新星数学奥林匹克试题解答与评析

111 2019 年夏季上海新星数学奥林匹克试题解答与评析

124 2019 年秋季上海新星数学奥林匹克试题解答与评析

三、解题札记

137 好题与妙解(一)

147 好题与妙解(二)

162 好题与妙解(三)

一、新星测试题

2016 年秋季上海新星精品营两次测试题解答与评析

2016 年上海数学新星秋季的精品班举行了两次测试(小考). 每次测试四题,时间 2 小时. 本文将介绍这两次测试试题的解答,由冷岗松、叶思整理. 我们将用题 1. x 表示第 1 次测试的第 x 题,题 2. y 的意义类似.

题 1.1　设 $k > n > 1$ 是整数,a_1, a_2, $\cdots$, $a_k \in (0, 1)$. 证明:

$$\min\{a_1(1-a_2)^n, a_2(1-a_3)^n, \cdots, a_k(1-a_1)^n\} \leqslant \frac{n^n}{(n+1)^{n+1}}.$$

证法 1　由算术-几何平均值不等式可得

$$
\begin{aligned}
x(1-x)^n &= \frac{1}{n} \cdot nx(1-x)^n \\
&= \frac{1}{n} \cdot nx \cdot \underbrace{(1-x)\cdots(1-x)}_{n\text{个}} \\
&\leqslant \frac{1}{n}\left(\frac{nx + n(1-x)}{n+1}\right)^{n+1} \\
&= \frac{n^n}{(n+1)^{n+1}}, \ \forall x \in (0, 1).
\end{aligned}
$$

因此

$$\prod_{i=1}^{k} a_i(1-a_i)^n \leqslant \left(\frac{n^n}{(n+1)^{n+1}}\right)^k.$$

上式可写为

$$\prod_{i=1}^{k} a_i(1-a_{i+1})^n \leqslant \left(\frac{n^n}{(n+1)^{n+1}}\right)^k,$$

其中 $a_{k+1} = a_1$.

故由抽屉原理知一定存在 $1 \leqslant i \leqslant k$ 使得 $a_i(1-a_{i+1})^n \leqslant \dfrac{n^n}{(n+1)^{n+1}}$. □

证法 2 设 $\max\limits_{1 \leqslant i \leqslant k}(a_i) = a_j$,则

$$左边 \leqslant a_{j-1}(1-a_j)^n \leqslant a_j(1-a_j)^n$$

$$= \frac{1}{n} \cdot na_j(1-a_j)^n$$

$$\leqslant \frac{1}{n}\left(\frac{na_j + n(1-a_j)}{n+1}\right)^{n+1}$$

$$= \frac{n^n}{(n+1)^{n+1}}.$$

证法 3 若存在 $1 \leqslant i \leqslant k$ 使得 $a_i \leqslant a_{i+1}$,其中 $a_{k+1} = a_1$. 则

$$左边 \leqslant a_i(1-a_{i+1})^n$$

$$\leqslant a_{i+1}(1-a_{i+1})^n$$

$$\leqslant \frac{1}{n} \cdot na_{i+1}(1-a_{i+1})^n$$

$$\leqslant \frac{1}{n}\left(\frac{na_{i+1} + n(1-a_{i+1})}{n+1}\right)^{n+1}$$

$$= \frac{n^n}{(n+1)^{n+1}},$$

若对 $\forall 1 \leqslant i \leqslant k$,$a_i \leqslant a_{i+1}$ 都不成立,则有 $a_1 > a_2 > \cdots > a_k > a_1$,矛盾!证毕. □

题 1.2 设 O 是 $\triangle ABC$ 的外心,$\triangle BOC$ 的外接圆的一条切线 l 与边 AB、AC 分别交于点 D、$E(D, E \neq A)$. 点 A' 是 A 关于直线 l 的对称点. 证明:$\triangle A'DE$ 的外接圆与 $\triangle ABC$ 的外接圆相切.

证法 1 记直线 l 与 $\triangle BOC$ 的外接圆的切点为 K.

令 $\triangle BDK$ 与 $\triangle CEK$ 的外接圆的交点为 X,$X \neq K$.

因为

$$\angle BXC = \angle BXK + \angle KXC$$

$$= \angle ADK + \angle KEA$$

$$= 180° - \angle CAB,$$

所以点 X 在 $\triangle ABC$ 外接圆 k 上.

另外，

$$
\begin{aligned}
\angle DXE &= \angle DXK + \angle KXE \\
&= \angle DBK + \angle KCE \\
&= \angle CKB - \angle CAB \\
&= \angle CAB \\
&= \angle DA'E,
\end{aligned}
$$

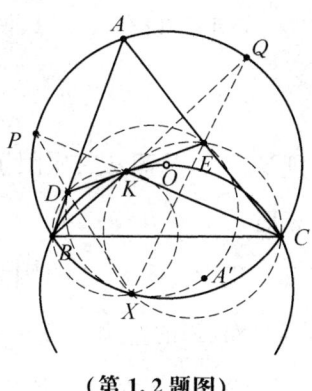

（第 1.2 题图）

所以 X 也在 $\triangle A'DE$ 的外接圆 k_1 上.

下面我们将证明圆 k、k_1 切于点 X.

如果 P 是直线 CK 和 XD 的交点，则

$$
\begin{aligned}
\angle XPC &= \angle XDE - \angle CKE \\
&= \angle XBK - \angle CBK \\
&= \angle XBC,
\end{aligned}
$$

这说明 P 位于圆 k 上. 类似地，直线 BK 和 XE 的交点 Q 在圆 k 上.

又由 $\angle XPQ = \angle XBQ = \angle XDK$，便知 $PQ \parallel DE$.

因此 $\triangle XDE$ 和 $\triangle XPQ$ 是关于位似中心 X 位似，所以它们的外接圆相切于 X.

证法 2　令直线 BK 和 CK 与 $\triangle ABC$ 的外接圆分别相交于点 Q 和点 P.

因为 $\angle CPQ = \angle CBQ = \angle CKE$，我们有 $PQ \parallel DE$.

令直线 DP 和 EQ 相交于点 X. 因为点 $D = PX \cap AB$，$K = PC \cap QB$，$E = AC \cap QX$ 三点共线，由帕斯卡（Pascal）定理的逆定理得 X 在由点 A、B、C、P、Q 形成的同一个圆上.

由于 $DE \parallel PQ$，因此 $\triangle XDE \backsim \triangle XPQ$，所以它们的外接圆彼此相切于位似中心 X.

最后，注意到

$$
\begin{aligned}
\angle DXE &= \angle PXQ = \angle PCA + \angle ABQ \\
&= \angle BKC - \angle BAC \\
&= \angle BAC = \angle DA'E,
\end{aligned}
$$

所以点 A' 在 $\triangle DEX$ 的外接圆上.　　□

题 1.3　设 $2 = p_1 < p_2 < \cdots$ 是全体质数. 证明：对 $n > 1$，$p_1 p_2 \cdots p_n - 1$ 不是整数的完全方幂.

证明 设有 $n > 1$,使

$$p_1 \cdots p_n - 1 = a^k, \tag{1}$$

则 $a > 1$,从而 a 有质因子,设质数 $p \mid a$.则 $p \geqslant p_{n+1}$(若 $p \leqslant p_n$,则 $p \mid p_1 \cdots p_n$,由(1)知 $p \mid 1$,矛盾)

我们证明 $k < n$,因为若 $k \geqslant n$,则(1)的右边 $\geqslant p^k \geqslant p^n \geqslant p_{n+1}^n$.

而(1)的左边 $< p_n^n - 1 < p_{n+1}^n$,矛盾.故 $1 < k < n$.

设 q 是 k 的一个质因子,则由于 $q < n < p_n$ 可知 q 是某个 p_i,$i = 1, \cdots, n-1$.

记 $x = a^{\frac{k}{q}}$,则(1)化为

$$p_1 \cdots p_n - 1 = x^q. \tag{2}$$

首先,q 必是奇质数.因若 $q = 2$,则由于 $3 \nmid x$,故 $x^2 \equiv 1 \pmod 3$,但(2)左边 $\equiv 0 - 1 \equiv 2 \pmod 3$,矛盾.故 q 是奇质数.由(2)推出 $x^q \equiv -1 \pmod q$(因 q 是 $p_1, \cdots, p_n$ 之一).

结合费马小定理推出

$$x \equiv (-1) \pmod q \,(\text{因 } x^q \equiv x \pmod q),$$

即 $x = -1 + qA$,故

$$x^q = (-1 + qA)^q = -1 + qA\binom{q}{1} + (qA)^2\binom{q}{2} + \cdots$$

$$\equiv -1 \pmod{q^2}.$$

即 $q^2 \mid x^q + 1$,由(2)知 $q^2 \mid p_1 \cdots p_n$,这不可能(因 $p_1, \cdots, p_{n-1}$ 互不相同). $\square$

题 1.4 一个古代部落用一种语言,它的词仅由两个字母 A、B 构成.研究者发现长度相等的任何两个词至少有三个位置不同.例如:词 $ABBAA$ 和词 $AAAAB$ 在第2、第3和第5个位置不同.

设整数 $n \geqslant 3$.证明:在这种语言中,长度为 n 的词不能多于 $\left\lfloor \dfrac{2^n}{n+1} \right\rfloor$ 个.

证明 设 C 表示长度为 n 的所有由 A、B 构成的字串,则有 $|C| = 2^n$.如果 $\forall x, y \in C$,令 $d(x, y)$ 表示 x 与 y 对应位置字母不同的个数(即汉明距离).显然地 $d(x, x) = 0$,$d(x, y) = d(y, x)$.对 $\forall x \in C$,我们定义 $C_x = \{y \in C \mid d(x, y) \leqslant 1\}$.则 $|C_x| = n + 1$.

如果 a、b 是这种给定语言中的长度为 n 的两个词,则 $d(a, b) \geqslant 3$,因此

$$C_a \bigcap C_b = \varnothing.$$

令 D 是这种语言中长度为 n 的所有词的集合,则

$$\bigcup_{a \in D} C_a \subset C.$$

注意到 $\{C_a\}_{a \in D}$ 是互不相交的,则

$$\left| \bigcup_{a \in D} C_a \right| \leqslant |C|,$$

且

$$\left| \bigcup_{a \in D} C_a \right| = (n+1) \cdot |D|.$$

因此

$$(n+1) \cdot |D| \leqslant 2^n.$$

故

$$|D| \leqslant \frac{2^n}{n+1},$$

结论成立. □

题 2.1　设 P 是 $\triangle ABC$ 的边 BC 内的一点(不同于 B 和 C),I_1、I_2 分别是 $\triangle ABP$ 和 $\triangle APC$ 的内心. $\triangle I_1 P I_2$ 的外接圆与边 BC 相交于 P 和 Q. 证明:$AB + QC = AC + QB$.

证明　不失一般性,不妨设 Q 在线段 PC 上.

令 ω_1 和 ω_2 分别表示 $\triangle ABP$ 和 $\triangle APC$ 的内切圆. 令关于圆 ω_1 和 ω_2 的内公切线 l(不同于 AP)与边 BC 交于 Q'. 我们证明 I_1、P、Q' 和 I_2 是共圆的,即有 $Q' \equiv Q$. 令 R 是直线 l 和 AP 的交点,由于 I_1 和 I_2 分别位于 $\angle PQ'R$ 的内角平分线和外角平分线上,我们有 $\angle I_1 Q' I_2 = 90°$.

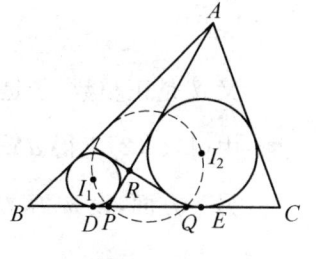

(第 2.1 题图)

类似地,我们有 $\angle I_1 P I_2 = 90°$. 因此,这个四边形 $I_1 P Q' I_2$ 在一个圆上,所以 $Q' \equiv Q$. 又注意到

$$DP = \frac{PB + PA - AB}{2}, \quad PE = \frac{PC + PA - AC}{2},$$

易证

$$DP = QE = PE - PQ.$$

于是

$$PQ = PE - DP = \frac{AB + PC - AC - PB}{2}.$$

因此

$$AC + QB = AC + BP + 2PQ - PQ$$
$$= AB + PC - PQ = AB + QC.$$

□

题 2.2　求所有正整数 n 使得存在 n 的一个因子 d 满足

$$dn + 1 \mid d^2 + n^2.$$

解　设 $n = ad$，则条件 $dn + 1 \mid d^2 + n^2$ 可重写为 $ad^2 + 1 \mid d^2 + a^2 d^2$。

因此

$$ad^2 + 1 \mid d^2 + a^2 d^2 - a \cdot (ad^2 + 1) = d^2 - a. \qquad (*)$$

(1) 若 $d^2 - a > 0$，则由 $(*)$ 知 $d^2 - a \geqslant ad^2 + 1$，注意到 a 是正整数，便有 $d^2 \geqslant ad^2 + a + 1 > d^2$，矛盾！

(2) 若 $d^2 - a < 0$，则 $a - d^2 > 0$，由 $(*)$ 可得

$$a - d^2 \geqslant ad^2 + 1.$$

又 d 是正整数，于是 $a \geqslant ad^2 + 1 + d^2 > a$，矛盾！

由 (1)、(2) 立得 $d^2 - a = 0$，即 $a = d^2$。此时便有 $n = d^3$，即 n 为立方数。

另一方面，设 n 为立方数，$n = d^3$，则有

$$d^4 + 1 \mid d^2 + d^6 = d^2(d^4 + 1),$$

满足要求。

故满足题意的 n 是全体立方数。

□

题 2.3　设 $P(z) = az^3 + bz^2 + cz + d$，其中 a、b、c、d 均为复数，且满足

$$\mid a \mid = \mid b \mid = \mid c \mid = \mid d \mid = 1.$$

证明:存在一个模为 1 的复数 z 使得 $|P(z)| \geqslant \sqrt{6}$.

证明 不妨设 $d=1$,否则用 $\left(\dfrac{a}{d}, \dfrac{b}{d}, \dfrac{c}{d}, 1\right)$ 代替 (a, b, c, d).

再不妨设 $a=1$,否则用 εz 代替 z,这里 ε 是 $\varepsilon^3 a=1$ 的某个复数. 此时

$$P(z) = z^3 + bz^2 + cz + 1.$$

再设 $w = \mathrm{e}^{\mathrm{i}\frac{2\pi}{3}}$,则

$$|P(1)|^2 + |P(w)|^2 + |P(w^2)|^2$$

$$= (2 + b + c)(2 + \bar{b} + \bar{c}) + (2 + w^2 b + wc)(2 + w\bar{b} + w^2\bar{c})$$

$$+ (2 + wb + w^2 c)(2 + w^2\bar{b} + w\bar{c})$$

$$= 18.$$

因此 $|P(1)|$、$|P(w)|$、$|P(w^2)|$ 中至少有一个不小于 $\sqrt{6}$,结论得证. $\qquad\square$

题 2.4 求同时满足下面条件的正整数集 $A = \{a_1, a_2, \cdots, a_{1000}\}$ 的个数:

(1) $a_1 < a_2 < \cdots < a_{1000} \leqslant 2014$;

(2) $\{a_i + a_j \mid 1 \leqslant i, j \leqslant 1000, \text{且 } i + j \in A\} \subseteq A$.

解 如果 A 一定具有 $B \cup C$ 的形式,其中 C 是 $\{2001, \cdots, 2014\}$ 的子集,$B = \{1, 2, \cdots, 1000 - |C|\}$,则我们称 A 为"好集". 因 $\{2001, \cdots, 2014\}$ 共有 2^{14} 个子集. 所以好集个数也是 2^{14} 个.

下面我们证明满足要求的集合有 2^{14} 个. 为此,我们仅需证明:

(i)每一个好集均满足要求;(ii)满足要求的集一定是好集.

为叙述方便,记 $S = \{a_i + a_j \mid 1 \leqslant i, j \leqslant 1000 \text{ 且 } i + j \in A\}$.

先证(i). 设 A 是一个好集,则 $|A| = 1000$. 且不妨设

$$A = \{a_1, \cdots, a_{1000}\}, \quad a_1 < a_2 < \cdots < a_{1000} \leqslant 2014.$$

对 $\forall i, j \leqslant 1000$,$i + j \in A$ 知 $i + j \leqslant 2000$,因此 $i + j \in B$.

因此存在一个 $k \leqslant 1000 - |C|$ 使得 $i + j = a_k = k$. 又因为 $a_k \leqslant 1000 - |C|$,于是也有 $i, j \leqslant 1000 - |C|$,因此 $a_i = i$,$a_j = j$,这意味着 $a_i + a_j = i + j = a_k \in A$. 这说明 $S \subseteq A$,即好集 A 满足要求.

再证(ii). 设 A 是满足要求的集. 若存在整数 $1 \leqslant k \leqslant 1000$ 使得 $a_k \in \{1001, \cdots, 2000\}$,则

我们有 $a_k = 1000 + i$, $i \in [1, 1000]$. 因此 $a_{1000} + a_i \in S$, 但 $a_{1000} + a_i > a_{1000}$, 矛盾!

这说明 A 一定能写成两个不相交集合 B、C 的并, 且具有形式 $B \cup C$. 其中 $C \subseteq \{2001, \cdots, 2014\}$, $B \subseteq \{1, 2, \cdots, 1000\}$. 记 $b = |B|$, 因为 C 至多有 14 个元, 故 $b \geqslant 986$.

为了证明 A 是好的, 我们仅需证明 $B = \{1, 2, \cdots, b\}$. 为此, 只需证明 B 的最大元 a_b 等于 b. 若不然, 设 $a_b \neq b$, 因为 $|B| = b$, 所以 $a_b > b$.

令 $i = a_b - b$, 则 $b + i = a_b \leqslant 1000$, 于是 $i \leqslant 1000 - b \leqslant 14 < b$. 因此 $a_i \leqslant 1000$, $a_b + a_i \leqslant 2000$. 又因为 $i + b = a_b \in A$, 所以 $a_b + a_i \in S \subset A$, 故 $a_b + a_i \in B$, 这与 a_b 的最大性矛盾. 因此 $a_b = b$, 故 A 是好的, 证毕. $\qquad\square$

2017 年春季上海新星精品营两次测试题解答与评析

2017 年 4 月末,上海数学新星夏季精品营举行了两次测试(小考). 每次测试四道题,时间为两小时 30 分钟. 本文介绍这些试题及给出相应的解答,由冷岗松、吴尉迟整理. 我们将用题 1. x 表示第 1 次测试的第 x 题,题 2. y 的意义类似.

题 1.1 设 a、b、k、m 都是正整数,已知等差数列 $\{an+b\}_{n=0}^{\infty}$ 中包含一个整数的 k 次幂. 证明:存在无穷多个 n 的值使得 $an+b$ 是 m 个非零整数的 k 次幂的和.

解 由题意,存在 $n_0 \in \mathbf{N}$,$c_0 \in \mathbf{N}_+$ 使 $an_0 + b = c_0^k$.

(1) $m = 1$ 时,考虑数 $(c_0 + ta)^k (t \in \mathbf{N}_+)$.

则 $(c_0 + ta)^k \equiv c_0^k \equiv b (\bmod a)$ 且 $(c_0 + ta)^k > c_0^k \geqslant b$.

所以 $(c_0 + ta)^k \in \{an+b\}_{n=0}^{\infty}$.

故 $\{an+b\}_{n=0}^{\infty}$ 中有无穷多个数为整数的 k 次幂.

(2) $m \geqslant 2$ 时,考虑数 $A_t = c_0^k + \underbrace{(ta)^k + (ta)^k + \cdots + (ta)^k}_{m-1 个} (t \in \mathbf{N}_+)$.

则 $A_t \equiv c_0^k \equiv b (\bmod a)$ 且 $A_t > c_0^k \geqslant b$.

所以 $A_t \in \{an+b\}_{n=0}^{\infty}$.

故 $\{an+b\}_{n=0}^{\infty}$ 中有无穷多个数为 m 个整数的 k 次幂之和.

综上,由(1)、(2)知,题目结论成立. □

评析 这是一道简单的数论题. 对 m 分类构造即可.

题 1.2 在锐角 $\triangle ABC$ 中,D 是边 BC 上任意一点,点 P、Q 分别是 D 在直线 AB 和 AC 上的射影. 证明:$[APQ] = [BCQP]$ 当且仅当 $\triangle ABC$ 的外心位于 PQ 上,其中 $[X]$ 表示 X 的面积.

解 设 D 是边 BC 上任一点(无需是角平分线的交点)且有 $DP \perp AB$,$DQ \perp AC$,垂足分别为 P、Q.

设 O 是 $\triangle ABC$ 的外心, AX 为这个外接圆的一条直径. 注意到 $BX \parallel DP$.

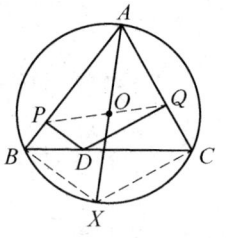

所以 $[BPD] = [XPD]$.

同理, $[CDQ] = [XDQ]$.

故

$$[BCQP] = [BPD] + [CDQ] + [PDQ]$$
$$= [XPD] + [XDQ] + [PDQ]$$
$$= [XPQ].$$

因此

$$[APQ] = [BCQP] \Leftrightarrow [APQ] = [XPQ]$$
$$\Leftrightarrow O \in PQ (因 O 为 AX 中点).$$

$\square$

评析 这是一道简单的几何题. 上述解法的关键是利用 A 的对径点 X, 构造出与四边形 $BCQP$ 等面积的 $\triangle PQX$.

题 1.3 证明:对一切 $c \in \mathbf{R}_+$, 存在正整数 n 使得可以在 $n \times n$ 的正方形方格点阵中取出 $\geqslant cn$ 个点, 且取出的任何三点不构成直角边平行于坐标轴的等腰直角三角形.

证明 令 $N = [c] + 1$, 则 $N > c$, $N \in \mathbf{N}_+$.

取 $n = N^2$, 将 $N^2 \times N^2$ 的正方形点阵用 $N-1$ 条水平线均等地分成 N 个 $N \times N^2$ 的长方形点阵.

在每个 $N \times N^2$ 的长方形点阵中我们以相同的方法取出 N^2 个点, 取法是:取出第 i 行中的第 $(i-1)N + 1$, $(i-1)N + 2$, $\cdots$, iN 个点. 这样取出了 N^2 个点.

如此, 在 $n \times n$ 即 $N^2 \times N^2$ 方阵中我们取出了 $N^3 = N \cdot n \geqslant cn$ 个点. 下面我们证明取出的这些点中任意三点不构成等腰直角三角形.

假设有等腰直角三角形 $\triangle ABC$, 设 C 为直角顶点, CA, CB 分别为水平, 竖直方向, 由取法知 $|CA| \leqslant N-1$, $|CB| = mN \geqslant N$, 其中 $m \in \mathbf{N}_+$, $|CA| \neq |CB|$, 与等腰直角三角形矛盾!

$\square$

评析 这是一道中等偏易的组合题. 关键的想法是取足够大的正方形格点, 再选取其中呈阶梯状分布的点.

题 1.4　设 n 是正整数,定义函数 $f:[0,1]^n \to [0,1]^2$ 如下:

$$f(x_1, x_2, \cdots, x_n) = \left(\frac{x_1 + x_2 + \cdots + x_n}{n}, \sqrt[n]{x_1 x_2 \cdots x_n}\right).$$

用 $I(n)$ 表示 f 在 $[0,1]^n$ 上的值域. 求 $\bigcup\limits_{n=1}^{\infty} I(n)$.

解法 1　记 $S = \bigcup\limits_{n=1}^{\infty} I(n)$. 由平均值不等式得 $1 \geqslant \dfrac{x_1 + x_2 + \cdots + x_n}{n} \geqslant \sqrt[n]{x_1 x_2 \cdots x_n}$.

又当 $\dfrac{x_1 + x_2 + \cdots + x_n}{n} = 1$ 时,由 $x_1, x_2, \cdots, x_n \in [0,1]$. 有 $x_1 = x_2 = \cdots = x_n = 1$. 此时,

$f(x_1, x_2, \cdots, x_n) = (1, 1)$.

所以 $(1, y) \in S$,当且仅当 $y = 1$.

故 $S \subset \{(x, y) \mid 0 \leqslant y \leqslant x < 1\} \cup \{(1, 1)\}$.

下证对 $\forall 0 \leqslant g \leqslant a < 1$ 均有 $(a, g) \in S$.

取 n 足够大使 $\dfrac{n-1}{n} > a$.

定义函数 $F(x) = ax \cdot \left(\dfrac{na}{n-1} - \dfrac{a}{n-1}x\right)^{n-1}$ $(x \in [0,1])$.

又因为 $F(0) = 0$, $F(1) = a^n$, $0 \leqslant g^n \leqslant a^n$.

由介值定理,存在 $r \in [0,1]$,使 $F(r) = g^n$.

此时,令 $x_1 = ar$, $x_2 = x_3 = \cdots = x_n = \dfrac{na}{n-1} - \dfrac{a}{n-1}r$.

则 $f(x_1, x_2, \cdots, x_n) = (a, \sqrt[n]{F(r)}) = (a, g)$.

所以 $(a, g) \in S$.

即有 $\{(x, y) \mid 0 \leqslant y \leqslant x < 1\} \subset S$.

综上, $S = \{(x, y) \mid 0 \leqslant y \leqslant x < 1\} \cup \{(1, 1)\}$. □

解法 2　由 $x_i \in [0,1]$ 及算术-几何平均值不等式有

$$0 \leqslant \sqrt[n]{x_1 x_2 \cdots x_n} \leqslant \frac{x_1 + x_2 + \cdots + x_n}{n} \leqslant 1.$$

且 $\dfrac{x_1 + x_2 + \cdots + x_n}{n} = 1$ 时,必有 $x_1 = x_2 = \cdots = x_n = 1$. 进而 $\sqrt[n]{x_1 x_2 \cdots x_n} = 1$.

故 $I(n) \subseteq M = \{(a, b) \mid 0 \leqslant b \leqslant a < 1\} \cup \{(1, 1)\}$. 所以 $\bigcup\limits_{n=1}^{+\infty} I(n) \subseteq M$.

下证 $M \subseteq \bigcup\limits_{n=1}^{+\infty} I(n)$.

显然,$(1, 1) \in \bigcup\limits_{n=1}^{+\infty} I(n)$.

对于 $0 \leqslant b \leqslant a < 1$ 的 (a, b).

考虑 $f(x, x, \cdots, x, y) = \left(\dfrac{(n-1)x + y}{n}, \sqrt[n]{x^{n-1}y} \right)$,只需 $x, y \in [0, 1]$ 时,

$$\begin{cases} \dfrac{(n-1)x + y}{n} = a, \\ \sqrt[n]{x^{n-1}y} = b \end{cases}$$

有解.亦即 $x \in [0, 1] \bigcap \left[\dfrac{an-1}{n-1}, \dfrac{an}{n-1} \right]$ 时,

$$x^{n-1}(an - (n-1)x) = b^n \qquad\qquad (*)$$

有解.

因为 $a < 1$,所以可取 n 足够大,使 $\dfrac{an}{n-1} < 1 \Leftrightarrow n > \dfrac{1}{1-a}$.

$(*)$ 左边为关于 x 的连续函数.

又当 $x = \dfrac{an}{n-1} \in [0, 1] \bigcap \left[\dfrac{an-1}{n-1}, \dfrac{an}{n-1} \right]$ 时,$(*)$ 左边为 0.

当 $x = a \in [0, 1] \bigcap \left[\dfrac{an-1}{n-1}, \dfrac{an}{n-1} \right]$ 时,$(*)$ 左边为 $a^n \geqslant b^n$.

所以由介值定理知,$(*)$ 必有解.

即对于 $0 \leqslant b \leqslant a < 1$ 的任意 (a, b),都有 $(a, b) \in \bigcup\limits_{n=1}^{+\infty} I(n)$.

所以 $M \subseteq \bigcup\limits_{n=1}^{+\infty} I(n)$.

综上,$\bigcup\limits_{n=1}^{+\infty} I(n) = M = \{(a, b) \mid 0 \leqslant b \leqslant a < 1\} \bigcup \{(1, 1)\}$. □

评析　这是一道中等难度的代数题.难点是证明 $\{(a, b) \mid 0 \leqslant b \leqslant a < 1\}$ 在值域中.上述解法取部分变量相等,将多元情形转化为二元情形,再利用介值定理得到结论.

题 2.1　设 n 是给定的正整数,$x, y, z > 0$ 且满足 $x^2 + y^2 + z^2 = 1$.证明:

$$\dfrac{x}{1 - x^n} + \dfrac{y}{1 - y^n} + \dfrac{z}{1 - z^n} \geqslant \dfrac{(1+n)^{1 + \frac{1}{n}}}{n}.$$

证明　只需证局部不等式

$$\frac{x}{1-x^n} \geqslant \frac{(1+n)^{1+\frac{1}{n}}}{n} x^2.\qquad (*)$$

事实上,由平均值不等式得

$$(nx^n)(1-x^n)^n \leqslant \left(\frac{nx^n + n(1-x^n)}{n+1}\right)^{n+1} = \frac{n^{n+1}}{(1+n)^{n+1}}.$$

对两边开 n 次方,整理就是($*$),得证. □

评析　这是一道中等难度的代数题.关键是利用平均值不等式证明局部不等式.

题 2.2　设 P 是一个有限质数集,证明:存在正实数 c,使得对任意正整数 n,在 $1, \cdots, n$ 中质因子都属于 P 的正整数的个数不超过 $c\sqrt{n}$.

证明　将 $1, \cdots, n$ 中满足要求的正整数表示成 $a_i b_i^2$ 的形式,其中 a_i 不含 1 以外的平方因子.则 a_i 是 P 中不同质数的乘积,至多有 $2^{|P|}$ 种可能;$b_i \leqslant \sqrt{a_i b_i^2} \leqslant \sqrt{n}$,至多有 $\sqrt{n}$ 种可能.因此至多有 $2^{|P|}\sqrt{n}$ 个正整数满足要求,取 $c = 2^{|P|}$ 即可. □

评析　本题源于《数学天书中的证明》第 1 节厄尔多斯(Erdös)在证明质数的倒数和发散时所用方法的一部分,只是将叙述作了一定的改变.

这是一道容易的数论题.上述解法通过将正整数的平方因子与非平方因子分离,再分别估计大小得出结论.

题 2.3　$\triangle ABC$ 的内切圆与三边 BC、AC、AB 分别相切于点 D、E、F.设 M 是线段 EF 的中点,L 是 $\triangle DMF$ 的外接圆与线段 AB 的交点,K 是 $\triangle DME$ 的外接圆与线段 AC 的交点.证明:$\triangle AKL$ 的外接圆与直线 BC 相切.

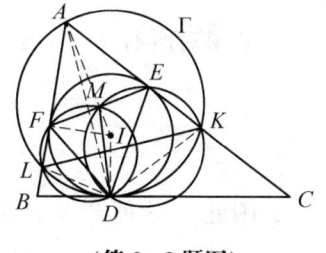

(第 2、3 题图)

证明　连结 AM、AI、ID、IF、DL、DK.令 I 是 $\triangle ABC$ 的内心,Γ 是过点 A、K、L 的外接圆,因为

$$\angle AKD = \angle EKD = 180° - \angle DME = \angle DMF$$
$$= 180° - \angle FLD = 180° - \angle ALD.$$

所以,D 在 Γ 上.故,要证明 BC 与 Γ 相切,即要证 $\angle DAL = \angle BDL$.

因为 $AE = AF$,$EM = MF$,所以 $AM \perp EF$ 且 AM 平分 $\angle EAF$.即 A、M、I 三点共线.又

$$\angle BDL = 90° - \angle IDL$$
$$= 90° - (\angle IDM + \angle MDL)$$
$$= (90° - \angle MDL) - \angle IDM$$
$$= (90° - \angle MFA) - \angle IDM \qquad (1)$$
$$= \angle FAM - \angle IDM$$
$$= \angle DAL + \angle DAM - \angle IDM.$$

因为$\triangle AFI$是直角三角形,又$FM \perp AI$,所以$IF^2 = IM \cdot IA$. 由$IF = ID$,得$ID^2 = IM \cdot IA$. 故由圆幂定理知,过点A、M、D的圆与直线ID相切于点D,即$\angle IDM = \angle DAM$. 由(1)有$\angle DAL = \angle BDL$. $\qquad \square$

题 2.4 设$A \subset \{1, 2, \cdots, n\}$是一个$\left[\dfrac{n}{3}\right] + 2$元集,且不包含两个连续整数. 证明:存在$A$中元素$x < y < z$使得$(x, y, z)$成等差数列或者$(x, y, z-1)$成等差数列.

解法 1 设$k = \left[\dfrac{n}{3}\right] + 2$,$A = \{a_1, a_2, \cdots, a_k\}$,定义$b_i = a_{i+1} - a_i$,$i = 1, 2, \cdots, k-1$,则

$$\sum_{i=1}^{k-1} b_i = a_k - a_1 \leqslant n - 1.$$

又因为A不包含两个连续整数,所以$b_i \geqslant 2$对所有$1 \leqslant i \leqslant k-1$都成立. 再注意到$\left[\dfrac{n}{3}\right] \geqslant \dfrac{n-2}{3}$,所以$k - 1 \geqslant \dfrac{n+1}{3}$.

如果对所有$1 \leqslant i \leqslant k-1$均有$b_i \geqslant 3$,则

$$\sum_{i=1}^{k-1} b_i \geqslant n + 1,矛盾!$$

因此b_i不能全大于等于3,且由上和式的值知$\{b_i\}$至少要有两个2. 如果b_i中有一个比3大,这样我们需要增加至少一个2. 这样$\{b_i\}$中2的个数比$\{b_i\}$中大于3的数的个数至少多两个. 这样,有可能$b_{k-1} = 2$,则所有另外的2一定要有另外不等于2的元相邻,但不能所有这些2的相邻者都比3大. 因此,至少有一个2与2或3相邻. 若$b_i = b_{i+1} = 2$,则(a_i, a_{i+1}, a_{i+2})成等差数列. 如果$b_i = 2$和$b_{i+1} = 3$,则$(a_i, a_{i+1}, a_{i+2} - 1)$是一个等差数列. $\qquad \square$

解法 2 设$x < y < z$是整数. 我们说(x, y, z)是"好的"当且仅当它们不是连续整数,且(x, y, z)或$(x, y, z-1)$是等差数列.

下面对 n 用归纳法证明此结论.

当 $n=1,2,3,4,6$,这时集 A 不包含至少三个元,结论成立.且容易验证 $n=5,7,8,9,10,11,12$,满足要求.任意集 A 一定包含一个"好的"三元组.

下设 $n>12$,假设结论对 $k=\left(\left[\dfrac{n}{3}\right]+2\right)$ 成立.先考虑 n 的情况.假设集 $A=\{a_1,a_2,\cdots,a_k\}$ 满足条件.如果 (a_1,a_2,a_3) 是一个"好的"三元组,结论已成立.因此不妨设 (a_1,a_2,a_3) 不是"好的",这样需要考虑两种情况:

(1) 当 $a_2-a_1\geqslant 3$ 时,令 $B=\{a_2-3,a_3-3,\cdots,a_k-3\}$,则 B 满足 $n-3$ 时的条件,由归纳假设知存在 B 的"好的"三元组 (x,y,z),这时 $(x+3,y+3,z+3)$ 也是 A 的"好的"三元组,结论成立.

(2) 当 $a_2-a_1=2$ 时,则不妨设 $a_3-a_2\geqslant 4$(否则 (a_1,a_2,a_3) 也是"好的",结论成立).这时令 $B=\{a_3-6,a_4-6,\cdots,a_k-6\}$,$B$ 满足 $n-6$ 时的条件,由归纳假设知包含一个 B 的"好的"三元组 (x,y,z).因此,$(x+6,y+6,z+6)$ 也是 A 的一个"好的"三元组,结论成立. □

评析　这是一道中等难度的组合题.解法 1 通过对 $\{a_i\}$ 相邻两项之差 $\{b_i\}$ 进行大小估计,得出取值为 2 的个数比 3 的至少多两个;解法 2 对 a_2-a_1 分类归纳.

2017年夏季上海新星精品营两次测试题解答与评析

2017年5月28日和30日,上海数学新星秋季精品班举行了两次测试(小考).每次测试四题,时间2小时.本文介绍这两次测试试题的解答,由冷岗松、吴尉迟、赵岩整理.我们将用题1.x表示第1次测试的第x题,题2.y的意义类似.值得指出的是,其中一些解法是和雅礼中学尹龙晖、刘哲成两位同学讨论得到的,在此表示感谢.

题1.1 证明:序列$a_n = \underbrace{33\cdots31}_{n个3}$,$n = 1, 2, \cdots$ 中一定包含无穷多个合数.

证法1 由$a_n = \underbrace{33\cdots31}_{n个3}$知$a_n = \dfrac{10^{n+1} - 7}{3}$($n \in \mathbf{N}_+$).

令$n = 30t + 1$($t \in \mathbf{N}_+$),注意到31是质数,且$(10, 31) = 1$,由费马(Fermat)小定理,有

$$10^{n+1} - 7 = 10^{30t+2} - 7 = (10^{30})^t \cdot 10^2 - 7$$
$$\equiv 10^2 - 7 \equiv 0 \pmod{31}.$$

又$a_n = \dfrac{10^{n+1} - 7}{3} \in \mathbf{N}_+$,且$(3, 31) = 1$,所以$31 \mid a_n$.

又注意到$\{a_n\}$是单调递增数列,所以$a_n \geqslant a_{31} > 31$.从而$a_n$为合数.

由t的任意性得$\{a_n\}$中包含无穷多个合数. $\square$

证法2 由题意知$a_n = \dfrac{10^{n+1} - 7}{3}$($n \in \mathbf{N}_+$).注意到

$$10^9 = 10 \cdot (10^2)^4 \equiv 10 \times (-2)^4 \equiv 10 \times (-1) \equiv 7 \pmod{17},$$

由$(10, 17) = 1$,以及费马小定理,可得

$$10^{16} \equiv 1 \pmod{17}.$$

因此,取$n = 16k + 8$($k \in \mathbf{N}$),则

$$10^{n+1} - 7 = 10^{16k+9} - 7 \equiv 10^9 - 7 \equiv 0 \pmod{17}.$$

又 $(3, 17) = 1$，且 $10^{n+1} - 7 \geqslant 10^9 - 7 > 17$．因此，对于 $n = 16k + 8(k \in \mathbf{N})$，有 a_n 为合数．

故 $\{a_n\}$ 中有无穷多项为合数． □

评析 事实上，常系数线性递推数列在模 $m(m \in \mathbf{N}_+)$ 意义下是周期数列，故由 $a_{n+1} = 10a_n + 21$ 知 $\{a_n\}$ 是 $\bmod p$ 的周期数列，于是只需用费马小定理找一个初始项为 p 的倍数即可．

题 1.2 设 $a_1, a_2, \cdots, a_n$ 是正实数使得 $a_1 + a_2 + \cdots + a_n = 1$．记

$$b_k = \frac{a_k}{a_k^2 + a_k a_{k+1} + a_{k+1}^2}, \quad k = 1, 2, \cdots, n,$$

其中 $a_{n+1} = a_1$．证明：

$$\left(\sum_{k=1}^n a_k^4 \right) \left(\sum_{k=1}^n b_k^2 \right) \geqslant \frac{1}{9}.$$

证明 先证一个局部．对任意 $1 \leqslant k \leqslant n$，由均值及柯西不等式得

$$(a_k^2 + a_k a_{k+1} + a_{k+1}^2)^2 \leqslant \frac{9}{4} (a_k^2 + a_{k+1}^2)^2 \leqslant \frac{9}{2} (a_k^4 + a_{k+1}^4).$$

从而，由柯西不等式，有

$$\left(\sum_{k=1}^n a_k^4 \right) \left(\sum_{k=1}^n b_k^2 \right) \geqslant \left(\sum_{k=1}^n a_k^4 \right) \cdot \frac{\left(\sum_{k=1}^n a_k \right)^2}{\sum_{k=1}^n (a_k^2 + a_k a_{k+1} + a_{k+1}^2)^2}$$

$$\geqslant \frac{1}{9} \left(\sum_{k=1}^n (a_k^4 + a_{k+1}^4) \right) \left(\frac{1}{\sum_{k=1}^n (a_k^4 + a_{k+1}^4)} \right)$$

$$\geqslant \frac{1}{9}.$$

证毕． □

评析 利用均值及柯西不等式将 b_k^2 化为 $\frac{9}{2}(a_k^4 + a_{k+1}^4)$，然后再次利用柯西不等式可得结果．

题 1.3 在 $\triangle ABC$ 中，已知 $AB = AC$．B_1、C_1 分别是边 AB、AC 上的点使得 $BB_1 = AC_1$．点 S 与 B、C 位于直线 $B_1 C_1$ 的同一侧且使得

$$\angle SB_1C_1 = \angle SC_1B_1 = \angle BAC.$$

证明:点 B、C、S 共线的充要条件是 $\triangle ABC$ 是等边三角形.

证法1 如图①所示.过点 B_1 作 AC 的平行线交 BC 于点 P,连结 PC_1.

则由 $B_1P \parallel AC$,知

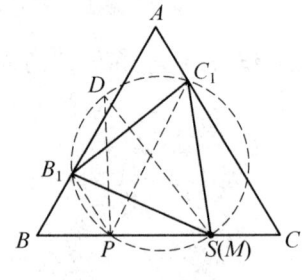

$$\frac{BP}{PC} = \frac{BB_1}{B_1A} = \frac{AC_1}{C_1C}.$$

从而 $C_1P \parallel AB$,即四边形 AB_1PC_1 为平行四边形.故

（第1.3题图①）

$$\angle C_1PC = \angle ABC = \angle ACB = \angle B_1PB.$$

所以 BC 为 $\angle B_1PC_1$ 的外角平分线.

从而 BC 经过 $\triangle B_1PC_1$ 外接圆 $\overset{\frown}{B_1PC_1}$ 的中点 M.事实上,作 $\angle B_1PC_1$ 的内角平分线交 $\odot B_1PC_1$ 于点 D.则 $\angle DPC = 90°$,$\odot B_1PC_1$ 交 BC 于 M,从而 DM 为直径,即 M 为 $\overset{\frown}{B_1PC_1}$ 中点.

故

$\angle BAC = 60° \Leftrightarrow \angle BAC = 180° - 2\angle BAC$

$\qquad \Leftrightarrow \angle B_1PC_1 = \angle B_1SC_1$（因为 $\angle B_1PC_1 = \angle BAC$,$\angle SB_1C_1 = \angle SC_1B_1 = \angle BAC$）

$\qquad \Leftrightarrow \angle B_1MC_1 = \angle B_1SC_1$

$\qquad \Leftrightarrow M$ 与 S 重合（因为 S、M 均在 B_1C_1 中垂线上）

$\qquad \Leftrightarrow S$ 在 BC 上.

结合 $AB = AC$,知 $\triangle ABC$ 为等边三角形 $\Leftrightarrow S$、B、C 三点共线. $\qquad\square$

证法2 先证充分性:当 $\triangle ABC$ 为正三角形时,由 $\angle SB_1C_1 = \angle SC_1B_1 = \angle BAC = 60°$,知 $\triangle B_1C_1S$ 也为正三角形.从而由 $B_1S = B_1C_1$,$BB_1 = AC_1$,以及

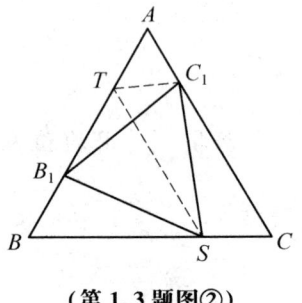

$$\angle BB_1S = 180° - \angle SB_1C_1 - \angle AB_1C_1$$
$$= 120° - \angle AB_1C_1$$
$$= 180° - \angle BAC - \angle AB_1C_1$$
$$= \angle AC_1B_1,$$

（第1.3题图②）

知 $\triangle AB_1C_1 \cong \triangle BSB_1$. 从而 $\angle B_1BS = \angle B_1AC_1 = 60° = \angle ABC$.

故 S 在直线 BC 上, 从而 S、B、C 三点共线. 充分性得证.

再证必要性: 当 B、S、C 三点共线时,

$$\angle BB_1S = 180° - \angle AB_1C_1 - \angle SB_1C_1$$
$$= 180° - \angle AB_1C_1 - \angle BAC = \angle AC_1B_1.$$

同理, $\angle SC_1C = \angle AB_1C_1$.

由 $AB = AC$, 知 $\angle ABC = \angle ACB$. 由正弦定理, 有

$$\frac{\sin\angle BB_1S}{BS} = \frac{\sin\angle ABC}{B_1S} = \frac{\sin\angle ACB}{C_1S} = \frac{\sin\angle SC_1C}{SC}.$$

于是

$$\frac{BS}{CS} = \frac{\sin\angle BB_1S}{\sin\angle CC_1S} = \frac{\sin\angle AC_1B_1}{\sin\angle AB_1C_1} = \frac{AB_1}{AC_1} = \frac{AB_1}{BB_1}.$$

在边 AB 上取点 T, 使得 $AT = BB_1$, 连结 TC_1、TS. 则

$$\frac{BT}{TA} = \frac{AB_1}{BB_1} = \frac{BS}{CS} \Rightarrow TS \parallel AC.$$

从而 $\angle B_1TS = \angle BAC = \angle SC_1B_1$, 故 B_1、S、C_1、T 四点共圆. 于是 $\angle SB_1C_1 = \angle STC_1$.

注意到 $AT = BB_1 = AC_1$, 知 $TC_1 \parallel BC$. 所以 $\angle BAC = \angle SB_1C_1 = \angle STC_1 = \angle ACB$. 综合 $AB = AC$, 知 $\triangle ABC$ 为等边三角形. $\square$

证法 3 只证明必要性.

由 $\angle SB_1C_1 = \angle SC_1B_1 = \angle BAC$, 知 B_1S、C_1S 为 $\odot AB_1C_1$ 的切线. 设 $\triangle AB_1C_1$ 的外接圆半径为 R.

由 $B_1S = C_1S$, $\angle B = \angle C$, 知 $\triangle BSB_1$ 与 $\triangle C_1SC$ 的外接圆为等圆. 设外接圆半径为 R'.

由正弦定理,

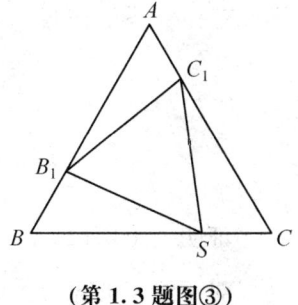

(第 1.3 题图③)

$$BS = 2R' \cdot \sin\angle BB_1S = 2R' \cdot \sin\angle AC_1B_1 = \frac{R'}{R} \cdot AB_1.$$

同理, $SC = \frac{R'}{R}AC_1$.

因为 $AC_1 = BB_1$, 得

$$BC = BS + SC = \frac{R'}{R}AB_1 + \frac{R'}{R}AC_1 = \frac{R'}{R} \cdot AB.$$

又由正弦定理,有

$$\sin A = \frac{R'}{R}\sin C. \tag{1}$$

又因为 $B_1S = 2R' \cdot \sin B$,且 $B_1S = \frac{B_1C_1}{2\cos A} = \frac{2R\sin A}{2\cos A} = R \cdot \tan A$. 故

$$\frac{R'}{R} = \frac{\tan A}{2\sin B}. \tag{2}$$

由(1)、(2)可知

$$\frac{\tan A}{2\sin B} = \frac{\sin A}{\sin C}.$$

注意到 $B = C$,有 $\cos A = \frac{1}{2}$. 故 $A = 60°$.

结合 $AB = AC$,知 $\triangle ABC$ 为等边三角形. □

评析 充分性易于证明,只需证明 $\triangle AB_1C_1 \cong \triangle BSB_1$;必要性可以通过同一法或者正弦定理计算角度得到.

题 1.4 设 m 是正整数,$m \geqslant 2$,整数 $s > \frac{m(m+1)}{2}$. 证明:存在正整数 $x_1, x_2, \cdots, x_s, y_1, y_2, \cdots, y_s$ 使得 $\{x_i\}$ 不是 $\{y_i\}$ 的排列,且对 $\forall k \in \{1, 2, \cdots, m\}$ 有

$$\sum_{j=1}^{s} x_j^k = \sum_{j=1}^{s} y_j^k.$$

证明 不妨设 $x_1, x_2, \cdots, x_s$ 互不相等.

对于给定的充分大的正整数 N,考虑集合

$$A = \{\{x_1, x_2, \cdots, x_s\} \mid 1 \leqslant x_i \leqslant N, 1 \leqslant i \leqslant s\},$$

则

$$|A| = \frac{N(N-1)\cdots(N-s+1)}{s!}.$$

记 $T_k = \sum_{j=1}^{s} x_j^k (k = 1, 2, \cdots, m).$ 考虑集合

$$B = \{(T_1, T_2, \cdots, T_m) \mid \{x_1, x_2, \cdots, x_s \in A\}\}.$$

由于 $T_k = \sum_{j=1}^{s} x_j^k \leqslant s \cdot N^k$, 故

$$\mid B \mid \leqslant s^m \cdot N^{\frac{m(m+1)}{2}}.$$

注意到 $\dfrac{N(N-1)\cdots(N-s+1)}{s!}$ 是关于 N 的 s 次多项式, 且 $s > \dfrac{m(m+1)}{2}$. 故可取充分大的正整数 N, 使得

$$\frac{N(N-1)\cdots(N-s+1)}{s!} > s^m \cdot N^{\frac{m(m+1)}{2}}.$$

从而存在 $\{x_1, x_2, \cdots, x_s\}$ 与 $\{y_1, y_2, \cdots, y_s\}$ 不同, 使得对任意 $k \in \{1, 2, \cdots, m\}$, 有

$$\sum_{j=1}^{s} x_j^k = \sum_{j=1}^{s} y_j^k. \qquad \square$$

评析 有些同学采用归纳法证明此题, 但没有做完. 这是因为归纳证明需要对 k 或 s 归纳, 对 s 归纳奠基困难, 对 k 归纳递归困难; 此题可采用计数方法 (抽屉原理证明), 为了能计数, 自然要给 x_i 加上一个界, 此题可以取 x_i 为 $[1, N]$ 中的整数.

题 2.1 设 z_1、z_2、z_3、z_4 是 4 个模为 1 的复数, 且满足 $z_1 + z_2 + z_3 + z_4 = 0$. 证明: z_1、z_2、z_3、z_4 中必有两个的和为零.

证法 1 注意到复平面内的三角形 $z_1 z_2 z_3$ 的垂心 $z_1 + z_2 + z_3 = -z_4$ 在单位圆上, 而锐角三角形的垂心在外接圆内, 钝角三角形的垂心在外接圆外, 故三角形 $z_1 z_2 z_3$ 为直角三角形, 从而 $z_1 + z_2$、$z_2 + z_3$、$z_3 + z_1$ 之一为 0. $\qquad \square$

证法 2 若 z_1、z_2、z_3、z_4 共线, 则由题设知, $z_1 + z_2$、$z_2 + z_3$、$z_3 + z_1$ 之一为 0. 若 z_1、z_2、z_3、z_4 不共线, 设 $\overrightarrow{z_1}$ 的起点为 A, 终点为 B; $\overrightarrow{z_2}$ 的起点为 B, 终点为 C; $\overrightarrow{z_3}$ 的起点为 C, 终点为 D; $\overrightarrow{z_4}$ 的起点为 D, 终点为 A. 则由 $\mid z_1 \mid = \mid z_2 \mid = \mid z_3 \mid = \mid z_4 \mid = 1$ 知四边形 $ABCD$ 是菱形, 故 $z_1 + z_3 = 0$. $\qquad \square$

证法 3 注意到

$$(z_1 + z_2)(z_1 + z_3)(z_1 + z_4)$$

$$= z_1^3 + z_1^2(z_2 + z_3 + z_4) + z_1(z_2 z_3 + z_3 z_4 + z_2 z_4) + z_2 z_3 z_4$$

$$= z_1^2(z_1 + z_2 + z_3 + z_4) + z_1 z_2 z_3 z_4(\overline{z_1} + \overline{z_2} + \overline{z_3} + \overline{z_4}) = 0,$$

从而 $z_1 + z_2$，$z_1 + z_3$，$z_1 + z_4$ 中必有一项为 0. □

证法 4 令 $u_1 = \dfrac{z_1}{z_4}$，$u_2 = \dfrac{z_2}{z_4}$，$u_3 = \dfrac{z_3}{z_4}$. 则

$$u_1 + u_2 + u_3 = -1, \tag{1}$$

且 $|u_1| = |u_2| = |u_3| = 1$. 从而

$$\overline{u_1 + u_2 + u_3} = -1,$$

即 $\overline{u_1} + \overline{u_2} + \overline{u_3} = -1$. 又因为 $u_i \overline{u_i} = 1$，$i = 1, 2, 3$，于是

$$\frac{1}{u_1} + \frac{1}{u_2} + \frac{1}{u_3} = -1.$$

即 $u_1 u_2 + u_2 u_3 + u_3 u_1 = -u_1 u_2 u_3$. 令

$$u_1 u_2 + u_2 u_3 + u_3 u_1 = k = -u_1 u_2 u_3. \tag{2}$$

由(1)、(2)可知 u_1、u_2、u_3 为方程

$$x^3 + x^2 + kx + k = 0$$

的根. 而 -1 也是该方程的根.

故 u_1、u_2、u_3 中有一个为 -1.

从而 z_1、z_2、z_3、z_4 中有两个复数之和为 0. □

评析 本题是一道简单题. 从几何的观点去看，其一，由三角形 $z_1 z_2 z_3$ 的垂心 $z_1 + z_2 + z_3 = -z_4$ 在单位圆上，得出三角形 $z_1 z_2 z_3$ 是直角三角形；其二，由 $z_1 + z_2 + z_3 + z_4 = 0$ 知可构造四边形，加上边长关系可得该四边形为菱形. 从代数的观点看，若 z_1、z_2、z_3、z_4 中有两项之和为零，则由 $z_1 + z_2 + z_3 + z_4 = 0$ 知 $z_1 + z_2$，$z_1 + z_3$，$z_1 + z_4$ 中必有一项为 0.

题 2.2 设 $ABCD$ 是一个等腰梯形 ($AD \parallel BC$)，点 K 和 N 分别是边 AB 和 CD 上的点且使得 $AK = CN$. 线段 KN 与对角线 AC 和 BD 分别交于 S 和 T. 证明：$\triangle AKS$、$\triangle BKT$、$\triangle CNS$ 和 $\triangle DNT$ 这四个三角形的外接圆共点.

证明 取四边形 $ABCD$ 的外接圆的圆心 O,连结 OB、OC、OK、ON、OD.

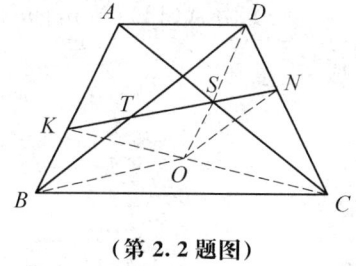

(第 2.2 题图)

注意到 $ABCD$ 是一个等腰梯形,则 O 在 BC 的中垂线上,从而 $\angle KBO = \angle OCD = \angle ODC$.

又 $OB = OD$, $KB = DN$,所以

$$\triangle KBO \cong \triangle NDO.$$

从而 $OK = ON$, $\angle KOB = \angle DON$. 于是 $\angle BOD = \angle KON$.

注意到 $\triangle BOD$ 与 $\triangle KON$ 均为等腰三角形,所以

$$\angle OKN = \angle ONK = \angle OBD = \angle ODB.$$

故 K、B、O、T; D、N、O、T 分别四点共圆.

同理,K、A、S、O; C、N、S、O 也分别四点共圆.

故 $\triangle AKS$、$\triangle BKT$、$\triangle CNS$ 和 $\triangle DNT$ 这四个三角形的外接圆共点(即为等腰梯形 $ABCD$ 外接圆的圆心). □

评析 本题可以从两方面理解:其一,若记 AC 和 BD 交于 M,此题本质上等价于完全四边形 $AKBTSM$、$DMTSCN$ 的密克尔(Miquel)点相同;其二,从几何变换来看,由于线段 AKB 全等于线段 CND,存在点 O,使得以 O 为中心作旋转变换,可以使 AKB 旋转到 CND,点 O 即为题中四圆所共的点.

题 2.3 设函数 $L(n): \mathbf{N}_+ \to \mathbf{N}_+$ 定义如下:$L(n)$ 是 m 个连续正整数的乘积总被 n 整除的最小正整数 m. 例如 $L(2) = 2$, $L(6) = 3$, $L(100) = 10$. 对 $m \in \mathbf{N}_+$,令 $A(m) = \{n \mid L(n) = m\}$.

(1) 如果 p 是质数,求 $A(p)$;

(2) 求 $|A(14)|$,并确定 $A(14)$ 中的最大元和最小元.

证明 注意到,任意连续 m 个正整数的乘积都能被 $m!$ 整除. 故 $L(n)$ 是使 $n \mid m!$ 的最小正整数 m. 从而

$$A(m) = \{n \mid L(n) = m\} = \{n \mid n \mid m!, \ n \nmid (m-1)!\}.$$

(1) 当 p 为质数时,由 $A(p) = \{n \mid n \mid p!, \ n \nmid (p-1)!\}$ 知对任意 $n \in A(p)$,有 $p \mid n$.

事实上,若 $p \nmid n$,则由 $n \mid p!$ 知 $n \mid (p-1)!$ 这与 $n \in A(p)$ 矛盾. 故

$$A(p) = \{pn \mid n \mid (p-1)!\}.$$

(2) 由 $A(14) = \{n \mid n \mid 14!, n \nmid 13!\}$,即知 $A(14)$ 是由 $14!$ 的正约数去掉 $13!$ 的正约数构成. 注意到

$$13! = 2^{10} \times 3^5 \times 5^2 \times 7 \times 11 \times 13,$$

$$14! = 2^{11} \times 3^5 \times 5^2 \times 7^2 \times 11 \times 13.$$

故 $|A(14)| = \tau(14!) - \tau(13!) = 1008$.

$A(14)$ 中的最大元显然为 $14!$.

$A(14)$ 中的最小元为 49.

评析 此题需要注意到任意连续 m 个正整数的乘积都能被 $m!$ 整除.

题 2.4 设 $A = \{1, 2, \cdots, 9\}$. 求满足下面条件的双射 $f : A \to A$ 的个数:存在至少一个 $i \in A$ 使得 $|f(i) - f^{-1}(i)| > 1$.

解 满足条件的双射 f 的个数为 $359\ 108$.

我们称正整数数组 $(i_1, i_2, \cdots, i_k)$ 为"k -圈",如果对任意 $1 \leqslant t \leqslant k$,有 $f(i_t) = i_{t+1}$,且 $i_{k+1} = i_1$.

下面,我们考虑满足 $(*)$:$\forall 1 \leqslant i \leqslant 9$,$|f(i) - f^{-1}(i)| \leqslant 1$ 的双射 f 的个数.

将 $1, 2, \cdots, 9$ 分成若干个互不相交的图的并,我们证明只存在"1 -圈","2 -圈","4 -圈".

事实上,对满足 $(*)$ 的一个"k -圈",有

$$
\begin{array}{ccccc}
i_1 & i_2 & \cdots & i_{k-1} & i_k \\
\downarrow & \downarrow & & \downarrow & \downarrow \\
i_2 & i_3 & \cdots & i_k & i_1
\end{array}
$$

(1) 若 $k = 3$,则

$$|i_1 - i_3| = 1, \quad |i_2 - i_1| = 1, \quad |i_2 - i_3| = 1,$$

其中 i_1、i_2、i_3 互不相同.

不妨设 i_1 最大,则 $i_2 = i_1 - 1$,$i_3 = i_1 - 1$,即 $i_2 = i_3$,这是矛盾的.

故 $k \neq 3$.

(2) 若 $k \geqslant 5$,则不妨设 i_1 最大. 由

$$|i_1 - i_3| = 1, \quad |i_{k-1} - i_1| = 1,$$

有 $i_3 = i_1 - 1$,$i_{k-1} = i_1 - 1$,得 $i_3 = i_{k-1}$.

但当 $k \geqslant 5$ 时，$i_{k-1} \neq i_3$，这是矛盾的！

故 $k \leqslant 4$.

故只存在"1 -圈"，"2 -圈"和"4 -圈".

又对任一个"4 -圈"，(i_1, i_2, i_3, i_4) 满足 $|i_1 - i_3| = |i_2 - i_4| = 1$. 即"4 -圈"中是形如 $i, i+1, j, j+1 (1 \leqslant i < j \leqslant 8$ 且 $j \neq i+1)$ 这样的四个数（两个奇数，两个偶数）.

下面分三种情况计数：

(i) 存在两个"4 -圈". 此时有 4 组相邻的数，余下的数必为奇数. 从 1、3、5、7、9 中任取一个. 有 5 种方式. 此时 4 组相邻的数唯一确定.

其组合方式，将这 4 组相邻数分为两个"4 -圈". 有 3 种方式，而每个圈内都有两种可能，故满足条件（＊）的双射的个数为

$$5 \times 3 \times 2^2 = 60 (\text{种}).$$

(ii) 恰有一个"4 -圈"，包含的数为 $i, i+1, j, j+1$. $1 \leqslant i < j \leqslant 8, j \neq i+1$. 此时有 $2C_7^2 = 42$ 种（圈内都有两种可能）.

剩下的 5 个数被分成若干个"1 -圈"与"2 -圈"的并. 由于

$$5 = 1 + 1 + 1 + 1 + 1 \rightarrow 1 \text{ 种,}$$
$$5 = 1 + 1 + 1 + 2 \rightarrow C_5^2 = 10 \text{ 种,}$$
$$5 = 1 + 2 + 2 \rightarrow \frac{C_5^2 \cdot C_3^2}{2!} = 15 \text{ 种,}$$

此时，满足条件（＊）的双射 f 的个数为

$$42 \times (1 + 10 + 15) = 1092 (\text{种}).$$

(iii) 没有"4 -圈"，注意到

$$9 = \underbrace{1 + 1 + \cdots + 1}_{9 \uparrow} \rightarrow 1 \text{ 种,}$$
$$9 = \underbrace{1 + 1 + \cdots + 1}_{7 \uparrow} + 2 \rightarrow C_9^2 \text{ 种,}$$
$$9 = \underbrace{1 + 1 + \cdots + 1}_{5 \uparrow} + 2 + 2 \rightarrow \frac{C_9^2 \cdot C_7^2}{2!} \text{ 种,}$$
$$9 = 1 + 1 + 1 + 2 + 2 + 2 \rightarrow \frac{C_9^2 \cdot C_7^2 \cdot C_5^2}{3!} \text{ 种,}$$
$$9 = 1 + 2 + 2 + 2 + 2 \rightarrow \frac{C_9^2 \cdot C_7^2 \cdot C_5^2 \cdot C_3^2}{4!} \text{ 种,}$$

此时,满足条件(＊)的双射 f 的个数为

$$1+C_9^2+\frac{C_9^2 C_7^2}{2!}+\frac{C_9^2 C_7^2 C_5^2}{3!}+\frac{C_9^2 C_7^2 \cdot C_5^2 \cdot C_3^2}{4!}=2620(种).$$

综上,满足原题设要求的 f 共有 $9!-(60+1092+2620)=359\,108(个)$.   □

评析   首先,自然要考虑这个问题的反面;若将 1、2、3、4、5、6、7、8、9 对应一个图 9 个点,若 $f(i)=j$ 则连一条从 i 到 j 的边,注意到各个点的出度和入度均为 1,故这个图由若干个圈组成,考虑圈长的可能性,再分类讨论.

2017 年秋季上海新星精品营两次测试题解答与评析

2017 年 11 月 19 日和 21 日,上海数学新星秋季精品班举行了两次测试(小考).每次测试四道题,时间为两个半小时.本次介绍这两次测试试题的解答,由冷岗松、吴尉迟、叶思整理.我们将用题 1.x 表示第 1 次测试的第 x 题,题 2.y 的意义类似.值得指出的是,其中一些解法由长郡中学李帅,巴蜀中学关典,雅礼中学段钦瀚同学提供,在此表示感谢.

题 1.1 设 AB 是圆 $\odot O$ 的直径,CD 是 $\odot O$ 的一条垂直于 AB 的弦,E 是 CO 的中点,AE 与 $\odot O$ 交于 F,线段 BC 与 AF、DF 分别交于 M、L,$\triangle DLM$ 的外接圆与 $\odot O$ 交于 K.证明:$KM = MB$.

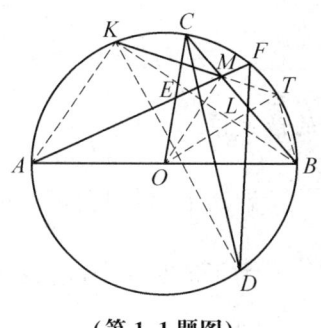

(第 1.1 题图)

下面的解法属于湖南省长郡中学李帅同学.他还指出题中的条件 $CD \perp AB$ 是多余的.

证明 延长 KM 交 $\odot O$ 于点 T,连结 AK、KD、MO、TM、TO、TB、BK.

因为 D、K、M、L 四点共圆,所以 $\angle CMK = \angle KDF$,从而 $\overset{\frown}{KF} = \overset{\frown}{KC} + \overset{\frown}{TB}$,因此 $\overset{\frown}{CF} = \overset{\frown}{BT}$,故 $\overset{\frown}{CT} = \overset{\frown}{BF}$.

要证 $MK = MB$,只需证 $MO \perp KB$,即等价证明

$$MO \;/\!/\; AK \Leftrightarrow \angle OMT = \angle AKM \Leftrightarrow \angle OMK = \angle ABT$$

$$\Leftrightarrow O、M、T、B \text{ 四点共圆} \Leftrightarrow \angle OMB = \angle OTB$$

$$\Leftrightarrow \angle OMB = \angle OBT \Leftrightarrow \angle OMB = \frac{1}{2}\overset{\frown}{AT} = \frac{1}{2}(\overset{\frown}{AC} + \overset{\frown}{CT})$$

$$\Leftrightarrow \angle OMB = \frac{1}{2}(\overset{\frown}{AC} + \overset{\frown}{BF}) \Leftrightarrow \angle OMB = \angle AMC$$

$$\Leftrightarrow \triangle CME \backsim \triangle BMO (\text{因为 } \angle OBM = \angle ECM).$$

对 $\triangle OBC$ 和截线 AEM 用梅涅劳斯(Menelaus)定理可知

$$\frac{CM}{MB} \cdot \frac{BA}{AO} \cdot \frac{OE}{EC} = 1.$$

所以 $\frac{CM}{BM} = \frac{1}{2} = \frac{CE}{BO}$,又因为 $\angle OBM = \angle ECM$,所以 $\triangle CME \backsim \triangle BMO$. □

评析 这个问题的难度超出我们的预期,只有 32% 的同学做对此题.此题图形较为复杂,且三角和代数方法很难奏效,对几何能力的要求很高.遗憾的是命题者没有发现题中的条件 $CD \perp AB$ 是多余的.事实上,当 A、B、C、D 这四个点已经确定时,点 E、F、M 也被唯一确定,所以点 T 也唯一确定,故点 K 也唯一确定(可以发现,点 K 的位置与点 D 无关).

题 1.2 设 $n \geqslant 2$ 是给定的正整数,对任意满足 $a_k \geqslant a_1 + \cdots + a_{k-1}$,$k = 2, \cdots, n$ 的正实数 $a_1, a_2, \cdots, a_n$,求

$$S = \frac{a_1}{a_2} + \frac{a_2}{a_3} + \cdots + \frac{a_{n-1}}{a_n}$$

的最大值.

解法 1 满足要求的最大值是 $\frac{n}{2}$.

为了证明这个,记 $A_k = a_1 + \cdots + a_k$,$k = 0, \cdots, n-1$,并约定 $A_0 = a_0 = 0$.由题意可知,$A_k \leqslant a_{k+1}$,$k = 0, \cdots, n-1$,

$$S = \sum_{k=1}^{n-1} \frac{a_k}{a_{k+1}} = \sum_{k=1}^{n-1} \frac{A_k - A_{k-1}}{a_{k+1}}$$

$$= \sum_{k=1}^{n-2} A_k \left(\frac{1}{a_{k+1}} - \frac{1}{a_{k+2}} \right) + \frac{A_{n-1}}{a_n}$$

$$\leqslant \sum_{k=1}^{n-2} a_{k+1} \left(\frac{1}{a_{k+1}} - \frac{1}{a_{k+2}} \right) + 1$$

$$= \sum_{k=1}^{n-2} \left(1 - \frac{a_{k+1}}{a_{k+2}} \right) + 1$$

$$= n - 1 + \frac{a_1}{a_2} - \sum_{k=1}^{n-1} \frac{a_k}{a_{k+1}}$$

$$\leqslant n - \sum_{k=1}^{n-1} \frac{a_k}{a_{k+1}} = n - S.$$

因此,$S \leqslant \frac{n}{2}$,当 $a_k = 2^{k-2} a_1$,$k = 2, 3, \cdots, n$,其中 $a_1 \in \mathbf{R}_+$ 时等号成立.

故 S 的最大值为 $\dfrac{n}{2}$.

下面介绍重庆巴蜀中学关典同学证明 $S \leqslant \dfrac{n}{2}$ 的解法.

解法 2 为证 $S \leqslant \dfrac{n}{2}$. 用归纳法证明更强一点的结论：

$$T_n = \frac{a_1}{a_2} + \cdots + \frac{a_{n-2}}{a_{n-1}} + \frac{a_{n-1}}{a_1 + \cdots + a_{n-1}} \leqslant \frac{n}{2}, \ n \geqslant 2.$$

$n = 2$ 时，$T_n \leqslant 1$ 显然成立.

$n = 3$ 时，$T_3 = \dfrac{a_1 + a_2}{a_2} + \dfrac{a_2}{a_1 + a_2} - 1$，令 $\dfrac{a_1 + a_2}{a_2} = x$，则 $x \in (1, 2]$.

这时 $T_3 = x + \dfrac{1}{x} - 1 \leqslant 2 + \dfrac{1}{2} - 1 = \dfrac{3}{2}$.

假设结论对 $n-1(n \geqslant 4)$ 成立，即有 $T_{n-1} \leqslant \dfrac{n-1}{2}$. 下面考虑 n 的情况.

这时若能证明下面的不等式

$$\frac{a_{n-2}}{a_{n-1}} + \frac{a_{n-1}}{a_1 + \cdots + a_{n-1}} \leqslant \frac{a_{n-2}}{a_1 + \cdots + a_{n-2}} + \frac{1}{2}, \qquad (*)$$

则由归纳假设和（＊）知

$$T_n = \frac{a_1}{a_2} + \frac{a_2}{a_3} + \cdots + \frac{a_{n-3}}{a_{n-2}} + \frac{a_{n-2}}{a_{n-1}} + \frac{a_{n-1}}{a_1 + \cdots + a_{n-1}}$$

$$\leqslant \frac{a_1}{a_2} + \frac{a_2}{a_3} + \cdots + \frac{a_{n-3}}{a_{n-2}} + \frac{a_{n-2}}{a_1 + \cdots + a_{n-2}} + \frac{1}{2}$$

$$= T_{n-1} + \frac{1}{2} \leqslant \frac{n-1}{2} + \frac{1}{2} = \frac{n}{2},$$

这说明结论对 n 成立.

下证（＊）.

注意到（＊）等价于

$$\frac{a_{n-2}(a_1 + \cdots + a_{n-1}) + a_{n-1}^2}{a_{n-1}(a_1 + \cdots + a_{n-1})} \leqslant \frac{2a_{n-2} + a_1 + \cdots + a_{n-2}}{2(a_1 + \cdots + a_{n-2})}.$$

记 $A = a_1 + \cdots + a_{n-2}$，则上式等价于

$$2a_{n-2}A^2 + 2a_{n-2}a_{n-1}A + 2Aa_{n-1}^2 \leqslant (2a_{n-2} + A)a_{n-1}^2 + (2a_{n-1} + A)Aa_{n-1},$$

即

$$(2a_{n-2}-A)a_{n-1}^2 + A^2 a_{n-1} \geqslant 2a_{n-1}A^2.$$

下证上式成立:

由条件知 $a_{n-1} \geqslant A$, $2a_{n-2}-A \geqslant 0$. 故

$$(2a_{n-2}-A)a_{n-1}^2 + A^2 a_{n-1} \geqslant (2a_{n-2}-A)A^2 + A^2 \cdot A = 2a_{n-2}A^2.$$

故(∗)得证. □

评析 此题难度超过我们的预期,仅有 15% 的同学做对.上述解法 1 的要点是首先运用阿贝尔(Abel)变换进行恒等变形,但变形后的式子不能直接求最大值,而是要用条件将它放缩为含 S 的代数式.上述解法 2 的要点是不能直接对 S 用归纳法(因为并不能断定 $\dfrac{a_{n-1}}{a_n} \leqslant \dfrac{1}{2}$,用归纳假设得到的结果弱于结论),而要采用加强的归纳法,即转而证明更强一点的结果 $T_n \leqslant \dfrac{n}{2}$. 这样便将问题转化为证明(∗)式.(∗)式的证明如果处理不当会相当繁琐,但如果将 a_{n-1} 看作主变元,将它转化为关于 a_{n-1} 的二次不等式就不难处理了.有多位同学采用上述加强归纳法来证明本题.

题 1.3 设 $\{x_i\}_{i=1}^{\infty}$ 是一个正整数序列,使得对每一对正整数 m, n 有 $x_{mn} \neq x_{m(n+1)}$. 证明:存在一个正整数 i 使得 $x_i \geqslant 2017$.

证明 我们称正整数 $i < j$ 是"连通的",若存在正整数 m、n 使得 $i = mn$, $j = m(n+1)$. 由题设知,若 i、j 是连通的,则 $x_i \neq x_j$.

为证结论,只需证 $\{x_i\}_{i=1}^{\infty}$ 中有 2017 个不同的项.为此,只需证明存在 $\{x_i\}_{i=1}^{\infty}$ 的一个子序列 $x_{i_1}, \cdots, x_{i_{2017}}$ 使得 $i_1, \cdots, i_{2017}$ 中的任何两项均是连通的.

下面,我们用归纳方法证明更一般的结论:对任意正整数 $k \geqslant 2$,正整数集 $\mathbf{N}_+$ 中能选出 k 个不同的正整数 $i_1, \cdots, i_k$ 使得其中任两项均是连通的.

$k = 2$ 时,结论显然成立.

假设结论对 k 成立,即存在两两连通的 k 个正整数 $i_1, i_2, \cdots, i_k$. 现考虑 $k+1$ 的情况.

注意到对任意正整数 $i < j$, i、j 是连通的当且仅当 $(j-i) \mid i$. 这样如果 i、j 是连通的,则对任意满足 $i \mid a$ 的正整数 a 有 $a+i$ 与 $a+j$ 也是连通的.

现记 $A = i_1 i_2 \cdots i_k$,则由归纳假设知下面的 $k+1$ 个数:$A, A+i_1, \cdots, A+i_k$ 中的任何两项均是连通的.这说明结论对 $k+1$ 成立. □

评析　此题是一个难度适中的问题. 它本质上可转化为下面问题: 对任给的正整数 k, 存在 $\mathbf{N}_+$ 的一个 k 元子集 S 满足对 S 中的任意两个元 $i < j$ 有 $(j-i) \mid i$.

这使我们联想到早年一个十分类似的问题, 处理手法也一样. 它是 1998 年 USAMO 的问题: 对任给正整数 k, 存在 $\mathbf{N}_+$ 的一个 k 元子集 S 使得对任意 $i, j \in S, i \neq j$ 有 $(j-i)^2 \mid ij$.

这类存在性为题用归纳构造方法处理十分有效. 注意到除式是差的形式, 因此我们在归纳假设的基础上利用平移变化来进行构造, 当然选择好平移量是一个关键.

题 1.4　设 A 和 B 是两个有限集, 求满足下列性质的映射 $f : A \to A$ 的个数: 存在两个映射 $g : A \to B$ 和 $h : B \to A$ 使得

$$g(h(x)) = x, \ \forall x \in B \text{ 且 } h(g(x)) = f(x), \ \forall x \in A.$$

解　答案为 $\dbinom{|A|}{|B|} |B|^{|A| - |B|}$.

由 $g(h(x)) = x, \ \forall x \in B$ 知 h 是单射, g 是满射, 从而 $|B| \leqslant |A|$.

由 $h(g(x)) = f(x), \ \forall x \in A$ 成立知 f 的值域是 $h(B) = \{h(x) : x \in B\}$.

注意到

$$f(h(x)) = h(g(h(x))) = h(x), \ \forall x \in B,$$

故 f 可以表示成如下形式

$$f(x) = \begin{cases} x, & x \in h(B), \\ \varphi(x), & x \in A \backslash h(B), \end{cases}$$

其中 φ 是 $A \backslash h(B) \to h(B)$ 的任一映射.

下面说明所有能表示成如下形式的 f 一定存在映射 $g : A \to B$ 和 $h : B \to A$ 满足条件:

$$f(x) = \begin{cases} x, & x \in A' \subset A, \ |A'| = |B|, \\ \varphi(x), & x \in A \backslash A', \end{cases} \tag{$*$}$$

其中 φ 是 $A \backslash A' \to A'$ 的任一映射.

取 $B \to A'$ 上的一个一一映射 $l(x)$.

事实上, 设 $h_1(x)$ 是 $A' \to A'$ 上的恒同映射, 令

$$h : B \to A' \subset A : h(x) = h_1(l(x)) = l(x), \ \forall x \in B.$$

再取映射 $g_1:A \to A'$：

$$g_1(x) = \begin{cases} x, & x \in A', \\ \varphi(x), & x \in A \backslash A', \end{cases}$$

令映射 $g:A \to B:g(x) = l^{-1}(g_1(x))$，$\forall x \in A$.

易证 $g(h(x)) = x$，$x \in B$ 且 $h(g(x)) = f(x)$，$\forall x \in A$.

又（*）式的 A' 的选取有 $\dbinom{|A|}{|B|}$ 种方法，而 $\varphi(x)$ 的选取有 $|B|^{|A|-|B|}$ 种方法，故形如（*）式

的 f 的个数为 $\dbinom{|A|}{|B|} |B|^{|A|-|B|}$ 个，这也是满足条件的 f 的个数. $\square$

评析 此题是一个难题. 仅有 2.8% 的人完全做对此题.

有几位学生将 $f(x)$ 写成如下形式

$$f(x) = \begin{cases} x, & x \in h(B), \\ \varphi(x), & x \in A \backslash h(B), \end{cases}$$

其中 φ 是 $A \backslash h(B) \to A$ 的任一映射，从而断定这样的 f 个数为 $\dbinom{|A|}{|B|} |A|^{|A|-|B|}$，这是错误的，

其原因是忽略了讨论 $f(x)$ 的值域.

另外，此题学生常犯的另一个错误是，发现了 $f(x)$ 具有的形式后便马上给出 f 的计算结果，便解毕. 事实上，我们还需要证明具有形式（*）的 f 一定可以找到满足要求的 g 和 h，这是严谨性的基本要求.

题 2.1 设 n 是正整数，$n \geqslant 2$，证明：

$$\prod_{k=2}^{n} \left(1 + \frac{1}{2^k}\right) < 2.$$

证明 注意到对 $0 < x < 1$ 有 $1 + x < \dfrac{1}{1-x}$. 故

$$\prod_{k=2}^{n} \left(1 + \frac{1}{2^k}\right) < \frac{1}{\prod\limits_{k=2}^{n}\left(1 - \dfrac{1}{2^k}\right)}. \tag{1}$$

由伯努利(Bernoulli)不等式

$$\prod_{k=2}^{n}\left(1-\frac{1}{2^{k}}\right) \geqslant 1-\sum_{k=2}^{n}\frac{1}{2^{k}} > 1-\frac{\frac{1}{4}}{1-\frac{1}{2}}=\frac{1}{2}. \tag{2}$$

综合(1)、(2)立得结论. □

评析 此题为简单题,大多数学生做对了此题. i)上面的解法的关键是如何利用伯努利不等式,因此(1)式的转换是必要的. ii)不少学生用加强归纳的方法证明 $\prod_{k=2}^{n}\left(1+\frac{1}{2^{k}}\right) < 2-\frac{1}{2^{n-2}}$. iii)此题还可以用著名的分析不等式: $\ln(1+x) < x$, $\forall x \in (0, \infty)$ 来证明.

题 2.2 设 I 是非等腰 $\triangle ABC$ 的内心,内切圆 $\odot I$ 与 BC、CA 的切点分别为 D、E,H 是 $\triangle ABI$ 的垂心,$K = AI \bigcap BH$,$L = BI \bigcap AH$. 证明:$\odot I$ 与 $\triangle DKH$ 的外接圆及 $\triangle ELH$ 的外接圆三圆共点.

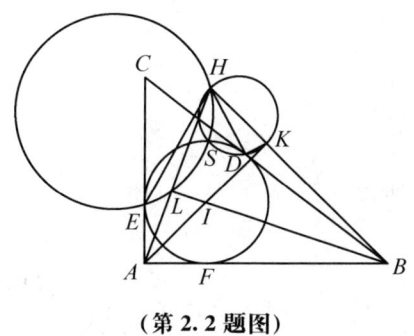

(第 2.2 题图)

证明 由条件可知,$\angle IDB = 90° = \angle IKB$,所以 B、K、D、I 四点共圆. 又 $\angle ALB = 90° = \angle AKB$,所以 B、K、L、A 四点也共圆. 因此

$$\begin{aligned}\angle BKD &= 180° - \angle BID \\ &= 180° - \left(90° - \frac{1}{2}\angle ABC\right) \\ &= 180° - \angle BAL \\ &= \angle BKL.\end{aligned}$$

因此,K、D、L 共线.

由 A、E、L、I 四点共圆($\angle AEI = \angle ALI = 90°$)有

$$\begin{aligned}\angle ALE &= \angle AIE \\ &= 90° - \frac{1}{2}\angle CAB \\ &= 90° - \angle BAI \\ &= 90° - \angle BAK \\ &= \angle ABK.\end{aligned}$$

又由 L、A、B、K 四点共圆知,$\angle ABK = 180° - \angle ALK$. 所以 K、E、L 共线. 故 K、D、E、L

四点共线.

设 S 是△DKH 外接圆和△ELH 外接圆的第二个交点. 则

$$\angle DSE = 360° - \angle DSH - \angle HSE$$

$$= \angle DKH + 180° - \angle HLE$$

$$= \angle LKH + \angle HLK$$

$$= 180° - \angle KHL.$$

又 H、L、I、K 四点共圆,故

$$180° - \angle KHL = \angle KIL = \angle AIB$$

$$= 180° - \angle IBA - \angle IAB$$

$$= 180° - \frac{1}{2}\angle CBA - \frac{1}{2}\angle CAB.$$

所以

$$\angle DSE = 180° - \frac{1}{2}\angle CBA - \frac{1}{2}\angle CAB.$$

另一方面,设内切圆⊙I 与边 AB 切于点 F. 则 A、F、I、E 及 B、F、I、D 分别四点共圆. 因此

$$\angle DFE = \angle DFI + \angle IFE = \angle DBI + \angle IAE$$

$$= \frac{1}{2}\angle CBA + \frac{1}{2}\angle CAB.$$

故

$$\angle DFE + \angle DSE = 180°.$$

这说明 S 在△DEF 的外接圆上,即为△ABC 的内切圆上一点.

这就证明了⊙I 与△DKH 的外接圆及△ELH 的外接圆共点 S. □

评析　此题难度不大,上面的解法利用导角得到了 E、L、D、K 四点共线,进而由角的关系得到结果. 事实上,H、S、I、F 也是四点共线的.

题 2.3　已知 X 是一个有限集. $X = A_1 \bigcup \cdots \bigcup A_{10}$,$X = B_1 \bigcup \cdots \bigcup B_{10}$ 是满足如下性质的两个分划:若 $A_i \bigcap B_j = \varnothing$,$1 \leqslant i, j \leqslant 10$,则 $|A_i \bigcup B_j| \geqslant 10$. 求 $|X|$ 的最小值.

解　$|X|$ 的最小值为 50.

我们先证明 $|X| \geqslant 50$.

考虑集合 A_1，$\cdots$，A_{10}，B_1，$\cdots$，B_{10} 中元素个数最少的集合，不妨设为 A_1. 记 $|A_1| = a$，则 A_1 至多与 B_1，$\cdots$，B_{10} 中 a 个集合相交. 不妨设

$$A_1 \bigcap B_i \neq \varnothing，i = 1，\cdots，k \text{ 且 } A_1 \bigcap B_i = \varnothing，i = k+1，\cdots，10，$$

其中 $k \leqslant a$. 故 $|A_1 \bigcup B_i| \geqslant 10，i = k+1，\cdots，10$. 从而对 $\forall i \geqslant k+1$ 有 $|B_i| \geqslant 10 - |A_1| = 10 - a$. 由 $|A_1|$ 的最小性知 B_1，$\cdots$，B_k 的元素个数均不小于 a. 从而

$$
\begin{aligned}
|X| &= |B_1 \bigcup \cdots \bigcup B_{10}| \\
&= |B_1| + \cdots + |B_k| + |B_{k+1}| + \cdots + |B_{10}| \\
&\geqslant k \cdot a + (10-k)(10-a) \\
&= 50 + 2 \cdot (5-k)(5-a).
\end{aligned}
$$

(i) 若 $a \leqslant 5$，则 $k \leqslant 5$，此时由上式知 $|X| \geqslant 50$；

(ii) 若 $a > 5$，则由 A_1 是 A_1，$\cdots$，A_{10} 中元素个数最少的集合知 $|X| \geqslant 10a > 50$.

故 $|X| \geqslant 50$.

另一方面，$|X|$ 能取到 50，例如，取

$$A_1 = B_1 = \{1，2，3，4，5\}，A_2 = B_2 = \{6，7，8，9，10\}，$$

$$\cdots，A_{10} = B_{10} = \{46，47，48，49，50\}.$$

显然它们满足条件，这时 $X = \{1，2，\cdots，50\}$.　　　□

评析　由题设知，若 $A_i \bigcap B_j = \varnothing$，则 $|B_j| \geqslant 10 - |A_i|$，这个不等式可以估计与 A_i 不相交的 B_j 的元素个数的下界. 因而自然想到用极端原理来估计余下的 B_j.

题 2.4　设 m 是一个给定的正整数，d 是它的一个正因子. 已知 $\{a_i\}_{i=0}^{\infty}$ 和 $\{b_i\}_{i=0}^{\infty}$ 是两个由正整数构成的等差数列，满足：存在正整数 i、j、k、l 使得 $(a_i, b_j) = 1$，$(a_k, b_l) = m$. 证明：存在正整数 t、s 使得 $(a_t, b_s) = d$.

证法 1　注意到 m 可逐次除以它们若干质因子得到 d，这样只需证对 m 的任意质因子 p，存在正整数 α、β 使得 $(a_\alpha, b_\beta) = \dfrac{m}{p}$.

由于 $(a_k, b_l) = m$. 故 $\dfrac{a_k}{p}$、$\dfrac{b_l}{p}$ 必有一项不能被 m 整除. 不妨设 $\dfrac{a_k}{p}$ 不能被 m 整除.

设等差数列 $\{a_i\}$、$\{b_j\}$ 的公差分别为 u、v,则 $a_i=a_0+iu$,$b_j=b_0+jv$.

下分两种情况:

(1) 若 $p\nmid v$. 令 $\alpha=k$,$\beta=l+\dfrac{a_k}{p}$. 这时 $b_\beta=b_l+\dfrac{a_k v}{p}$.

注意到 $\dfrac{m}{p}\mid a_k$,$\dfrac{m}{p}\mid b_\beta$,又 $p\nmid v$ 且 $m\nmid\dfrac{a_k}{p}$,所以 $m\nmid b_\beta$. 这说明 $\dfrac{m}{p}$ 是 a_α、b_β 的公因子,且 m 不是它们的公因子.

设 q 是 a_α、b_β 的一个不同于 p 的公因子,则 $q\mid a_\alpha$,$q\mid b_\beta$,$q\mid\dfrac{a_\alpha}{p}$. 故 $q\mid\left(a_\alpha,\ b_\beta-\dfrac{a_\alpha}{p}v\right)$,即 $q\mid(a_k,\ b_l)=m$. 又 $p\nmid q$,故 $q\mid\dfrac{m}{p}$.

故 $(a_\alpha,\ b_\beta)=\dfrac{m}{p}$.

(2) 若 $p\mid v$. 先证 $p\nmid u$ (*).

事实上,假设 $p\mid u$,由 $(a_k,\ b_l)=m$ 知 $p\mid a_k-ku=a_0$,$p\mid b_l-lu=b_0$. 因此 $p\mid a_i$,$p\mid b_j$,这与 $(a_i,\ b_j)=1$ 矛盾! 故 (*) 得证.

取正整数 s,使得 $\dfrac{b_l}{p^s}$ 能被 $\dfrac{m}{p}$ 整除,但不能被 m 整除.

令 $\alpha=k+\dfrac{b_l}{p^s}$,$\beta=l$. 这时 $a_\alpha=a_k+\dfrac{b_l}{p^s}u$,$b_\beta=b_l$.

注意到 $\dfrac{m}{p}\mid a_k$,$\dfrac{m}{p}\mid b_l$,$\dfrac{m}{p}\mid\dfrac{b_l}{p^s}$,所以 $\dfrac{m}{p}$ 是 a_α 与 b_β 的公因子. 又 $m\nmid\dfrac{b_l}{p^s}$,且 $p\nmid u$,所以 $m\nmid a_\alpha$,从而 m 不是 a_α、b_β 的公因子.

设质数 q 是 a_α、b_β 不同于 p 的公因子,则 $q\mid b_\beta$,$q\mid\left(a_\alpha-\dfrac{b_l}{p^s}u\right)=a_k$. 即 $q\mid(a_k,\ b_l)=m$. 又 $q\neq p$,所以 $q\mid\dfrac{m}{p}$.

这说明 $(a_\alpha,\ b_\beta)=\dfrac{m}{p}$.

由 (1)、(2) 知结论成立. □

证法 2(雅礼中学 段钦瀚) 设 $a_n=a_0+nd_1$,$b_n=b_0+nd_2$.

注意到 m 可以连续除以它的若干质因子得到 d,故只需证明对 m 的任一质因子 p,存在正整数 t、s 使得 $(a_t,\ b_s)=\dfrac{m}{p}$.

先证明如下引理：

引理　设 $a,b,c\in\mathbf{N}_+$，若 $(a,b)=1$，则存在 $n\in\mathbf{N}_+$，使得 $(an+b,c)=1$。

引理证明：任取质数 $q\mid c$，若 $q\mid a$，令 $n_q=1$；若 $q\nmid a$，任取 $n_q\not\equiv-\dfrac{b}{a}(\bmod q)$。

从而当 $n\equiv n_q(\bmod q)$ 时，有 $q\nmid an+b$。当 q 遍历 c 的所有质因子时，由中国剩余定理，这样的 $n\in\mathbf{N}_+$ 是存在的，故 $(an+b,c)=1$。

回到原题。令 $m=pd$。因为 $(a_k,b_l)=m$，故可设 $a_k=pdx$，$b_l=pdy$，则有 $(x,y)=1$。

因为 $(a_i,b_j)=1$，故 $p\nmid a_i$ 或 $p\nmid b_j$。不妨设 $p\nmid a_i$，则 $p\nmid a_k-a_i$。所以 $p\nmid(k-i)d_1$，从而有 $p\nmid d_1$。

设 $r=(d_1,x)$，又由于 $p\nmid d_1$，$(x,y)=1$，故 $(r,py)=1$，由于 $\left(\dfrac{d_1}{r},\dfrac{x}{r}\right)=1$，所以 $\left(\dfrac{d_1}{r},\dfrac{px}{r}\right)=1$。

在引理中取 $a=\dfrac{d_1}{r}$，$b=\dfrac{px}{r}$，$c=py$，则 $(a,b)=1$。故存在 $n\in\mathbf{N}_+$，使得 $(an+b,c)=1$。从而 $\left(\dfrac{d_1}{r}n+\dfrac{px}{r},py\right)=1$。又 $(r,py)=1$，故 $(d_1n+px,py)=1$。

令 $t=k+nd$，$s=l$，从而有 $a_t=a_k+ndd_1=d(d_1n+px)$，$b_s=dpy$，此时有

$$(a_t,b_s)=d(d_1n+px,py)=d.$$

命题得证。　　　　　　　　　　　　　　　　　　　　　　　　　　　　　　$\square$

评析　证法 1 和证法 2 都证明了等价的命题，即只需证 p 是质数的情形。不同的是，证法 1 采用分类直接构造的方法；证法 2 的要点是要证存在 $n\in\mathbf{N}_+$，使得 $(d_1n+px,py)=1$，故想到用中国剩余定理去证明引理。

2018 年春季上海新星精品营两次测试题解答与评析

2018 年 4 月末,上海数学新星夏季精品营举行了两次测试(小考).每次测试四道题,时间为两小时 30 分钟.本文介绍这些试题及给出相应的解答,由吴尉迟、叶思、施柯杰整理.我们将用题 $1. x$ 表示第 1 次测试的第 x 题,题 $2. y$ 的意义类似.

题 1.1 点 O 是锐角 $\triangle ABC$ 的外心.点 M 是直线 AO 与 BC 的交点.点 D 是 AO 与 $\triangle ABC$ 外接圆的交点.点 E 在 AD 上且满足 M 是线段 ED 的中点.过点 M 作垂直于 AD 的直线交 AC 于点 F.证明: $EF \perp AB$.

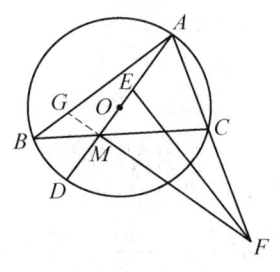

（第 1.1 题图①）

证法 1 如图①,延长 FM 交 AB 于点 G.在 $\triangle AFG$ 中,过点 D 做 AG、FG、AF 的垂线,即垂足分别为点 B、M、C,且点 B、M、C 共线,所以直线 BMC 为点 D 关于 $\triangle AFG$ 的西姆松线.

由西姆松定理知,点 D 在 $\triangle AFG$ 的外接圆上,且点 E 是 $\triangle AFG$ 垂心等价于点 E 关于边 FG 的对称点 D 在 $\triangle AFG$ 的外接圆上.因此 $EF \perp AG$.

证法 2 延长 FE 交 AB 于点 N.

根据点 F 的位置,我们分三种情况讨论:

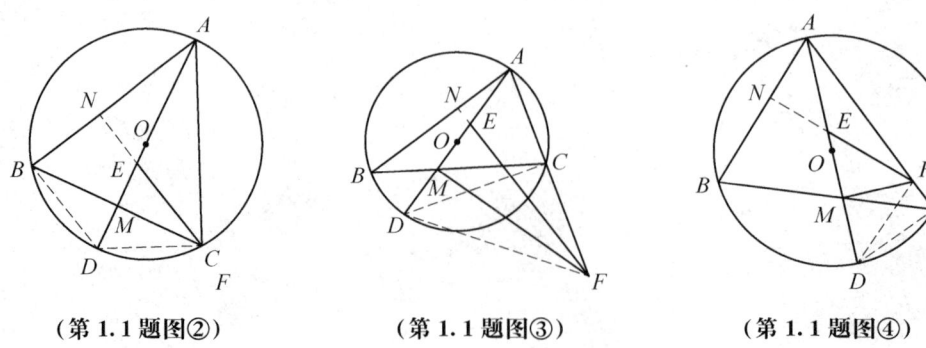

（第 1.1 题图②）　　　（第 1.1 题图③）　　　（第 1.1 题图④）

(1) 如果点 F 与点 C 重合,如图②.令 $\gamma = \angle ACB$.则

$$\angle FDM = \angle BDM = \angle ADB = \gamma.$$

（2）如果点 F 在圆外，如图③. 令 $\angle FDM = \gamma$. 则

$$\angle FMD = \angle FCD = \frac{\pi}{2},$$

所以 M、C、F、D 四点共圆且 $\angle FDM = \pi - \angle FCM = \gamma$.

（3）如果点 F 在 A、C 之间，如图④. 令 $\angle FDM = \gamma$.

因为 $\angle FMD + \angle FCD = \pi$，所以 M、F、C、D 四点共圆.

因为 $EM = MD$，所以 $\angle FEM = \angle FDM = \gamma$.

在（1）、（2）、（3）中都有

$$\angle DAB = \angle DCB = \angle DFM = \frac{\pi}{2} - \angle FDM = \frac{\pi}{2} - \gamma,$$

又 $\angle AEN = \angle FEM = \angle FDM = \gamma$，所以

$$\angle ANE = \pi - (\angle DAB + \angle AEN)$$

$$= \pi - \left(\frac{\pi}{2} - \gamma + \gamma\right)$$

$$= \frac{\pi}{2}.$$

证法 3　对于任意的点 X，令 X' 是其关于 AD 的对称点. 在六边形 $AC'B'DBC$ 中，由帕斯卡（Pascal）定理，如果令 M、Q、Q' 分别是 $BC \cap B'C'$、$DB' \cap AC$、$DB \cap AC'$ 的交点，则 M、Q、Q' 三点共线. 因此 $F = Q$ 在 DB' 上，$F' = Q'$ 在 DB 上. 又易知 $EFDF'$ 是菱形，故 $EF \parallel DB$，所以 $EF \perp AB$. □

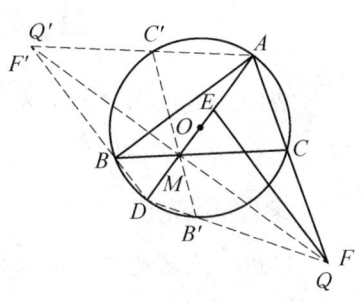

（第 1.1 题图⑤）

评析　这是一道简单的几何题，考试中约 92% 的学生做对此题. 该题既可以通过"倒角"得到结论，也可以由西姆松定理或帕斯卡定理简单推导得到结论.

题 1.2　设 N 是一个合数，$\{a_1, a_2, \cdots, a_n\}$ 是不大于 N 且和 N 不互质的所有正整数组成的集合，$b_1, b_2, \cdots, b_n$ 是 $a_1, a_2, \cdots, a_n$ 的一个排列. 证明：存在正整数 $i \neq j$，使得

$$N \mid a_i b_i - a_j b_j.$$

证明 若 N 是 2 的幂,则取 $a_i = \dfrac{N}{2}$,$a_j = N$,易知 $N \mid a_i b_i - a_j b_j$,命题成立.

若 N 不是 2 的幂,取 N 的一个奇质因子 p. 记 A 是题设集合中所有 $\dfrac{N}{p}$ 的倍数构成的集合. 易知 $|A| = p$.

下分两种情况.

(1) 当存在下标 i_1 使得 $a_{i_1} \in A$ 且 $b_{i_1} \notin A$ 则存在一个下标 $j_1(j_1 \neq i_1)$ 使得 $a_{j_1} \notin A$ 且 $b_{j_1} \in A$. 因此 $\{a_i b_i\}(a_i \in A)$ 中的数和 $a_{j_1} b_{j_1}$ 都是 $\dfrac{N}{p}$ 的倍数,由抽屉原理,这 $p+1$ 个数除以 $\dfrac{N}{p}$ 的商必定有两个数模 p 同余,于是存在 $a_i b_i$,$a_j b_j (i \neq j)$ 模 N 同余,结论成立.

(2) 如果对所有 $a_i \in A$ 都有 $b_i \in A$.

令 $a_i' = \dfrac{pa_i}{N}$,$b_i' = \dfrac{pb_i}{N}(a_i \in A)$. 考虑这些下标 i 所对应的 a_i',b_i',它们是 $1, 2, \cdots, p$ 的一个排列. 假设 $a_i' b_i'$ 模 p 互不相同,则 $a_i' b_i'$ 构成模 p 的完全剩余系,则存在 i_0 使得 $a_{i_0}' = b_{i_0}' = p$(否则 $a_i' b_i'$ 中有两个 p 的倍数,与假设矛盾).

一方面,由威尔逊定理,

$$\prod_{i \neq i_0} a_i' b_i' \equiv (p-1)! \equiv -1 \pmod{p},$$

另一方面,

$$\prod_{i \neq i_0} a_i' b_i' \equiv \prod_{i \neq i_0} a_i' \prod_{i \neq i_0} b_i' \equiv [(p-1)!]^2 \equiv 1 \pmod{p}.$$

结合上两式知 $p \mid 2$,这与 p 是奇质数矛盾! 故存在 i,j 使 $a_i' b_i'$ 与 $a_j' b_j'$ 模 p 同余,从而 $N \mid a_i b_i - a_j b_j$.

综上知结论成立. □

评析 此题是中等偏难的题,考试中约 21% 的学生做对此题. 此题的关键是:取 N 的奇质因子 p,再考察题设集合中所有 $\dfrac{N}{p}$ 的倍数构成的集合 A,对其分类讨论,利用威尔逊定理得到结论.

题 1.3 设 $n \geqslant 2$ 是给定的正整数. 求最大的 $\lambda = \lambda(n)$ 使得

$$\sum_{k=1}^{n} |x_{k+1} - x_k|^2 \geqslant \lambda \max_{1 \leqslant k \leqslant n} |x_k|^2,$$

(其中 $x_{n+1} = x_1$) 对任何满足 $\sum_{i=1}^{n} x_i = 0$ 的实数 $x_1, x_2, \cdots, x_n$ 都成立.

解　所求的 λ 的最大值 $\lambda_{\max} = \dfrac{12n}{n^2-1}$.

先证不等式

$$\sum_{k=1}^{n}(x_{k+1}-x_k)^2 \geqslant \frac{12n}{n^2-1}\max_{1\leqslant k\leqslant n} x_k^2 \tag{1}$$

注意到(1)是轮换对称的,不妨设 $x_1^2 = \max\limits_{1\leqslant k\leqslant n} x_k^2$.

由柯西不等式可得

$$\sum_{k=1}^{n}(x_{k+1}-x_k)^2 \sum_{k=1}^{n}\left(k-\frac{n+1}{2}\right)^2$$
$$\geqslant \left(\sum_{k=1}^{n}k(x_{k+1}-x_k) - \sum_{k=1}^{n}\frac{n+1}{2}(x_{k+1}-x_k)\right)^2$$
$$= \left(\sum_{k=1}^{n}k(x_{k+1}-x_k)\right)^2$$
$$= (nx_{n+1}-(x_1+\cdots+x_n))^2$$
$$= n^2 x_1^2.$$

注意到

$$\sum_{k=1}^{n}\left(k-\frac{n+1}{2}\right)^2 = \sum_{k=1}^{n}k^2 - (n+1)\sum_{k=1}^{n}k + n\left(\frac{n+1}{2}\right)^2$$
$$= \frac{n(n^2-1)}{12},$$

故(1)得证.

另一方面,(1)等号成立的充要条件是

$$|x_{k+1}-x_k| = \alpha\left|k-\frac{n+1}{2}\right|$$

对任意 $k=1,2,\cdots,n$ 成立,其中 α 为常数. 取 $\alpha=1$,可得一个特解:

$$x_k = \frac{n^2-1}{12} + \frac{k(k-1)}{2} - \frac{n+1}{2}(k-1), \; k=1,2,\cdots,n.$$

不难验证此时 $x_1^2 = \max\limits_{1\leqslant k\leqslant n} x_k^2$. □

评析　此题是较难的代数题,考试中约 5% 的学生做对此题. 此题的难点在于柯西不等式的运用:由条件,nx_{n+1} 可用 x_k 的差分表示,即

$$nx_{n+1} = \sum_{k=1}^{n} k(x_{k+1} - x_k). \tag{1}$$

这时,若对 $\sum_{k=1}^{n} k(x_{k+1} - x_k)$ 直接用柯西不等式,则其等号条件:

$$|x_{k+1} - x_k| = \beta k, \quad \forall k = 1, 2, \cdots, n,其中 \beta 是常数,$$

不能满足. 注意到等式(1)关于 $x_{k+1} - x_k$ 前的系数 k 是平移不变的,故考虑对

$$nx_{n+1} = \sum_{k=1}^{n} \left(k - \frac{n+1}{2} \right)(x_{k+1} - x_k)$$

用柯西不等式,此时的等号条件是可以满足的.

题 1.4 互异实数 $a_1, a_2, \cdots, a_n$ 和互异实数 $b_1, b_2, \cdots, b_m$ 都属于 $[0, 1)$. 将它们两两和的小数部分 $\{a_i + b_j\}(1 \leqslant i \leqslant n, 1 \leqslant j \leqslant m)$ 逐一写在黑板上. 已知黑板上至多有 $m + n - 2$ 个不同的数. 证明:黑板上的每个数都在黑板上至少出现了 2 次.

证明 定义两个由实数构成的集合 C、D 的加法为 $C + D = \{\{c + d\} \mid c \in C, d \in D\}$,这里 $\{c + d\}$ 表示 $c + d$ 的小数部分.

记 $A = \{a_1, a_2, \cdots, a_n\}$,$B = \{b_1, b_2, \cdots, b_m\}$. 下面我们对 m 归纳证明结论.

当 $m = 2$ 时,$m + n - 2 = n$,易知 $\{a_i + b_1 \mid 1 \leqslant i \leqslant n\} = \{a_i + b_2 \mid 1 \leqslant i \leqslant n\}$ 中的每一个数均出现 2 次.

当 $m \geqslant 3$ 时,假设结论对 $|B| \leqslant m - 1$ 成立. 下证 m 时的情形.

当 $|B| = m$ 时,采用反证法. 注意到当 A、B 平移结论不变,故不妨设 $\{a_n + b_m\}$ 只出现一次,且 $a_n = b_m = 0$.

此时 $A = \{0, a_1, \cdots, a_{n-1}\}$,$B = \{0, b_1, \cdots, b_{m-1}\}$. 由于

$$0, a_1, \cdots, a_{n-1}, b_1, \cdots, b_{m-1} \in A + B$$

共 $m + n - 1$ 个元素,而 $|A + B| \leqslant m + n - 2$,故 $A \cap B \neq \{0\}$,不妨设 $b_1 \in A$. 由 A 中元素的互异性知,$0 \notin A + b_1$(这里表示上面定义的两个集合的加法),又 $|A + b_1| = n$,故 $A + b_1 \nsubseteq A$. 不妨设 $\{a_1 + b_1\} \notin A$.

考虑指标集 $J = \{1 \leqslant j \leqslant m - 1 \mid \{a_1 + b_j\} \notin A\}$,则 $1 \in J$,故 J 非空. 令

$$\overline{A} = A \cup \{\{a_1 + b_j\} \mid j \in J\}, \quad \overline{B} = B \setminus \{b_j \mid j \in J\},$$

则 $A \subset \overline{A}$,$\overline{B} \subset B$,且 $a_1 + \overline{B} \subset A$. 注意到

$$\{\{a_1+b_j\} \mid j\in J\}+\overline{B}=a_1+\overline{B}+\{b_j \mid j\in J\}\subset A+B,$$

故 $\overline{A}+\overline{B}\subset A+B$，又 $|\overline{A}|+|\overline{B}|=|A|+|B|$，故

$$|\overline{A}+\overline{B}|\leqslant|A+B|\leqslant|A|+|B|-2=|\overline{A}|+|\overline{B}|-2,$$

由归纳假设及 $0<|\overline{B}|<|B|$，$\overline{A}+\overline{B}$ 中每个元素至少出现两次.但 $0\in\overline{A}+\overline{B}$ 只出现了一次,矛盾.命题得证. $\square$

评析 此题难度很大,考试中没有学生做对此题.上面的解法是对 m 归纳.在归纳过渡中,通过反证法,利用戴森(Dyson) e-变换(上面解法取 $e=a_1$)：

$$A(e)=A\bigcup(B+e),\ B(e)=B\bigcap(A-e).$$

得到一个保持 $|A(e)|+|B(e)|=|A|+|B|$ 但 $|A(e)+B(e)|<|A+B|$ 的二元组 $(A(e),B(e))$,与归纳假设矛盾.

题 2.1 点 O 是非等边 $\triangle ABC$ 的外心.直线 OA 分别与过点 B、C 的高线相交于点 P、Q. H 是 $\triangle ABC$ 的垂心.证明: $\triangle PQH$ 的外接圆圆心在 $\triangle ABC$ 的一条中线上.

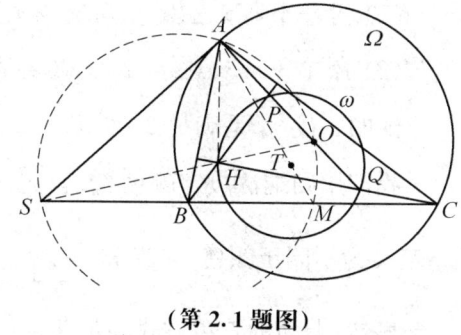

（第 2.1 题图）

证明 不失一般性,假定 $AB<AC$.此时有

$$\angle PQH=90°-\angle QAB$$
$$=90°-\angle OAB$$
$$=\frac{1}{2}\angle AOB$$
$$=\angle ACB.$$

类似地,

$$\angle QPH=90°-\angle PAC$$
$$=90°-\angle OAC$$
$$=\frac{1}{2}\angle AOC=\angle ABC.$$

因此 $\triangle ABC$ 和 $\triangle HPQ$ 是相似的.

令 Ω 和 ω 分别是 $\triangle ABC$、$\triangle HPQ$ 的外接圆.由于

$$\angle AHP = 90° - \angle HAC$$
$$= \angle ACB = \angle HQP,$$

所以 AH 与 ω 相切.

令 T 是 ω 的外心,直线 AT 和 BC 相交于 M. 作 AS 与 Ω 相切,且 S 在 BC 上,则 S 和 A 在 $\triangle ABC \backsim \triangle HPQ$ 中彼此对应,因此 $\angle OSM = \angle OAT = \angle OAM$. 所以 S、A、O、M 四点共圆. 又因为切线 AS 垂直 AO,$\angle OMS = 180° - \angle OAS = 90°$. 故 M 是点 O 在 BC 上的投影,且是 BC 的中点,所以 T 在 $\triangle ABC$ 的中线 AM 上. □

评析 此题是中等偏易的几何题,考试中约 60% 的学生做对此题.关键是要发现 $\triangle ABC \backsim \triangle HPQ$.然后利用对应角 $\angle OSM = \angle OAT$ 得到 S、A、O、M 共圆,进而得出 $OM \perp BC$,即 M 是 BC 的中点.

题 2.2 证明:我们可将每个正整数三染色使得下面条件成立:

(1) 对每个非负整数 n,所有满足 $2^n \leqslant x < 2^{n+1}$ 的 x 均同色;

(2) 除了 $x = y = z = 2$ 外,不存在同色的正整数 x、y、z,使得 $x + y = z^2$.

证明 设 c_n 是满足 $2^n \leqslant x < 2^{n+1}$ 的 x 的颜色.

我们用归纳法决定颜色 c_n.首先,选择 c_0、c_1、c_2 是三种不同的颜色.然后对 $n \geqslant 3$,把颜色 c_n 定义为不同于颜色 $c_{\left[\frac{n}{2}\right]}$ 和 $c_{\left[\frac{n}{2}\right]+1}$ 的任一颜色(注意到当 $n \geqslant 3$ 时,$n > \left[\frac{n}{2}\right] + 1$).

显然,上面的着色方式满足条件(1).

下证它满足条件(2).

设 x、y、z 是同色的三个正整数使得 $x + y = z^2$.不妨设 $x \leqslant y$.取 $n \in \mathbf{N}$,使得 $2^n \leqslant y < 2^{n+1}$,则

$$2^n < x + y < 2^{n+2},$$

因此 $2^{\frac{n}{2}} < z < 2^{\frac{n+2}{2}}$,这样 $2^{\left[\frac{n}{2}\right]} < z < 2^{\left[\frac{n}{2}\right]+2}$.

此时,x、y 的颜色为 c_n,z 的颜色为 $c_{\left[\frac{n}{2}\right]}$ 或 $c_{\left[\frac{n}{2}\right]+1}$.由于当 $n \geqslant 3$ 时,颜色 c_n 不同于颜色 $c_{\left[\frac{n}{2}\right]}$ 和 $c_{\left[\frac{n}{2}\right]+1}$,故 $n \leqslant 2$.这时 $x \leqslant y < 8$,因此 $z = 2$ 或 3.

当 $z = 3$ 时,由于 x、y、z 同色,故 $2 \leqslant x \leqslant y < 4$,故 $x + y < 9 = z^2$,矛盾.这证明仅有可能是 $x = y = z = 2$. 条件(2)得证. □

评析 此题是中等难度的组合题,考试中约 41% 的学生做对此题,解答采用了归纳构造的方

法. 其关键是保证颜色 c_n 不同于颜色 $c_{\left[\frac{n}{2}\right]}$ 和 $c_{\left[\frac{n}{2}\right]+1}$.

题 2.3 称由三个正整数构成的三元组 (a, b, c) 是"好的",若 $a < b < c$ 且

$$a \mid bc + b + c, \quad b \mid ac + a + c, \quad c \mid ab + a + b.$$

(1) 证明存在无穷多个好的三元组.

(2) 若 $(a, b) = 1$. 求出所有好的三元组.

解 (1) 当 $a = 6m$, $b = 12m$, $c = 18m$, $m \in \mathbf{N}_+$ 时, (a, b, c) 是好的. 故存在无穷多个好的三元组.

(2) 若 $(b, c) = d > 1$, 结合 $c \mid ab + a + b$ 知, $d \mid a$, 从而 $(a, b) \geqslant d$, 这与 $(a, b) = 1$ 矛盾. 因此 $(b, c) = 1$. 同理, $(a, c) = 1$.

若 a 是偶数, 则由 $a \mid (b+1)(c+1) - 1$ 可知 b、c 均为偶数, 因此 b、c 有公因数 2, 矛盾! 故 a 是奇数, 同理, b、c 为奇数.

注意到 a、b、c 均整除 $(a+1)(b+1)(c+1) - 1$, 且 a、b、c 无公因子. 因此可设

$$(a+1)(b+1)(c+1) = 1 + nabc, \quad \text{其中 } n \in \mathbf{N}_+.$$

两边同除以 abc, 有

$$\frac{1}{a} + \frac{1}{b} + \frac{1}{c} + \frac{1}{ab} + \frac{1}{bc} + \frac{1}{ac} = n - 1, \tag{1}$$

若 $a \geqslant 3$, 则 $b \geqslant 5$, $c \geqslant 7$, $ab \geqslant 15$, $ac \geqslant 21$, $bc \geqslant 35$, 这时 (1) 式左边至多为 $\frac{1}{3} + \frac{1}{5} + \frac{1}{7} + \frac{1}{15} + \frac{1}{21} + \frac{1}{35} = \frac{86}{105}$, 不能是正整数, 矛盾! 所以 $a = 1$, 这时 (1) 式变为

$$\frac{2}{b} + \frac{2}{c} + \frac{1}{bc} = n - 2. \tag{2}$$

若 $b \geqslant 5$, 则 $c \geqslant 7$, 从而 $\frac{2}{b} + \frac{2}{c} + \frac{1}{bc} \leqslant \frac{2}{5} + \frac{2}{7} + \frac{1}{35} = \frac{5}{7}$, 不为正整数, 矛盾. 故 $b = 3$. 故 (2) 式变为

$$\frac{2c + 7}{3c} = n - 2,$$

因此 $c \mid 7$, 故 $c = 7$. 故 $(1, 3, 7)$ 是唯一好的三元组. ☐

评析 此题是中等难度的题考试中约 40% 的学生做对此题. 原问题等价于如下同余方程组:

$$\begin{cases} (a+1)(b+1) \equiv 1 \pmod{c}, \\ (a+1)(c+1) \equiv 1 \pmod{b}, \\ (b+1)(c+1) \equiv 1 \pmod{a}. \end{cases}$$

1) 其思路是将原问题转化为不定方程:

$$(a+1)(b+1)(c+1) = 1 + nabc, \text{其中} n \in \mathbf{N}_+.$$

再利用代数方法得到 a、b、c 的范围. 这种方法在处理同余方程组时较为常见.

2) 也可以将原问题转化为不定方程:

$$nabc = ab + bc + ca + a + b + c, \text{其中} n \in \mathbf{N}_+.$$

题 2.4 设 $a_1, a_2, \cdots, a_n$ 是实数, 令 $\varphi(p) = \left(\sum_{k=1}^{n} |a_k|^p\right)^{\frac{1}{p}}$. 证明: 对任意 $p, q > 0$ 有

$$\varphi\left(\frac{p+q}{2}\right) \leqslant \frac{1}{2}(\varphi(p) + \varphi(q)).$$

证明 不妨设 a_k 均为正数且 $q \geqslant p > 0$, 则 $\dfrac{q}{p+q} \geqslant \dfrac{1}{2}$.

先证 $\varphi(q) \leqslant \varphi(p)$. 即证范数不等式:

$$\left(\sum_{k=1}^{n} a_k^q\right)^{\frac{1}{q}} \leqslant \left(\sum_{k=1}^{n} a_k^p\right)^{\frac{1}{p}}. \tag{1}$$

注意到 (1) 是齐次的, 故不妨设 $\sum_{i=1}^{n} a_k^p = 1$. 则 $0 \leqslant a_k \leqslant 1$, 故 $a_k^q \leqslant a_k^p$, 于是

$$\left(\sum_{k=1}^{n} a_k^q\right)^{\frac{1}{q}} \leqslant \left(\sum_{k=1}^{n} a_k^p\right)^{\frac{1}{q}} = 1,$$

(1) 得证.

回到原题. 由柯西不等式, $\dfrac{q}{p+q} \geqslant \dfrac{1}{2}$ 和 (1) 知,

$$\varphi\left(\frac{p+q}{2}\right) = \left(\sum_{k=1}^{n} a_k^{\frac{p+q}{2}}\right)^{\frac{2}{p+q}}$$

$$\leqslant \left(\sum_{k=1}^{n} a_k^p\right)^{\frac{1}{p+q}} \left(\sum_{k=1}^{n} a_k^q\right)^{\frac{1}{p+q}}$$

$$= \varphi(p)^{\frac{p}{p+q}} \varphi(q)^{\frac{q}{p+q}}$$

$$= \left(\frac{\varphi(q)}{\varphi(p)}\right)^{\frac{q}{p+q}} \varphi(p)$$

$$\leqslant \left(\frac{\varphi(q)}{\varphi(p)}\right)^{\frac{1}{2}} \varphi(p),$$

再由算术几何平均值不等式知,

$$\varphi\left(\frac{p+q}{2}\right) \leqslant \frac{1}{2}\left(\frac{\varphi(q)}{\varphi(p)}+1\right)\varphi(p)$$

$$= \frac{1}{2}(\varphi(p)+\varphi(q)).$$

命题得证. □

评析 此题是较难的代数题,考试中约 6% 的学生做对此题. 其思路是用柯西不等式对 $\left(\sum_{k=1}^{n} a_k^{\frac{p+q}{2}}\right)^2$ 放缩,得到 a_k 的 p 次幂和与 q 次幂和,然后利用范数不等式和均值不等式得到结论.

2018 年夏季上海新星精品营两次测试题解答与评析

2018 年 5 月末,上海数学新星夏季精品营举行了两次测试(小考). 每次测试四道题,时间为两小时 30 分钟. 本文介绍这些试题及给出相应的解答,由冷岗松、吴尉迟、罗振华整理. 我们将用题 1. x 表示第 1 次测试的第 x 题,题 2. y 的意义类似.

题 1.1 数列 $a_1, a_2, \cdots, a_n$ 是正整数,且满足

$$a_1 = 2, \quad a_m = \varphi(a_{m+1}), \quad m = 1, \cdots, n-1,$$

其中 $\varphi(k)$ 表示不超过 k 且与 k 互质的正整数的个数. 证明: $a_n \geqslant 2^{n-1}$.

证明 由 $a_{n-1} = \varphi(a_n)$ 知, $a_n > a_{n-1}$. 故要证明原结论,只需证明 $\forall 1 \leqslant m \leqslant n-1$,均有

$$a_m \geqslant 2^m. \tag{$*$}$$

注意到 $2 \mid \varphi(k)$, $\forall k > 2$,且当 $2 \mid k$ 时有 $\varphi(k) \leqslant \dfrac{k}{2}$(因为偶数均不与 k 互质),故由 $a_{m-1} = \varphi(a_m)$ 知,

$$a_m \geqslant 2a_{m-1} \geqslant \cdots \geqslant 2^{m-1} \cdot a_1 = 2^m.$$

$(*)$ 得证. □

评析 此题是中等偏易的数论题,考试中约 36% 的学生做对此题. 其关键点是对 $a_1, a_2, \cdots, a_n$ 中的前 $n-1$ 项用归纳法证明加强的结论.

题 1.2 设 $a_1, a_2, \cdots, a_n \in \mathbf{R}$ 满足 $a_1 + \cdots + a_n = 0$. 记

$$b_i = a_1 + \cdots + a_i, \quad i = 1, 2, \cdots, n.$$

已知对 $\forall 1 \leqslant i \leqslant j \leqslant n-1$ 有 $b_i(a_{j+1} - a_{i+1}) \geqslant 0$. 证明:

$$\max_{1 \leqslant k \leqslant n} |a_k| \geqslant \max_{1 \leqslant k \leqslant n} |b_k|.$$

证明 由条件知 $b_n = 0$. 假设存在 $i \leqslant n-1$，使得 $b_i > 0$ 且 $a_{i+1} \geqslant 0$. 则由 $b_i(a_{j+1} - a_{i+1}) \geqslant 0$ 知，$a_{j+1} \geqslant a_{i+1}$，$\forall 1 \leqslant i \leqslant j \leqslant n-1$. 于是，

$$b_n = b_i + a_{i+1} + a_{i+2} + \cdots + a_n \geqslant b_i > 0,$$

矛盾. 这说明，若 $b_i > 0$，则 $a_{i+1} < 0$. 同理，若 $b_i < 0$，则 $a_{i+1} > 0$.   （＊）

设 $|b_m| = \max\limits_{1 \leqslant k \leqslant n} |b_k|$. 若 $b_m = 0$，则 $a_1 = a_2 = \cdots = a_n = 0$，结论显然成立. 故不妨设 $b_m > 0$（否则，用 $-a_1, \cdots, -a_n$ 替换 $a_1, \cdots, a_n$ 即可）. 下分两种情况证明：

(1) 当 $m = 1$ 时，有 $b_m = a_1$，从而 $|b_m| = |a_1| \leqslant \max\limits_{1 \leqslant l \leqslant n} |a_l|$，结论成立.

(2) 当 $m > 1$ 时. 若 $b_{m-1} > 0$，则由（＊）知，$a_m < 0$. 于是，$a_m = b_m - b_{m-1} < 0$，这与 b_m 的最大性矛盾. 因此 $b_{m-1} \leqslant 0$，于是

$$a_m = b_m - b_{m-1} = b_m + |b_{m-1}| \geqslant b_m,$$

故 $|b_m| \leqslant |a_m| \leqslant \max\limits_{1 \leqslant l \leqslant n} |a_l|$，结论依然成立. □

评析 此题是中等难度的代数题，考试中约 40% 的学生做对此题. 证明的关键是利用条件 $b_i(a_{j+1} - a_{i+1}) \geqslant 0$ 得到 b_i 与 a_{i+1} 的正负关系. 再对 $|b_k|$ 最大元的下标分析得到结论.

题 1.3 平面上给定三个两两外切的圆 K_0、K_1、K_2. 已知 K_0 以 O 为圆心，$A_1 A_2$ 为它的一条直径. 记 B、C_1、C_2 分别为圆 K_1 与 K_2，K_1 与 K_0，K_2 与 K_0 的切点. $A_1 C_2$ 与 $A_2 C_1$ 交于 K_0 内一点 D. 设 t_1、t_2 分别为过 A_1、A_2 的 K_0 的切线. 证明：若 t_1 与 K_1，t_2 与 K_2 分别相切，则 O、D、B 共线.

证明 设 t_1 与 K_1 相切于 S_1，t_2 与 K_2 相切于 S_2. 则由熟知的结论知，S_1、B、S_2，S_1、C_1、A_2，S_2、C_2、A_1 均三点共线.

作圆 K_0 与 K_1 内公切线 UV，则

$$\angle S_1 B C_1 = \angle S_1 C_1 U = \angle A_2 C_1 V = \angle S_2 A_2 C_1,$$

于是，B、S_2、A_2、C_1 四点共圆. 同理 S_1、B、C_2、A_1 四点共圆.

由 B、S_2、A_2、C_1 四点共圆知，$S_1 B \cdot S_1 S_2 = S_1 C_1 \cdot S_1 A_2$，这说明 S_1 在圆 K_0 与 K_2 的根轴上. 故 $\angle S_1 C_2 O = 90°$，从而 S_1、C_2、O、A_1 四点共圆.

又 S_1、B、C_2、A_1 四点共圆，所以 S_1、B、C_2、

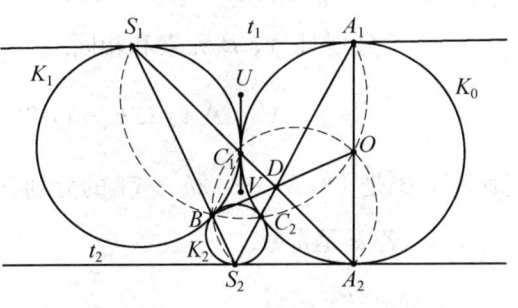

（第 1.3 题图）

O、A_1 五点共圆. 同理, S_2、B、C_1、O、A_2 五点共圆.

记 $\omega_1 = \odot(S_1BC_2OA_1)$, $\omega_2 = \odot(S_2BC_1OA_2)$, 则 OB 为 ω_1 与 ω_2 的根轴.

因为 A_1C_2 为 ω_1 与 $\odot O$ 的根轴, A_2C_1 为 ω_2 与 $\odot O$ 根轴, 故 D 为 ω_1、ω_2、$\odot O$ 的根心. 于是, D 在 ω_1 与 ω_2 的根轴上, 从而有 O、D、B 三点共线. □

评析　此题是中等难度的几何题, 考试中约 47% 的学生做对此题. 几何做法的难点是要发现 S_1、B、C_2、O、A_1 和 S_1、C_2、O、A_1、A_2 分别五点共圆, 进而由根轴的性质得到 O、D、B 三点共线.

题 1.4　设 $k > 2$ 是整数. 称一个正整数 l 是"k-好的", 若集合 $\{1, 3, 5, \cdots, 2k-1\}$ 能被分划成两个子集 A、B, 使得 A 中元素和恰好是 B 中元素之和的 l 倍. 证明: 最小的 k-好数与 k 是互质的.

证法 1　先证明: 若 p 是 k 最小的质因子, 则 $p-1$ 是最小的 k-好数.　　　　　　($*$)

注意到 $1+3+\cdots+(2k-1) = k^2$. 设 l 是 k-好数且 s 是 B 中元素之和, 则 A 的元素之和为 ls. 所以

$$1+3+\cdots+(2k-1) = (l+1)s,$$

即 $(l+1)s = k^2$. 又 $l+1 \geqslant 2$, 则 $l+1 \geqslant p$, 其中 p 是 k 最小的质因子. 故 $l \geqslant p-1$.

下证 $l = p-1$ 是 k-好数. 分两种情况证明:

(1) 若 k 是偶数, 则 $p=2$. 故只需证明可以将 $\{1, 3, \cdots, 2k-1\}$ 分划成两个集合且两个集合的元素和相同.　　　　　　($**$)

我们对 k 归纳法证明 ($**$).

当 $k=4$ 时, 我们可以将 $\{1, 3, 5, 7\}$ 分成 $\{1, 7\}$ 和 $\{3, 5\}$.

当 $k=6$ 时, 我们可以将 $\{1, 3, 5, 7, 9, 11\}$ 分成 $\{1, 3, 5, 9\}$ 和 $\{7, 11\}$.

假设 ($**$) 对偶数 k 成立. 我们证明 $k+4$ 时, ($**$) 仍成立. 即已知 A、B 是 $\{1, 3, \cdots, 2k-1\}$ 的分划且 A、B 元素和相同. 令

$$A' = A \bigcup \{2k+1, 2k+7\}, \quad B' = B \bigcup \{2k+3, 2k+5\},$$

则 A'、B' 是 $\{1, 3, \cdots, 2k+7\}$ 的分划且 A'、B' 元素和相同. 于是 ($**$) 成立.

(2) 若 k 是奇数.

令 $m = \dfrac{k}{p}$. 取 $B = \{p, 3p, \cdots, (2m-1)p\}$. 则 B 的元素和为

$$p + 3p + \cdots + (2m-1)p = p(1 + 3 + \cdots + 2(m-1)) = pm^2.$$

此时 $A = \{1, 3, \cdots, 2k-1\} \backslash B$ 的元素和为

$$k^2 - pm^2 = p^2 m^2 - pm^2 = (p-1)pm^2.$$

这说明 $(**)$ 成立.

综上知 $(*)$ 成立. 又 $(p-1, k) = 1$, 故命题得证. □

证法 2(温州中学欧阳泽轩)　我们分三种情况证明结论：

(1) 若 $4 \mid k$. 设 $k = 4m$. 此时, 取

$$A = \{1, 5, \cdots, 4m-3, 4m+3, 4m+7, \cdots, 8m-1\},$$
$$B = \{3, 7, \cdots, 4m-1, 4m+1, 4m+5, \cdots, 8m-3\}.$$

易知 $l = 1$ 是最小的 k -好数, 则 $(l, k) = 1$ 满足条件.

(2) 若 $k \equiv 2 \pmod 4$, 设 $k = 4m+2$. 由条件 $k > 2$ 知 m 为正整数. 与情况 1) 类似, 可将 $\{13, 15, \cdots, 8m+3\}$ 分划成和相同的两个集合 A'、B'. 令

$$A = A' \bigcup \{7, 11\}, \quad B = B' \bigcup \{1, 3, 5, 9\}.$$

易知 $l = 1$ 是最小的 k -好数, 则 $(l, k) = 1$ 满足条件.

(3) 若 k 为奇数. 取 p 为 k 最小的质因子.

将 $\{1, 3, \cdots, 2k-1\}$ 分为 $\dfrac{k+1}{2}$ 组：

$$\{1, 2k-1\}, \{3, 2k-3\}, \cdots, \{k-2, k+2\}, \{k\},$$

其中 $\dfrac{k-1}{2}$ 组中元素和为 $2k$, 一组元素和为 k.

由于 p、k 均为奇数, 取 B 为前 $\dfrac{\frac{k}{p}-1}{2}$ 组与 $\{k\}$ 的并, A 为其余组的并. 此时, B 中元素和为

$$2k \cdot \frac{\frac{k}{p}-1}{2} + k = \frac{k^2}{p},$$

A 中元素和为

$$\left(\frac{k+1}{2} - \frac{\frac{k}{p}-1}{2} - 1 \right) \cdot 2k = \frac{k^2(p-1)}{p}.$$

于是 A 中元素和为 B 中元素和的 $p-1$ 倍.这说明 $p-1$ 是 k-好数,故最小的 k-好数不超过 $p-1$,从而与 k 互质.　$\square$

评析　此题为较难的组合题,考试中约 21% 的学生做对此题.当 k 为偶数时,容易想到用归纳构造或直接构造两个元素和相等的子集,得到最小的 k-好数为 1.

k 为奇数的情形是本题的难点:通过对元素和的分析,易发现最小的 k-好数应为 $p-1$(p 为 k 最小的质因子),于是需构造和为 $\dfrac{k^2}{p}$ 子集 B. A 自然取为 B 的补集.

(1)证法 1 的想法是构造等差数列 $\{p,3p,\cdots,(2m-1)p\}$,其中 $m=\dfrac{k}{p}$;

(2)证法 2 的想法是将 $\dfrac{k^2}{p}$ 拆分为 $k\cdot\left(\dfrac{k}{p}-1\right)$ 与 k 的和,于是可以通过取 $\dfrac{\dfrac{k}{p}-1}{2}$ 组和为 $2k$ 的数组和元素 k 得到子集 B.

题 2.1　给定质数 $p>3$,证明:存在正整数 $k<\dfrac{p}{2}$ 及整数 x、y 使得:

$$kp+3=x^2+y^2.$$

证明　虑如下 $p+1$ 个数:

$$0^2,1^2,\cdots,\left(\dfrac{p-1}{2}\right)^2 \text{ 和 } 3-0^2,3-1^2,\cdots,3-\left(\dfrac{p-1}{2}\right)^2.$$

则由抽屉原理知,其中一定有两个数模 p 同余.易知这两个数不同属于前 $\dfrac{p+1}{2}$ 个数也不同属于后 $\dfrac{p+1}{2}$ 个数.故存在 $0\leqslant i,j\leqslant\dfrac{p-1}{2}$,使得

$$i^2\equiv 3-j^2(\bmod p).$$

即有 $p\mid i^2+j^2-3$.注意到

$$i^2+j^2-3\leqslant 2\left(\dfrac{p-1}{2}\right)^2-3<\dfrac{p^2}{2},$$

故

$$k=\dfrac{i^2+j^2-3}{p}<\dfrac{p}{2},$$

命题得证. □

评析　此题是一道简单的数论题,考试中约 54% 的学生做对此题. 其难点是如何构造抽屉: 取模 p 的 $\dfrac{p+1}{2}$ 个最小非负二次剩余类,即取 $0^2,1^2,\cdots,\left(\dfrac{p-1}{2}\right)^2$,再由抽屉原理得到结论.

题 2.2　设 H 是锐角 $\triangle ABC$ 的垂心,$\angle BHC$ 的角平分线与边 BC 交于 D 点,E、F 分别是 D 关于 AB、AC 的对称点. 证明: 弧 $\overparen{BAC}$ 的中点在 $\triangle AEF$ 的外接圆上.

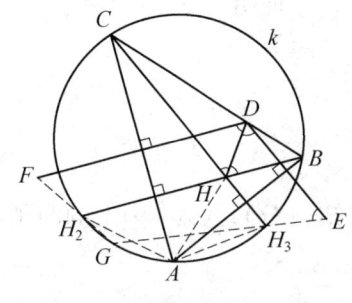

（第 2.2 题图）

证明　令 H_2、H_3 分别是 H 关于 AC 和 AB 的对称点,则由熟知的结论知 H_2、H_3 在 $\triangle ABC$ 的外接圆 k 上.

令 $\angle CAB=\alpha$. 由于 H、H_3 和 D、E 均关于 AB 对称,于是 $HH_3 \parallel DE$. 又 HD 为 $\angle CHB$ 的角平分线,故

$$\angle E=\angle HDE=\angle CHD=\frac{1}{2}\angle CHB.$$

结合 H 是垂心知,$\angle E=\dfrac{1}{2}\angle CHB=90^\circ-\dfrac{1}{2}\alpha$.

令 G 是弧 $\overparen{CAB}$ 的中点,则劣弧 $\overparen{CG}$ 所对的圆周角

$$\angle CH_3G=\frac{1}{2}(180^\circ-\angle CAB)=90^\circ-\frac{1}{2}\alpha,$$

于是 $\angle E=\angle CH_3G$. 从而 G、H_3、E 三点共线.

同理有 F、H_2、G 三点共线. 又 H_2、G、A、H_3 四点共圆,故

$$\angle FGE=\angle H_2GH_3=\angle H_2AH_3. \tag{1}$$

由 H、H_2 和 H、H_3 分别关于 CA、AB 对称知,

$$\angle H_2AH_3=\angle H_2AH+\angle HAH_3$$
$$=2\angle CAH+2\angle BAH=2\alpha.$$

即有 $\angle H_2AH_3=2\alpha$. 同理有 $\angle FAE=2\alpha$. 结合(1)知,$\angle FAE=\angle FGE$,命题得证. □

评析　此题是中等偏易的几何题,考试中约 50% 的学生做对此题. 其关键是发现 EG、FG 分别过垂心 H 关于 BA 和 CA 的对称点. 再利用对称性"导角"得出结论.

题 2.3　设 n、k 是正整数,$x_i \geqslant 1$,$i = 1, 2, \cdots, n$. 记 $y = \prod\limits_{i=1}^{n} x_i$. 证明:

$$\sum_{i=1}^{n} \frac{1}{1+x_i} \geqslant \sum_{i=1}^{n} \frac{1}{1+(x_i^{k-1}y)^{\frac{1}{n+k-1}}}.$$

证明　令 $f(t) = \dfrac{1}{1+e^t}$,则由

$$f''(t) = \frac{e^t(e^t-1)}{(1+e^t)^3} > 0, \ \forall 0 < t < \infty$$

知,$f(t)$ 是 $(0, \infty)$ 上的凸函数. 因此由琴生不等式知,对任意不小于 1 的数 $z_1, \cdots, z_m$ 有

$$\sum_{i=1}^{m} \frac{1}{1+z_i} \geqslant \frac{m}{1+\sqrt[m]{z_1 z_2 \cdots z_m}}. \tag{1}$$

对于给定的 $i \in \{1, 2, \cdots, n\}$,由上式可得

$$\frac{k-1}{1+x_i} + \sum_{j=1}^{n} \frac{1}{1+x_j} \geqslant \frac{n+k-1}{1+(x_i^{k-1}y)^{\frac{1}{n+k-1}}}.$$

对上式关于 i 求和可得:

$$(n+k-1)\sum_{i=1}^{n} \frac{1}{1+x_i} \geqslant (n+k-1)\sum_{i=1}^{n} \frac{1}{1+(x_i^{k-1}y)^{\frac{1}{n+k-1}}}.$$

命题得证.　　　　　　　　　　　　　　　　　　　　　　　　　　□

(1)式也可以用归纳法证明,温州中学欧阳泽轩同学给出了下面的证明:

当 $m = 2$ 时,

$$\frac{1}{1+a_1} + \frac{1}{1+a_2} \geqslant \frac{2}{1+\sqrt{a_1 a_2}}$$

$$\Leftrightarrow \frac{2+a_1+a_2}{1+a_1+a_2+a_1 a_2} \geqslant \frac{2+2\sqrt{a_1 a_2}}{1+2\sqrt{a_1 a_2}+a_1 a_2}$$

$$\Leftrightarrow \frac{1-a_1 a_2}{1+a_1+a_2+a_1 a_2} \geqslant \frac{1-a_1 a_2}{1+2\sqrt{a_1 a_2}+a_1 a_2},$$

显然成立.

若命题对 m 成立,则

$$\frac{1}{1+a_1} + \cdots + \frac{1}{1+a_{2m}} \geqslant \frac{m}{1+(a_1 a_2 \cdots a_m)^{\frac{1}{m}}} + \frac{m}{1+(a_{m+1} \cdots a_{2m})^{\frac{1}{m}}}$$

$$\geqslant \frac{2m}{1+(a_1 a_2 \cdots a_{2m})^{\frac{1}{2m}}},$$

故命题对 $2m$ 成立.

若命题对 m 成立,则

$$\frac{1}{1+a_1} + \cdots + \frac{1}{1+a_{m-1}} + \frac{1}{1+\sqrt[m-1]{a_1 a_2 \cdots a_{m-1}}}$$

$$\geqslant \frac{m}{1+(a_1 a_2 \cdots a_{m-1} \sqrt[m-1]{a_1 a_2 \cdots a_{m-1}})^{\frac{1}{m}}}$$

$$\geqslant \frac{m}{1+(a_1 a_2 \cdots a_{m-1})^{\frac{1}{m-1}}},$$

故命题对 $m-1$ 成立.

由柯西归纳法知(1)成立. □

评析 此题是中等难题的代数题,考试中约 30% 的学生做对此题.此题的难点在于如何证明局部不等式(1).可以用琴生不等式,也可以用柯西归纳法.

题 2.4 设 A 是由正整数构成的有限集,满足:

$$\min\{\mathrm{lcm}(x, y) : x, y \in A, x \neq y\} \geqslant 2 + \max A,$$

其中 $\mathrm{lcm}(a, b)$ 表示 a、b 的最小公倍数.证明:

$$\sum_{x \in A} \frac{1}{x} < \frac{3}{2}.$$

证明 先证明如下引理:

引理 设 m 是正整数,S 是 $\{1, 2, \cdots, m\}$ 的一个子集,满足对 $\forall a, b \in S$, $a < b$,有 $a \nmid b$.则

$$|S| < \frac{m+1}{2},$$

其中 $|S|$ 表示集合 S 的元素个数.

引理的证明:对 S 中任一元素 a,$2 \leqslant a \leqslant m$,令 $a = 2^{\alpha} r$,其中 $\alpha \in \mathbf{N}$, r 为 $[1, m-1]$ 中的

奇数.

由 S 中元素互不整除知对 S 中不同元素,在如上表示中奇数 r 互不相同.而 $[1, m-1]$ 中的奇数有 $\left[\dfrac{m}{2}\right]$ 个,从而

$$|S| \leqslant \left[\frac{m}{2}\right] < \frac{m+1}{2}.$$

引理获证.

回到原题:设

$$A = \{x_1, x_2, \cdots, x_t\}(t \geqslant 2), \quad m = \min\{\text{lcm}(x, y) \mid x, y \in A \text{ 且 } x \neq y\}.$$

由条件知 $x_j \leqslant \max\limits_{1 \leqslant i \leqslant t}\{x_i\} < m, \forall 1 \leqslant j \leqslant t$,从而 $\forall i \neq j, x_i \nmid x_j$ 且 $x_j \nmid x_i$. $\qquad(*)$

否则,若有 $x_i \mid x_j$,则 $\text{lcm}(x_i, x_j) = x_j < m$,这与 m 的最小性矛盾.

由 $(*)$ 知,$1 \notin A$.即有 $1 < x_j \leqslant m-1, \forall 1 \leqslant j \leqslant t$.

假设存在 $1 \leqslant k \leqslant m-1$,使得存在 $1 \leqslant i < j \leqslant t$,且满足 $x_i \mid k, x_j \mid k$.则 $\text{lcm}(x_i, x_j) \mid k$,于是 $\text{lcm}(x_i, x_j) \leqslant k < m$.这与 m 的最小性矛盾.这说明:$\forall i \neq j, x_i, x_j$ 在 $\{1, 2, \cdots, m-1\}$ 中没有公共的倍数.

注意到 1 不是 $x_i (\forall 1 \leqslant i \leqslant t)$ 的倍数,故知对 $\{1, 2, \cdots, m-1\}$ 中为 x_i 的倍数的个数 c_i 有

$$\sum_{i=1}^{t} c_i \leqslant (m-1) - 1.$$

即

$$\sum_{i=1}^{t} \left[\frac{m-1}{x_i}\right] \leqslant m-2. \qquad (1)$$

由 $(*)$ 和引理知,$t < \dfrac{m+1}{2}$.又 $\left[\dfrac{m-1}{x_i}\right] > \dfrac{m-1}{x_i} - 1$,结合 (1) 知,

$$\sum_{i=1}^{t} \frac{1}{x_i} < 1 + \frac{t-1}{m-1} < \frac{3}{2}.$$

命题得证. $\qquad\qquad\qquad\qquad\qquad\qquad\qquad\qquad\qquad\qquad\qquad\qquad\qquad\qquad\qquad\square$

评析 此题是一道较难的组合题,考试中约 6% 的学生做对此题.其想法是找到一个数 n,使得集合

$$A_x = \{a \mid 1 \leqslant a \leqslant n, \text{且 } x \mid a\}(\text{其中 } x \in A)$$

两两不交.注意到 $1 \notin A$,可用

$$\sum_{x \in A} \left(\frac{n}{x} - 1 \right) < \sum_{x \in A} \left[\frac{n}{x} \right] \leqslant n - 1.$$

来估计 $\displaystyle\sum_{x \in A} \frac{1}{x}$ 的上界.进一步地,需要估计 $\displaystyle\sum_{x \in A} 1$ 的值,即估计 A 中元素的个数,这便是引理.

此题源于厄尔多斯(Erdös)的一个引理:

设 m、n 是整数,$m > n \geqslant 2$,$S = \{1, 2, \cdots, m\}$,$T = \{a_1, a_2, \cdots, a_n\}$ 是 S 的一个子集,已知 T 中任两个数都不能同时整除 S 中的任何一个数,则

$$\frac{1}{a_1} + \frac{1}{a_2} + \cdots + \frac{1}{a_n} < \frac{m+n}{m}.$$

2018 年秋季上海新星精品营两次测试题解答与评析

2018 年 11 月,上海新星秋季精品班进行了两次测试. 这两次测验试题有趣、难度适中,下面介绍两次测试的试题与解答,由罗振华、冷岗松、吴尉迟整理. 我们将用题 1. x 表示第 1 次测试的第 x 题,题 2. y 的意义类似.

题 1.1 点 E、F 分别是 $\triangle ABC$ 边 AB、AC 上的点. $\triangle AEF$ 的外接圆交 $\triangle ABC$ 的外接圆于点 M. 点 D 是点 M 关于直线 EF 的对称点,点 O 是 $\triangle ABC$ 的外心. 证明:点 D 在线段 BC 上当且仅当 O、A、E、F 四点共圆.

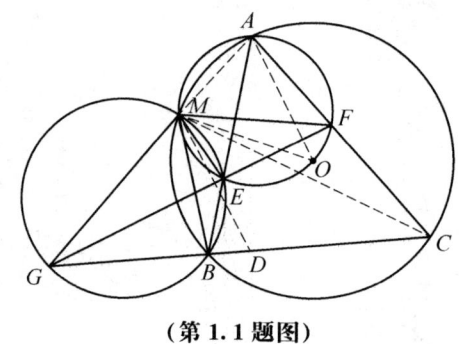

(第 1.1 题图)

证明 不妨设 M 在劣弧 $\overparen{AB}$ 上. 则我们有

$$\angle AEF = \angle AMF < \angle AMC = \angle ABC,$$

因此线 EF 交线 BC 于一点 G,使得 B 在 C、G 之间. 在完全四边形 $AFCBGE$ 中,$\triangle ABC$ 的外接圆与 $\triangle AEF$ 的外接圆交于 M 点,则 M 是这个完全四边形的密克点,从而 M、G、B、E 和 M、F、C、G 分别四点共圆. 从而

$$D \in BC \Leftrightarrow \angle MGE = \angle CGE$$
$$\Leftrightarrow \angle AEM = 2\angle ABM = \angle AOM$$
$$\Leftrightarrow O、A、E、F \text{ 四点共圆}. \qquad \square$$

评析 这是一道简单的几何题,考试中约 73% 学生做对. 把直线 FE 和 CB 延长后交出一个完全四边形,可以发现 M 是这个完全四边形的密克点,再利用密克点的几何性质能找到另外两组四点共圆,最后通过倒角就可以证得结论.

题 1.2 设 n 是正整数,c 是正实数. 已知实数 x_1,x_2,$\cdots$,x_{2n} 满足 $x_1 + x_2 + \cdots + x_{2n} = c$ 且 $|x_{k+1} - x_k| < \dfrac{c}{n}$,$\forall 1 \leqslant k \leqslant 2n(x_{2n+1} = x_1)$. 证明:存在 n 个整数 i_1,i_2,$\cdots$,i_n,使得:

$$\left| x_{i_1} + \cdots + x_{i_n} - \frac{c}{2} \right| < \frac{c}{2n}.$$

证明 令 $a_i = \max\{x_{2i-1}, x_{2i}\}$，$b_i = \min\{x_{2i-1}, x_{2i}\}$，$\forall 1 \leqslant i \leqslant n$。

记 $S_k = a_1 + a_2 + \cdots + a_{n-k} + b_{n-k+1} + \cdots + b_n$，$\forall 0 \leqslant k \leqslant n$。其中，$S_0 = a_1 + a_2 + \cdots + a_n$。故有

$$S_0 \geqslant \frac{c}{2} \geqslant S_n.$$

又注意到对任意 $0 \leqslant k \leqslant n-1$，有

$$S_k - S_{k+1} < \frac{c}{n},$$

故由离散介值定理知，存在 $0 \leqslant m \leqslant n$，使得

$$\left| S_m - \frac{c}{2} \right| < \frac{c}{2n}.$$

事实上，若不存在。则由 $S_0 \geqslant \frac{c}{2} \geqslant S_n$ 知 $S_0 \geqslant \frac{c}{2} + \frac{c}{2n}$，$S_n \leqslant \frac{c}{2} - \frac{c}{2n}$。从而必存在最小的下标 k，使得

$$S_k \geqslant \frac{c}{2} + \frac{c}{2n} > \frac{c}{2} - \frac{c}{2n} \geqslant S_{k+1},$$

则 $S_k - S_{k+1} \geqslant \frac{c}{n}$，这与前面导出的 S_k 的性质矛盾。

从而命题得证。 □

评析 这是一道题面新颖、难度适中的不等式问题，考试中约 52% 学生做对。上述解法的关键在于利用题设条件找出若干个 n 元数组，使得相邻两个数组的所有数之和具有介值性，再由离散介值定理就可以证得结论。

题 1.3 有 n 个人两两打一局乒乓球，如果有 4 个人 A、B、C、D 满足 A 胜 B，B 胜 C，C 胜 D，D 胜 A，则称此四人为一个"四边联"，问：至多有多少个"四边联"？

解 将 n 个人看作 n 阶有向图上的点，若 A 胜 B，则连边 $A \to B$。

首先，注意到以下三个小结论：

(1) 四点中至多存在一个长度为 4 的有向圈。

(2) 四点中若有一个点的出度或者入度为 3,则此四点不构成四边联,反之亦然.

(3) 四点中最多有两点的出度或者入度为 3.

称平面上四点 A、B、C、D 构成一个坏组 (A, BCD) 若 $A \to B$, $A \to C$, $A \to D$ 或 $A \leftarrow B$, $A \leftarrow C$, $A \leftarrow D$. 于是,若四点中有坏组,则它们不构成四边联,且一个四点组中至多出现两个坏组,不同的四点组出现的坏组一定不同.

设每个点的出度为 a_1, a_2, $\cdots$, a_n,则坏组的个数为

$$\sum_{i=1}^{n}\left(\binom{a_i}{3}+\binom{n-1-a_i}{3}\right).$$

(1) 当 n 为奇数时,设 $n = 2k+1$, $k \in \mathbf{N}_+$,则坏组的个数

$$\sum_{i=1}^{n}\left(\binom{a_i}{3}+\binom{n-1-a_i}{3}\right) \geqslant (2k+1) \cdot 2\binom{k}{3},$$

故不是四边联的四点组的个数大于等于 $(2k+1)\binom{k}{3}$,所以四边联的个数小于等于

$$\binom{2k+1}{4} - (2k+1)\binom{k}{3} = \frac{k(k-1)(k+1)(2k+1)}{6}.$$

(2) 当 n 为偶数时,设 $n = 2k$, $k \in \mathbf{N}_+$,则坏组的个数

$$\sum_{i=1}^{n}\left(\binom{a_1}{3}+\binom{n-1-a_i}{3}\right) \geqslant 2k\left(\binom{k-1}{3}+\binom{k}{3}\right),$$

故不是四边联的四点组的个数大于等于 $k\left(\binom{k-1}{3}+\binom{k}{3}\right)$,所以四边联的个数小于等于

$$\binom{4}{2k} - k\left(\binom{k-1}{3}+\binom{k}{3}\right) = \frac{k(k-1)(k+1)(2k-3)}{6}.$$

下面证明等号均可以取到.

(1) 当 n 为奇数时,由上述讨论知,只需使每点出入度均为 k,且每个非四边联的四点组都有两个坏组.将 $2k+1$ 个点顺时针编号 0, 1, $\cdots$, $2k$,并令 $A \to B$,当 $(B-A) \bmod n \in \{1, 2, \cdots, k\}$ 时,令 $A \leftarrow B$;当 $(B-A) \bmod n \in \{k+1, k+2, \cdots, 2k\}$ 时.则不难验证每个点的出入度均为 k. 对于每个非四边联的四点组,设 $A \to B$, $A \to C$, $A \to D$,且 B、C、D 顺时针依次排列,则

必有 $B \to C$, $B \to D$, $C \to D$, 故有两个坏组 (A, BCD) 和 (D, ABC), 于是等号可以取到.

(2) 当 n 为偶数时, 只需使每点出度为 k 入度为 $k-1$, 或出度为 $k-1$ 入度为 k, 且每个非四边联的四点组都有两个坏组.

将 $2k$ 个点顺时针编号 $0, 1, \cdots, 2k-1$, 当 $(B-A) \bmod n \in \{1, 2, \cdots, k-1\}$ 时, 令 $A \to B$; 当 $(B-A) \bmod n \in \{k+1, k+2, \cdots, 2k-1\}$ 时, 令 $A \leftarrow B$; 当 $(B-A) \equiv k \pmod{n}$ 时, $A \to B$ 或 $A \leftarrow B$ 任选一种方向. 则不难验证每点出度为 k 入度为 $k-1$, 或出度为 $k-1$ 入度为 k.

对于每个非四边联的四点组, 若它们中无两点之差模 n 余 k, 则同(1)的讨论可证. 若有两点 A, B 满足差模 n 余 k, 且 $A \to B$.

(a) 若顺时针依次为 A、C、D、B, 则 $A \to C$, $A \to D$, $C \to D$, $C \to B$, $D \to B$, 有坏组 (A, BCD), (D, ABC), 成立.

(b) 若顺时针依次为 A、C、B、D, 则 $A \to C$, $C \to B$, $B \to D$, $D \to A$ 为四边联, 矛盾.

(c) 若顺时针依次为 A、B、C、D, 则 $A \to B$, $B \to C$, $C \to D$, $D \to A$ 为四边联, 矛盾. 于是等号也可以取到.

综上可知, $n = 2k+1$ 时, 四边联个数最大值为 $\dfrac{k(k-1)(k+1)(2k+1)}{6}$; $n = 2k$ 时, 四边联个数最大值为 $\dfrac{k(k-1)(k+1)(2k-3)}{6}$. $\square$

评析 此题由郑州一中张甲老师提供, 这是一道中等偏难的图论问题, 考试中约 15% 学生做对. 本题的来源是完全有向图中 3 阶循环圈个数的最大值问题, 原问题是通过计算从一点出发的同向边组成的对和使用柯西不等式进行上界的估计, 本题中循环圈的阶数由 3 变为了 4, 不过论证所用的手法与 3 阶的情形本质相同, 只是构造部分需要更仔细的分类和说明.

题 1.4 已知 $\{a_n\}_{n \geqslant 1}$ 是正整数序列, $\{p_n\}_{n \geqslant 1}$ 是质数序列, 且对任意正整数 n, 有

$$p_n \mid a_n, \quad a_{n+1} = \frac{a_n}{p_n}(p_n^{1009} - 1).$$

证明: 存在正整数 m, 使得 $2018 \mid a_m$.

证明 令 $e = 1009$, 则 e 是质数且 $2e = 2018$. 注意到

$$p_n^e - 1 = (p_n - 1)(p_n^{e-1} + \cdots + p_n + 1)$$

且当 $p_n \neq 2$ 时,有 $2 \mid p_n - 1$,故要证明原命题,只需证存在正整数 m,使得 $p_m \equiv 1 \pmod{e}$.

$$(*)$$

反证法. 假设 $p_n \not\equiv 1 \pmod{e}$,$\forall n \geqslant 1$,我们证明 $A_n = p_n^{e-1} + \cdots + p_n + 1$ 的所有质因子都模 e 余 1.

$$(1)$$

令 p 是 A_n 的质因子,则 $p \neq p_n$. 记 $d \geqslant 1$ 是 p_n 模 p 的阶,即 d 是最小的正整数使得 $p_n^d \equiv 1 \pmod{p}$. 由于 $p \mid A_n$,$A_n \mid p_n^e - 1$,则 $p \mid p_n^e - 1$,故 $d \mid e$. 又 e 是质数,则 $d = 1$ 或 $d = e$.

若 $d = 1$,则 $p_n \equiv p_n^1 \equiv 1 \pmod{p}$,从而

$$A_n \equiv 1^{e-1} + \cdots + 1 \equiv e \pmod{p}.$$

由于 $p \mid A_n$,故 $p \mid e$,从而 $p = e$. 这与 $p_n \not\equiv 1 \pmod{e}$ 矛盾. (1)得证.

若 $d = e$,由费马小定理知 $d \mid p - 1$. 由 p 的任意性知,A_n 的所有质因子都模 e 余 1.

现在令 b_n 表示 a_n 最大的因子,使得 b_n 不存在模 e 余 1 的质因子. 从而有

$$b_{n+1} \ \Big| \ \frac{b_n}{p_n}(p_n - 1) < b_n,$$

这说明 $\{b_n\}$ 是严格递减的无穷正整数列,矛盾!

于是 $(*)$ 成立,从而命题得证. □

评析 这是一道有一定难度的与数列相关的数论问题,考试中约 20% 学生做对. 上述解法的关键在于发现 A_n 在 $p_n \not\equiv 1 \pmod{e}$ 时所有质因子都模 e 余 1,结合反证法可以发现 $\{b_n\}$ 是严格递减的无穷正整数列,这就产生了矛盾,从而命题得证.

题 2.1 在不等边三角形 ABC 中,点 G、H 分别为它的重心和垂心. 记 ω_1 为过点 A、B 且与直线 BC 相切的圆,ω_2 为过点 A、C 且与直线 BC 相切的圆. ω_1、ω_2 两圆交于点 A、P_A. 类似定义 P_B、P_C. 求证:G、H、P_A、P_B、P_C 五点共圆.

证明 延长 AP_A 交 BC 于点 D.

注意到直线 AP_A 是圆 ω_1 与圆 ω_2 的根轴,从而 D 到两圆的幂相等,则有 $DB^2 = DC^2$,故 $DB = DC$. 又 G 也在三角形 ABC 的中线 AD 上,所以 A、P_A、G、D 四点共线.

由 ω_1 与 BC 相切知 $\angle P_A BD = \angle BAD$,故 $\triangle P_A BD \sim \triangle BAD$. 则 $\angle BP_A D = \angle ABC$. 同理,

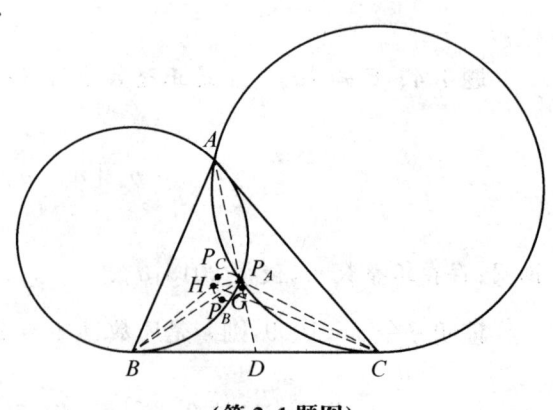

(第 2.1 题图)

$$\angle CP_A D = \angle ACB. \ \text{故}$$

$$\angle BP_A C = \angle BP_A D + \angle CP_A D$$
$$= \angle ABC + \angle ACB = 180° - \angle BAC.$$

由垂心性质可知 $\angle BHC = 180° - \angle BAC$. 所以 B、H、P_A、C 四点共圆,从而 $\angle HP_A B = \angle HCB$. 故

$$\angle GP_A H = \angle GP_A B + \angle HP_A B = \angle BP_A D + \angle HCB = \angle ABC + \angle HCB = 90°.$$

这说明点 P_A 在 GH 为直径的圆上. 同理,P_B、P_C 也在 GH 为直径的圆上.

所以 G、H、P_A、P_B、P_C 五点共圆. □

评析 这是一道中等偏易的几何题,考试中约 73% 学生做对. 解答的关键在于发现 GH 是要证的五点所在圆的直径,先用根轴可以导出 AP_A 是中线,再通过相似和四点共圆进行导角可以证明 GP_A 与 HP_A 垂直,从而命题获证.

题 2.2 $\{a_i\}_{i \geqslant 1}$ 是不增的非负整数数列,其最小值为 0. 对于整数 j,记 b_j 为满足 $a_i \geqslant j$ 的下标 i 的个数. 证明:可重集 $\{a_1 + 1, a_2 + 2, \cdots, a_i + i, \cdots\}$ 与 $\{b_1 + 1, b_2 + 2, \cdots, b_j + j, \cdots\}$ 相等.

证明 设 $a_1 = n$. 由题设可知该数列从某一项开始之后均为 0. 设数列有 k_i 项为 $i (1 \leqslant i \leqslant n)$. 则

$$b_j = \begin{cases} k_j + k_{j+1} + \cdots + k_n, & j \leqslant n, \\ 0, & j > n, \end{cases}$$

则可重集 $\{a_1 + 1, a_2 + 2, \cdots, a_i + i, \cdots\}$ 为

$$\{\underbrace{n+1, \cdots, n+k_n}_{k_n \text{项连续整数}}, \underbrace{n+k_n, \cdots, n+k_n+k_{n-1}-1}_{k_{n-1} \text{项连续整数}}, \cdots,$$

$$\underbrace{i+1+k_n+\cdots+k_{i-1}, \cdots, i+k_n+\cdots+k_i}_{k_i \text{项连续整数}}, \cdots$$

$$\underbrace{k_n+\cdots+k_1+1, k_n+\cdots+k_1+2, \cdots}_{\text{此项之后为连续整数}}\}.$$

(若某个 $k_i = 0$,则上述集合中第 $n+1-i$ 段不出现连续整数)

$\{b_1 + 1, b_2 + 2, \cdots, b_j + j, \cdots\}$ 为

$$\{\underbrace{k_n+\cdots+k_1+1, \; k_n+\cdots+k_2+2, \; \cdots, \; k_n+n, \; n+1, \; n+2, \cdots}_{\text{此项之后是连续整数}}\}$$

(若某个 $k_i=0$,则上述集合中数 $k_n+\cdots+k_i+i$ 不出现)

上述两个可重集的元素都是从 $n+1$ 开始的连续正整数,每个元素出现 1 次或 2 次,且出现 2 次的元素恰为 $i+k_n+\cdots+k_i(k_i>0)$ 这样的数. 故两个可重集相等. □

评析 这是一道有趣的集合问题,考试中约 47% 学生做对. 为了刻画题设中数列的结构,很自然能想到用 k_i 表示数 i 在数列中出现的次数,这样就可以用 k_i 来表示 b_j,从而题设中的两个可重集都可以用 k_i 显式写出,比较两个集合中每个元素出现的次数就可以证得结论.

题 2.3 设 n 是一个正整数,以 $\{1, 2, \cdots, 2n\}$ 的所有 n 元子集为顶点的无向图满足:若 n 元子集 A、B 满足 $B=\{1, 2, \cdots, 2n\}\backslash A$ 或 $B=\{2n+1-i:i\in A\}$,则 A、B 有边相连. 求这个无向图的连通分支个数.

解(湖南雅礼中学王俊焱) 易知无向图中每个顶点的度数不超过 2. (*)

对于 $\{1, 2, \cdots, n\}$ 的子集 A、B,我们用 $A\equiv B$ 表示 $B=\{1, 2, \cdots, 2n\}\backslash A$,用 $A\sim B$ 表示 $B=\{2n+1-i \mid i\in A\}$.

对于 $\{1, 2, \cdots, 2n\}$ 的子集 A、B、C,考虑下面两种情况:

① 若 $A\equiv C$,$A\sim B$,且 $B\ne C$.

考虑满足 $B\equiv D$ 的集合 D.

若 $D=A$,则

$$D=\{1, 2, \cdots, 2n\}\backslash B=\{2n+1-i \mid i\in B\}=A,$$

从而

$$\begin{aligned}
B&=\{1, 2, \cdots, 2n\}\backslash(\{1, 2, \cdots, 2n\}\backslash B)\\
&=\{1, 2, \cdots, 2n\}\backslash\{2n+1-i \mid i\in B\}\\
&=\{2n+1-i \mid i\in A\}\\
&=C,
\end{aligned}$$

矛盾. 故 $D\ne A$.

下面证明 $D\sim C$.

若 $x\in D$,则 $x\notin B$,那么 $2n+1-x\notin A$,$2n+1-x\in C$,同理可得若 $x\in C$ 则 $2n+1-x\in D$,故 $D\sim C$.

由(*)知此时 A、B、C、D 构成长为 4 的连通分支,且充要条件为 $B \neq C$,即 $A \sim B$ 且 $A \not\equiv B$. 此时必有某个 $i(1 \leqslant i \leqslant n)$ 使得 $\{i, 2n+1-i\} \subseteq A$,但 A 不能分划成若干个形如 $\{i, 2n+1-i\}$ 的子集(否则便有 $A = B$).

② 若 $A \equiv C$,$A \sim B$,且 $B = C$.

此时由①知,该分支中只有两个集合,且 A 要么恰包含 $\{i, 2n+1-i\}$ 中的一个数(对所有 $i = 1, 2, \cdots, n$),要么可以分划成若干个形如 $\{i, 2n+1-i\}$ 的子集.

下面计算连通分支的个数.

当 $n = 2k$ 时,共有 $2^{2k} + \dbinom{2k}{k}$ 个符合②的子集 A,有 $\dbinom{4k}{2k} - 2^{2k} - \dbinom{2k}{k}$ 个符合①的 A,故共有

$$\frac{2^{2k} + \dbinom{2k}{k}}{2} + \frac{\dbinom{4k}{2k} - 2^{2k} - \dbinom{2k}{k}}{4} = \frac{\dbinom{4k}{2k} + \dbinom{2k}{k} + 2^{2k}}{4}$$

个连通分支.

当 $n = 2k+1$ 时,共有 2^{2k+1} 个符合②的子集 A,有 $\dbinom{4k+2}{2k+1} - 2^{2k+1}$ 个符合①的 A,故共有

$$\frac{\dbinom{4k+2}{2k+1} - 2^{2k+1}}{4} + \frac{2^{2k+1}}{2} = \frac{\dbinom{4k+2}{2k+1} + 2^{2k+1}}{4}$$

个连通分支. □

评析 这是一道中等难度的图论题,考试中约 33% 学生做对. 问题的关键是发现每个连通分支是长度为 2 或 4 的圈,再对 n 分奇偶分别计算长度为 2 和长度为 4 的圈的个数,这样就可以得到所求连通分支的个数.

题 2.4 称一个正整数序列 $\{a_n\}_{n \geqslant 1}$ 是斐波那契型数列,若其满足递推关系:$a_{n+2} = a_{n+1} + a_n$,$\forall n \geqslant 1$. 问:是否能把正整数集分划成无穷多个斐波那契型数列? 说明理由.

解 先证明如下的齐肯多夫(Zeckendorf)定理.

齐肯多夫定理 对于斐波那契型数列 $F_0 = F_1 = 1$,$F_{n+2} = F_{n+1} + F_n$,$n \in \mathbf{N}$ 以及任意正整数 n,存在 k 及 $1 \leqslant i_1 < \cdots < i_k$,满足 $k \geqslant 1$,$i_{j+1} - i_j \geqslant 2$,$j = 1, 2, \cdots, k-1$,使 $n = F_{i_1} + \cdots +$

F_{i_k} 且该数列 $(i_1, \cdots, i_k)$ 唯一.

定理的证明:对 n 归纳证明 $i_1, \cdots, i_k$ 的存在性.

$n=1$ 时,只能取 $i_1=1$;$n=2$ 时,只能取 $i_2=2$.

假设对小于 n 的正整数结论成立,n 时,若 n 为斐波那契型数列中的一项 $F_j(j \geqslant 2)$,取 $i_1 = j$ 即可.

若 n 不为斐波那契型数列中的一项,则存在 $j \in \mathbf{N}_+$,使 $F_j < n < F_{j+1}$,则 $1 \leqslant n - F_j < n$.

对 $n-F_j$ 使用归纳假设知存在 $1 \leqslant i_1 < \cdots < i_k$,使得

$$i_{j+1} - i_j \geqslant 2, \ j=1, \cdots, k-1,$$

且

$$n - F_j = F_{i_1} + \cdots + F_{i_k}.$$

由于

$$F_{j-1} + F_j = F_{j+1},$$

所以

$$F_{i_k} < F_{j-1},$$

所以

$$i_k < j-1,$$

所以

$$i_k \leqslant j-2,$$

从而令 $i_{k+1}=j$ 即可满足条件.

综上,存在性得证.

再证唯一性.若存在 $1 \leqslant i_1 < \cdots < i_k$ 及 $1 \leqslant j_1 < \cdots < j_l$ 满足

$$i_{j+1} - i_j \geqslant 2, \ j=1, \cdots, k-1,$$
$$j_{r+1} - j_r \geqslant 2, \ r=1, \cdots, l-1,$$

且 $(i_1, \cdots, i_k) \neq (j_1, \cdots, j_l)$,$n = F_{i_1} + \cdots + F_{i_k}$.容易看到

$$F_{i_1} + F_{i_2} < F_{i_2-1} + F_{i_2} = F_{i_2+1},$$

依此类推得

$$F_{i_k} \leqslant n < F_{i_k+1},$$

同理

$$F_{j_l} \leqslant n < F_{j_l+1},$$

所以

$$F_{i_k} = F_{j_l}.$$

对 $n - F_{i_k} = n - F_{j_l}$，同样讨论知 $(i_1, \cdots, i_k) = (j_1, \cdots, j_l)$ 产生矛盾！

于是唯一性得证，故定理得证. □

回到原题：由齐肯多夫定理，定义正整数的"F 进制"，即存在

$$n = a_k F_k + \cdots + a_1 F_1 = (a_k \cdots a_1)_{(F)}, \quad k \in \mathbf{N}_+$$

其中 $a_i \in \{0, 1\}$，对 $\forall i$，$a_i a_{i+1} = 0$，$i = 1, \cdots, k-1$，$a_k \neq 0$.

利用这种表示，分别依 $a_1 = 1$；$a_1 = 0, a_2 = 1$；$a_1 = a_2 = 0, a_3 = 1$；$\cdots$ 按行从小到大列出所有正整数：

F_1	$F_1 + F_3$	$F_1 + F_4$	$F_1 + F_5$	$F_1 + F_3 + F_5$	$\cdots$
F_2	$F_2 + F_4$	$F_2 + F_5$	$F_2 + F_6$	$F_2 + F_4 + F_6$	$\cdots$
F_3	$F_3 + F_4$	$F_3 + F_6$	$F_3 + F_7$	$F_3 + F_5 + F_7$	$\cdots$
F_4	$F_4 + F_6$	$\cdots$	$\cdots$	$\cdots$	$\cdots$
$\vdots$	$\vdots$	$\vdots$	$\vdots$	$\vdots$	$\vdots$

上面每一列都是一个斐波那契型数列，故按列把正整数集分划成了无穷多个斐波那契型数列.

从而命题得证. □

评析 这是一道很好的组合数论问题，考试中约 2‰ 学生做对. 它最早在 Kömal 杂志作为征解问题出现，2017 年美国把此题选作了集训队的考试题. 上述解法使用斐波那契数列直接构造正整数集合的分划，需要用到斐波那契数列的深入性质（齐肯多夫定理），这种做法极具巧思，值得仔细回味.

2019 年春季上海新星精品营两次测试题解答与评析

2019 年 4 月,上海数学新星秋季精品营举行了两次测试(小考). 每次测试四道题,时间为两个半小时. 这两次测验试题有趣、难度适中,下面介绍这些试题及给出相应的解答,由冷岗松、罗振华、吴尉迟整理. 我们将用题 1.x 表示第 1 次测试的第 x 题,题 2.y 的意义类似.

题 1.1 已知△ABC 是锐角三角形,P 为 CB 延长线上一点且满足 $AB = BP$,Q 为 BC 延长线上一点且满足 $AC = CQ$. △ABC 的顶点 A 所对应的旁切圆 $\odot J$ 切 AB、AC 延长线于点 D、E. 直线 DP 与 EQ 交于点 F,证明:$AF \perp FJ$.

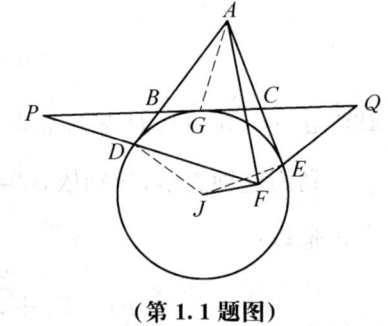

(第 1.1 题图)

证明 设 $\odot J$ 切 BC 于点 G,连结 AG、JD、JE.

由 AD、AE 是 $\odot J$ 的切线知 A、D、J、E 四点共圆,且该圆以 AJ 直径. 注意到 $BD = BG$,又 $BP = BA$,所以 △$BDP \cong$ △BGA,于是 $\angle PDB = \angle AGB$. 同理,$\angle QEC = \angle AGC$. 从而

$$\angle ADP + \angle AEQ = \angle AGB + \angle AGC = 180°,$$

故

$$\angle ADF + \angle AEF = 360° - (\angle ADP + \angle AEQ) = 180°,$$

所以 A、D、F、E 四点共圆. 从而 A、D、J、F、E 五点共圆,且 AJ 为这个圆的直径,故 $AF \perp FJ$. □

评析 这是一道简单的几何题,得分率约 94%. 解题的关键是利用全等三角形和导角,得到 A、D、F、E 四点共圆,从而证得结论.

题 1.2 一个学校有 300 个学生,其中不存在三个学生,他们两两是朋友. 已知每位学生至多有 n 个朋友,且对每个正整数 $m(1 \leqslant m \leqslant n)$,存在一个学生,其恰有 m 个朋友. 求 n 的最大值.

解 n 的最大值为 200.

将问题转化为图论问题,用 $A_i(1\leqslant i\leqslant 300)$ 表示第 i 个学生,若 A_i、A_j 是朋友,则 A_iA_j 连边,记所得的图为 G,题目条件变为:

(1) G 中不存在三角形;

(2) 每个点的度小于等于 n;

(3) 存在度为 $m(1\leqslant m\leqslant n)$ 的点.

我们构造 300 个点的二部图. 第一组为 A_1,$\cdots$,A_{100},第二组为 A_{101},A_{102},$\cdots$,A_{300},其中,$A_i(i=1,\cdots,100)$ 与 A_{100+i},$\cdots$,A_{300} 连边,则

$$d(A_i)=201-i,\ 1\leqslant i\leqslant 100,$$
$$d(A_{100+j})=j,\ 1\leqslant j\leqslant 200,$$

满足条件.

下证 $n\leqslant 200$.

取度为 n 的点,不妨设为 A_{n+1},且该点与 A_1,A_2,$\cdots$,A_n 有边. 故由该图无三角形知,A_1,A_2,$\cdots$,A_n 中任两点无边,故其中任意点的度至多为 $300-n$. 从而度为 $301-n$ 到 $n-1$ 的点均在 A_{n+2},$\cdots$,A_{300} 中,于是有

$$n-1-(301-n)+1\leqslant 300-(n+2)+1,$$

即有 $n\leqslant 200$.　□

评析　此题是中等难度的组合题,得分率约 63%. 此题的关键是考察朋友最多的学生,利用题设条件对该学生的朋友和剩余的学生进行分析,从而得到 n 的范围. 构造是相对容易的.

题 1.3　已知正实数 a 是方程

$$z^n+(\mathrm{Re}\,a_{n-1})z^{n-1}-|a_{n-2}|z^{n-2}-\cdots-|a_1|z-|a_0|=0$$

的根,其中 a_0,a_1,$\cdots$,a_{n-1} 为复数. 证明:多项式

$$f(z)=z^n+a_{n-1}z^{n-1}+\cdots+a_1z+a_0$$

的根 z 满足 $\mathrm{Re}\,z\leqslant a$.

证明　用反证法.

设 $f(z)$ 的根 z 满足 $\mathrm{Re}\,z>a$,则 $a^{-1}>(\mathrm{Re}\,z)^{-1}>|z|^{-1}$,且

$$|z+a_{n-1}|\geqslant \mathrm{Re}(z+a_{n-1})>a+\mathrm{Re}\,a_{n-1}.$$

由题设条件知

$$a + \mathrm{Re}\, a_{n-1} = |a_{n-2}|\, a^{-1} + |a_{n-3}|\, a^{-2} + \cdots + |a_0|\, a^{-(n-1)}.$$

结合上面两式与 $a^{-1} > |z|^{-1}$ 知,

$$|z + a_{n-1}| \geqslant |a_{n-2}|\, a^{-1} + |a_{n-3}|\, a^{-2} + \cdots + |a_0|\, a^{-(n-1)}$$

$$> |a_{n-2}|\,|z|^{-1} + |a_{n-3}|\,|z|^{-2} + \cdots + |a_0|\,|z|^{-(n-1)},$$

两边同乘以 $|z|^{n-1}$ 可得,

$$|z^n + a_{n-1} z^{n-1}| - |a_{n-2}|\,|z|^{n-2} - \cdots - |a_0| > 0,$$

再结合三角不等式可知,

$$|f(z)| = |z^n + a_{n-1} z^{n-1} + \cdots + a_1 z + a_0|$$

$$\geqslant |z^n + a_{n-1} z^{n-1}| - |a_{n-2}|\,|z|^{n-2} - \cdots - |a_0| > 0,$$

这与 z 是 f 的根矛盾! 故有 $\mathrm{Re}\, z \leqslant a$. □

评析 这是一道有一定难度的代数问题,约 25% 的学生做出. 该问题的题面新颖,但处理问题的手法却是典型的:即将根代入原方程后除以它的最高次幂或第二高次幂,从而转化为它的模的倒数的方程来处理,通常这种方法叫做刘维尔方法.

题 1.4 设 $b > 1$ 是整数. 对每个正整数 n,令 $u_b(n)$ 为 n 在 b 进制表示下的非零数字的个数. 证明:对于任意给定的正整数 n 和 k,存在正整数 m 使得 $u_b(mn) = u_b(n) + k$.

证明 对 k 用归纳法.

先证 $k = 1$ 的情形.

令 $n = \sum\limits_{i=0}^{d-1} c_i b^i$,其中 $c_i \in \{0, 1, \cdots, b-1\}$,$d = \lfloor \log_b(n) \rfloor + 1$.

设 c_j 是最小的指标使得 $c_j \neq 0$. 我们分两种情况:

(1) $c_j \geqslant 2$. 取正整数 r、s,满足 $r > s + d > 2d$ 且 $n \mid b^r - b^s$. 则

$$M = b^r - b^s + b^{s-j} n \equiv 0 \pmod{n},$$

于是,

$$M = b^r + \sum_{i=j+1}^{d-1} c_i b^{i+s-j} + (c_j - 1) b^s,$$

从而 $u_b(M) = u_b(n) + 1$,此时令 $m = \dfrac{M}{n}$ 即可.

(2) $c_j = 1$,取正整数 r、s,满足 $r > s + d > 2d$ 且 $n \mid b^r - b^s$.则

$$M = b^r - b^s + b^{s-j+1}n \equiv 0 \pmod{n},$$

于是

$$M = b^r + \sum_{i=j+1}^{d-1} c_i b^{s-j+1+i} + (b-1)b^s,$$

故 $u_b(M) = u_b(n) + 1$,令 $m = \dfrac{M}{n}$ 即可.

这就证明了 $k = 1$ 的情形.

假设 k 时成立,考虑 $k+1$ 时的情形.

由归纳假设,存在 m_k,使得 $u_b(m_k n) = u_b(n) + k$. 再由 $k = 1$ 的情形知,存在 m,使得

$$u_b(m m_k n) = u_b(m_k n) + 1 = u_b(n) + k + 1.$$

此时,取 $m_{k+1} = m m_k$ 即可.　　□

评析　本题是难度较大的数论题,只有不到 8% 的学生做对此题.一个基本的观察是只需证明 $k = 1$ 的情形,之后比较自然的想法是对 n 的 b 进制下的非零数码进行调整,调整的策略如下:考虑 n 的首个非零数码,若它大于 1,则将这一位减少 1,前面若干位加上 1,由于 b 与 n 可能不互质,再在末位补上一些 0 即可满足条件;若首个非零数码等于 1,则把前述方案稍作变化仍可适用.

题 2.1　设 n 是任意给定的正整数,$n \geqslant 2$,求最小的常数 $\lambda = \lambda(n)$ 使得不等式

$$\frac{a_1 - b_1}{a_1 + b_1} + \frac{a_2 - b_2}{a_2 + b_2} + \cdots + \frac{a_n - b_n}{a_n + b_n} \leqslant \lambda$$

对所有满足

$$a_1 + a_2 + \cdots + a_n = b_1 + b_2 + \cdots + b_n$$

的正实数 a_1, a_2, $\cdots$, a_n, b_1, b_2, $\cdots$, b_n 均成立.

解　$\lambda(n) = n - 1$.

一方面,由于 $a_1 + a_2 + \cdots + a_n = b_1 + b_2 + \cdots + b_n$,故存在 $i_0 \in \{1, 2, \cdots, n\}$,使 $b_{i_0} \geqslant a_{i_0}$,所以 $\dfrac{a_{i_0} - b_{i_0}}{a_{i_0} + b_{i_0}} \leqslant 0$. 对 $i \neq i_0$,

$$\frac{a_i - b_i}{a_i + b_i} \leqslant \left| \frac{a_i - b_i}{a_i + b_i} \right| < 1.$$

从而

$$\sum_{i=1}^{n}\frac{a_i-b_i}{a_i+b_i}=\sum_{i\neq i_0}\frac{a_i-b_i}{a_i+b_i}+\frac{a_{i_0}-b_{i_0}}{a_{i_0}+b_{i_0}}<n-1+0=n-1.$$

另一方面,令 $a_2=\cdots=a_n=1$, $b_2=\cdots=b_n=\dfrac{1}{p}$,

$$a_1=p,\ b_1=p+(n-1)\left(1-\frac{1}{p}\right),$$

其中 $p>n$,则有 $\sum\limits_{i=1}^{n}a_i=\sum\limits_{i=1}^{n}b_i$,且当 $p\to\infty$ 时,

$$\frac{a_1-b_1}{a_1+b_1}\to 0,\ \frac{a_i-b_i}{a_i+b_i}\to 1,\ i=2,3,\cdots,n.$$

从而 $\sum\limits_{i=1}^{n}\dfrac{a_i-b_i}{a_i+b_i}\to n-1.$ □

评析 这是一道中等难度的代数题,得分率为 42%. 对 $a_i>b_i$ 的情形,$\dfrac{a_i-b_i}{a_i+b_i}$ 的最佳上界为 1;对 $a_i\leqslant b_i$ 的情形,$\dfrac{a_i-b_i}{a_i+b_i}$ 的最佳上界为 0. 由于 $\sum\limits_{i=1}^{n}a_i=\sum\limits_{i=1}^{n}b_i$,满足 $a_i>b_i$ 的 i 至多 $n-1$ 个,故所求式的最佳上界为 $n-1$. 趋于最佳常数的例子很好构造.

题 2.2 n 个选手参加一比赛,每两个人至多进行一场比赛,且没有平局.已知对于任一由不超过 m 个选手构成的集合 X,存在一名不属于 X 的选手,其击败过 X 中所有选手.证明:$m+1\leqslant\lfloor\log_2(n+1)\rfloor$.

证明 先转换为图论语言.将 n 选手看成有向图的顶点,若选手 u 胜了 v,则连一条从 u 到 v 的边,记所得的图为 G.

所证不等式等价于 $n\geqslant 2^{m+1}-1$.

对 m 用归纳法.

当 $m=1$ 时,若 $n=2$,由条件,则其中任一点到另一点有边,这与条件矛盾.故 $n\geqslant 3$.

假设命题对 $m-1$ 成立.下证 m 时的情形.

令 $d^-(w)$ 表示顶点 w 的入度.则

$$\sum_{w\in V(G)}d^-(w)\leqslant\binom{n}{2}=\frac{n(n-1)}{2},$$

其中 $V(G)$ 表示 G 的顶点集. 由抽屉原理, 存在顶点 v 使 $d^-(v) \leqslant \dfrac{n-1}{2}$.

令 V' 表示所有到 v 有边的顶点构成的集合, 易知 $|V'| \geqslant m$. 对 V' 的任一个不超过 $m-1$ 元子集 X, 由条件, G 中存在一顶点 u, 使 u 到 $X \cup \{v\}$ 中任一点有边. 因此, $u \in V'$.

这说明, 对于 V' 中任一不超过 $m-1$ 元子集 Y, 均存在 V' 一点, 该点到 Y 中任一点有边. 故由归纳假设知 $|V'| \geqslant 2^{(m-1)+1} - 1$. 从而

$$\frac{n-1}{2} \geqslant d^-(v) = |V'| \geqslant 2^m - 1.$$

即有 $n \geqslant 2^{m+1} - 1$. 得证. □

评析　这是一道有一定难度的图论题, 得分率为 18%. 解题的思路是在归纳法中取出入度最少的点, 考虑到这点有边的顶点构成的集合, 利用归纳假设可以证得结论.

题 2.3　在非等腰 $\triangle ABC$ 中, 点 M 是边 BC 中点, 以 AM 为直径的圆交 $\triangle ABC$ 的外接圆 $\odot O$ 与另一点 A'. 点 A' 在 AB、AC 上的射影分别为 D、E. 证明: 过点 M 且与 AO 平行的直线平分线段 DE.

证明(吉大附中艾一夫)　设 A 的对径点为 K. 由于 $\angle AA'M = 90°$, 故 K、M、A' 共线.

注意到

$$\angle EDA' = \angle EAA' = \angle CAA' = \angle CBA',$$

$$\angle DA'E = \angle DAE = \angle BAC = \angle BA'C,$$

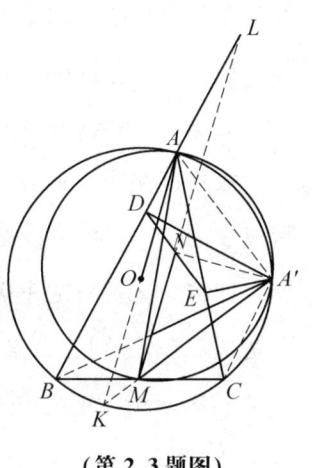

(第 2.3 题图)

于是 $\triangle A'DE \backsim \triangle A'BC$.

设 N 是 DE 的中点, 那么, $\triangle A'DN \backsim \triangle A'BM$, 从而 $\triangle A'DB \backsim \triangle A'NM$.

设直线 NM 与 AB 的交点为 L, 则

$$\angle BLM = \angle DA'N = \angle BA'M = \angle BAK = \angle BAO,$$

于是 $MN \parallel AO$. □

评析　这是一道中等难度的几何题, 得分率为 51%. 本题的解法较多, 也蕴含了许多结论, 涉及两圆相交所产生的一组相似, 以及相似对应点的使用.

题2.4 证明:存在无穷多个正整数 n,使得 n 不能写成 $2^a + 3^b - 5^c$ 的形式,这里 a、b、c 是非负整数.

证法1 我们证明形如 $6k + 1(k \geqslant 1)$ 的整数不能表示成 $2^a + 3^b - 5^c$ 的形式.

若不然,设 $6k + 1 = 2^a + 3^b - 5^c$.

若 $a \geqslant 1$,则 $1 \equiv 3^b - 5^c \pmod{2}$,这与 3^b、5^c 均为奇数矛盾.

于是 $a = 0$. 若 $b = 0$,则只有 $c = 0$ 时,$2^a + 3^b - 5^c$ 才是正整数. 但此时 $2^a + 3^b - 5^c = 1 < 7$,矛盾.

若 $b \geqslant 1$. 则 $0 \equiv 0 - 5^c \pmod{3}$,不成立.

故形如 $6k + 1(k \geqslant 1)$ 的整数不能表示成 $2^a + 3^b - 5^c$ 的形式. □

证法2 我们证明当 $n \equiv 7 \pmod{12}$ 时,n 不能写成 $2^a + 3^b - 5^c$ 的形式.

注意到

$$2^a \equiv 1, 2, 4, 8 \pmod{12},$$
$$3^b \equiv 1, 3, 9 \pmod{12},$$
$$5^c \equiv 1, 5 \pmod{12},$$

若存在非负整数 a、b、c,使 $2^a + 3^b - 5^c \equiv 7 \pmod{12}$,我们分两种情况.

1) 若 $5^c \equiv 1 \pmod{12}$,则 $2^a + 3^b \equiv 8 \pmod{12}$,检验知,不成立.

2) 若 $5^c \equiv 5 \pmod{12}$,则 $2^a + 3^b \equiv 0 \pmod{12}$,检验知,不成立.

故不存在非负整数 a、b、c,使 $2^a + 3^b - 5^c \equiv 7 \pmod{12}$. 从而当 $n \equiv 7 \pmod{12}$ 时,n 不能写成 $2^a + 3^b - 5^c$ 的形式. □

评析 这是一道中等难度的数论题,得分率为 42%. 这类问题用同余方法是常见的思路,关键是选取合适的模. 这里模6和模12都是可行的. 本题的难度我们在选题时没有准确评估.

2019 年夏季上海新星精品营两次测试题解答与评析

2019 年 5 月底,上海数学新星夏季精品营举行了两次测试(小考). 每次测试四道题,时间为两个小时 50 分钟. 这两次测验试题较为有趣,下面介绍这些试题及给出相应的解答,由冷岗松、罗振华、吴尉迟整理. 我们将用题 1.x 表示第 1 次测试的第 x 题,题 2.y 的意义类似.

题 1.1 设 $n \geqslant 16$ 是整数,a_1,a_2,$\cdots$,a_n 是正实数且满足

$$a_1 + a_2 + \cdots + a_n = 1,$$
$$a_1 + 2a_2 + \cdots + na_n = 2.$$

证明:

$$(a_2 - a_1)\sqrt{2} + (a_3 - a_2)\sqrt{3} + \cdots + (a_n - a_{n-1})\sqrt{n} < 0.$$

证明 由条件知,$a_1 = a_3 + 2a_4 + \cdots + (n-2)a_n$. 要证不等式等价于

$$-a_1\sqrt{2} + a_2(\sqrt{2} - \sqrt{3}) + \cdots + a_{n-1}(\sqrt{n-1} - \sqrt{n}) + a_n\sqrt{n} < 0$$

$$\Leftrightarrow -(a_3 + 2a_4 + \cdots + (n-2)a_n)\sqrt{2} + a_2(\sqrt{2} - \sqrt{3}) + \cdots +$$
$$a_{n-1}(\sqrt{n} - 1 - \sqrt{n}) + a_n\sqrt{n} < 0$$

$$\Leftrightarrow a_2(\sqrt{2} - \sqrt{3}) + a_3(\sqrt{3} - \sqrt{4} - \sqrt{2}) + a_4(\sqrt{4} - \sqrt{5} - 2\sqrt{2}) + \cdots +$$
$$a_{n-1}(\sqrt{n-1} - \sqrt{n} - (n-3)\sqrt{2}) + a_n(\sqrt{n} - (n-2)\sqrt{2}) < 0.$$

注意到当 $n \geqslant 16$ 时,$\sqrt{n} - (n-2)\sqrt{2} < 0$.

故在上式中,a_2,a_3,$\cdots$,a_n 的系数均小于 0,故成立. $\square$

评析 这是一道简单的代数题,约 60% 同学做对此题. 此题只需将 a_1 代入所证不等式,便可得 $a_i(2 \leqslant i \leqslant n)$ 的系数均为负数.

题 1.2 求所有的正整数 a、b、c,使得

$$(2^a - 1)(3^b - 1) = c!.$$

解 所求 (a, b, c) 为 $(1, 1, 2)$,$(2, 1, 3)$,$(2, 2, 4)$,$(4, 2, 5)$,$(6, 4, 7)$.

我们需要用到以下熟知结论,即升幂定理:

引理 设 $a, n \in \mathbf{N}_+$,$a > 1$,p 为质奇数,且 $p \mid a - 1$,则

$$v_p(a^n - 1) = v_p(a - 1) + v_p(n),$$

其中,$v_q(m)$ 表示正整数 m 中所含质数 q 的幂次.

回到原题. 当 $c = 1, 2$ 时,经枚举知此时解为 $(a, b, c) = (1, 1, 2)$.

下设 $c \geqslant 3$,则 $3 \mid c!$. 又 $(3, 3^b - 1) = 1$,故 $3 \mid 2^a - 1$. 从而 $2 \mid a$.

记 $a = 2t\ (t \in \mathbf{N})$. 则由引理知,

$$v_3(2^a - 1) = v_3((2^2)^t - 1) = 1 + v_3(t),$$

而

$$v_3(2^a - 1) = v_3(c!) = \sum_{m=1}^{+\infty} \left[\frac{c}{3^m}\right].$$

先考虑 $c \geqslant 9$ 的情形. 则

$$\left[\frac{c}{3^m}\right] \geqslant \left[\frac{c}{3}\right] + \left[\frac{c}{9}\right] \geqslant \frac{c-2}{3} + 1.$$

从而,$v_3(t) \geqslant \dfrac{c-2}{3}$,故 $t \geqslant 3^{\frac{c-2}{3}}$. 于是,

$$c! = (2^a - 1)(3^b - 1) \geqslant 2^{2 \cdot 3^{\frac{c-2}{3}}}.$$

当 $c = 9$ 时,经检验上式不成立. 又对任意 $c \geqslant 10$,$\dfrac{c!}{(c-1)!} = c$,

$$\frac{2^{2 \cdot 3^{\frac{c-2}{3}}}}{2^{2 \cdot 3^{\frac{c-3}{3}}}} = 2^{2 \cdot 3^{\frac{c-3}{3}}(3^{\frac{1}{3}} - 1)} > 2^{\frac{1}{2} \cdot 3^{\frac{c-3}{3}}} > c.$$

故该式对任意 $c \geqslant 9$ 均不成立.

对 $c \leqslant 8$ 的情况,枚举即知此时解为 $(2, 1, 3)$,$(2, 2, 4)$,$(4, 2, 5)$,$(6, 4, 7)$.

综上,所有解为 $(a, b, c) = (1, 1, 2)$,$(2, 1, 3)$,$(2, 2, 4)$,$(4, 2, 5)$,$(6, 4, 7)$. $\square$

评析 此题是中等难度的数论题,约 33% 的同学做对此题. 此题的关键在于利用升幂定理和

勒让德公式对等式两边关于 3 的幂次进行估计,得到 $c \geqslant 9$ 时不成立.对于较小的 c 采取枚举的策略.

值得指出的是,对等式两边关于 2 的幂次估计,或同时进行 2、3 幂次的估计,都是可行的.需要注意的是关于质数 2 的升幂定理与奇质数时有所不同,这是容易混淆的.

题 1.3 点 O 是 $\triangle ABC$ 外接圆圆心,含点 A 的弧 $\overset{\frown}{BC}$ 的中点为 S,点 T 在不包含点 A 的弧 $\overset{\frown}{BC}$ 上.点 M 在 $\odot O$ 上且 $SM \parallel OT$.点 P 在线段 SM 上.过点 P 作 MB 的平行线交 AB 于点 F;过点 P 作 MC 的平行线交 AC 于点 E.点 Q 在 $\odot O$ 上,使得 AT 是 $\angle PAQ$ 的角平分线.证明:$QE = QF$.

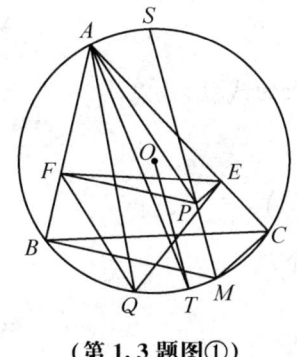 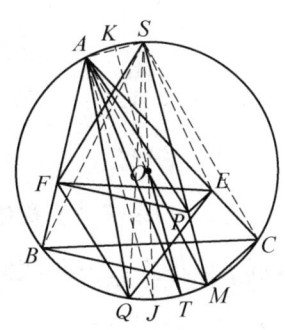

（第1.3题图①） （第1.3题图②）

证明 因为 $FP \parallel BM$,$EP \parallel CM$,所以

$$\frac{FB}{PM} = \frac{\sin\angle PMB}{\sin\angle FBM} = \frac{\sin\angle PMC}{\sin\angle ECM} = \frac{EC}{PM},$$

即 $FB = EC$.又 $SB = SC$ 且 $\angle SBF = \angle SCE$,故 $\triangle SBF \cong \triangle SCE$.从而,$SF = SE$.

于是,要证 $QE = QF$,只需证 $SQ \perp EF$.

又由 $\triangle SBF \cong \triangle SCE$ 知,$\angle SFA = \angle SEA$,故 S、A、F、E 四点共圆.而 $\angle AFP + \angle AEP = \angle ABM + \angle ACE = 180°$,故 A、F、P、E 四点共圆.从而,S、A、F、P、E 五点共圆.

$$\angle ESQ + \angle SEF = \angle ESP + \angle PSQ + 180° - \angle SAF$$

$$= \angle EAP + \angle MAQ + 90° - \frac{1}{2}\angle BAC$$

$$= \angle EAP + \angle MAT + \angle TAQ + 90° - \frac{1}{2}\angle BAC$$

$$=\angle EAT+\angle MAT+90°-\frac{1}{2}\angle BAC$$

$$=\angle CAT+\angle JAT+90°-\frac{1}{2}\angle BAC$$

$$=90°.$$

(其中,S、T 关于 $\odot O$ 对径点分别为 J、K,则 $\overset{\frown}{JT}=\overset{\frown}{KS}=\overset{\frown}{TM}$.)

即 $SQ\perp EF$.从而 $QF=QE$. □

评析 这是一道中等难度的几何题,考试中约 49% 的同学做对此题.本解法先通过全等三角形导出 $SE=SF$,这就把结论转化为证明 $SQ\perp EF$,只需利用 S、A、F、P、E 五点共圆及导角不难证明此结论.

题 1.4 设 $A_1,A_2,\cdots,A_n(n\geqslant2)$ 是一条直线上的线段,满足

(1) $A_i\bigcap A_{i+1}\neq\varnothing$,$\forall1\leqslant i\leqslant n-1$.

(2) $\forall1\leqslant i<j\leqslant n$,如果 $i-j$ 是偶数,则 $A_i\bigcap A_j\neq\varnothing$.

求最大的 $k=k(n)$ 使得存在一点,它属于至少 k 个线段.

证明 $k_{\max}=\left[\dfrac{n+3}{2}\right]$.

① 先证 $k_{\max}\geqslant\left[\dfrac{n+3}{2}\right]$.

不妨设 $A_1,\cdots,A_n$ 分布在数轴上,A_i 对应区间 $[x_i,y_i]$.设

$$S_1=\{i\mid1\leqslant i\leqslant n,i\text{ 为奇数}\},S_2=\{i\mid1\leqslant i\leqslant n,i\text{ 为偶数}\}.$$

由条件(2)和海莱定理知,

$$\bigcap_{i\in S_1}A_i\neq\varnothing,\bigcap_{i\in S_2}A_i\neq\varnothing.$$

取 $a\in\bigcap_{i\in S_1}A_i$,$b\in\bigcap_{i\in S_2}A_i$.不妨设 $a\leqslant b$($a>b$ 的情形类似可证),设 $y_k=\min_{i\in S_1}\{y_i\}$,那么对任意 $j\in S_1$,由于 $A_k\bigcap A_j\neq\varnothing$,故 $x_j\leqslant a\leqslant y_k\leqslant y_j$,从而 $[a,y_k]\subset A_j$.

对 $k\pm1\in S_2$,$b\in A_{k\pm1}$,$A_{k\pm1}\bigcap A_k\neq\varnothing$.

(i)$b>y_k$,则由 b 定义知,$y_{k\pm1}\geqslant b>y_k$,结合条件(2)可得,$x_{k\pm1}\leqslant y_k$.于是,$y_k\in A_{k\pm1}$,故 y_k 属于至少 $|S_1|+1=\left[\dfrac{n+1}{2}\right]+1=\left[\dfrac{n+3}{2}\right]$ 条线段.

(ii)$b\leqslant y_k$,则 $b\in[a,y_k]$,故由 y_k 的极小性知,$b\in A_i$,$\forall1\leqslant i\leqslant n$.所以 b 属于至少 $n\geqslant$

$\left[\dfrac{n+3}{2}\right]$ 条线段 $(n \geqslant 2)$.

② 下证 $k_{\max} \leqslant \left[\dfrac{n+3}{2}\right]$.

记 $t = \left[\dfrac{n}{2}\right]$, $t \in \mathbf{N}$. 令 $A_{2k-1} = [0, k]$, $A_{2k} = [k, t+1]$ $(k = 1, 2, \cdots, t)$. $A_n = [0, t+1]$ (若 n 为奇数). 先验证该构造满足题设条件

对于 (1), $k \in A_{2k-1} \bigcap A_{2k}$, $[k, k+1] \subset A_{2k} \bigcap A_{2k+1}$ $(k = 1, 2, \cdots, t)$.

对于 (2), 若 i、j 同奇, 则 $0 \in A_i \bigcap A_j$; 若 i、j 同偶, 则 $1 \in A_i \bigcap A_j$;

注意到 $[0, t+1]$ 上任意一点, 至多包含在 $\left[\dfrac{n+1}{2}\right] + 1 = \left[\dfrac{n+3}{2}\right]$ 条线段中. 故 $k \leqslant \left[\dfrac{n+3}{2}\right]$.

综上, $k_{\max} = \left[\dfrac{n+3}{2}\right]$. □

评析　这是一道较难的组合题, 考试中约 16% 的同学做对此题. 此题的想法是对下标按奇偶分类, 再由海莱定理可取所有奇下标的 A_i 的公共点 a 和所有偶下标的 A_i 的公共点 b. 然后对 a、b 和 A_i 的端点进行位置分析可得 $k_{\max}$ 的下界.

$k_{\max}$ 的上界需要构造例子, 但也并不容易, 一个可行的方案是: 先取一个足够大的闭区间, 令所有奇下标 A_i 均包含该区间左端点, 所有偶下标 A_i 均包含该区间右端点, 这样便保证了条件 (2). 为了使 k 尽可能小和保证条件 (1) 成立, 想法是使某些 A_i、A_{i+1} 的交点恰好一个. 故可取 A_{2k-1}、A_{2k} 恰一个交点, 且奇下标 A_i 右端点严格增, 偶下标 A_i 左端点自然需严格减.

题 2.1　设 x、y、z 是非零复数, 求

$$F = \min\left\{\dfrac{|x-y|}{|z|}, \dfrac{|y-z|}{|x|}, \dfrac{|z-x|}{|y|}\right\}$$

的最大值.

解法 1　设 x、y、z 分别对应复平面的点 X、Y、Z, 则

$$F = \min\left\{\dfrac{XY}{OZ}, \dfrac{YZ}{OX}, \dfrac{ZX}{OY}\right\}.$$

设 $\triangle XYZ$ 的重心为 G. 由重心性质知,

$$OX^2 + OY^2 + OZ^2 = GX^2 + GY^2 + GZ^2 + 3OG^2$$
$$\geqslant GX^2 + GY^2 + GZ^2$$
$$= \frac{1}{3}(XY^2 + YZ^2 + ZX^2),$$

故 $\dfrac{XY}{OZ}$、$\dfrac{YZ}{OX}$、$\dfrac{ZX}{OY}$ 至少有一个不大于 $\sqrt{3}$. 这说明 $F \leqslant \sqrt{3}$.

另一方面,当 $\triangle XYZ$ 是正三角形且 O 是重心时,$F = \sqrt{3}$. □

解法 2(重庆育才中学刘艺程) 一方面,取 $(x,y,z) = \left(1, \dfrac{-1+\sqrt{3}\,\mathrm{i}}{2}, \dfrac{-1-\sqrt{3}\,\mathrm{i}}{2}\right)$,有 $F = \sqrt{3}$.

另一方面,若 $F > \sqrt{3}$,则 $|x - y| > \sqrt{3}\,|z|$,从而

$$(x-y)(\bar{x}-\bar{y}) > 3z\bar{z} \Leftrightarrow x\bar{x} + y\bar{y} - x\bar{y} - \bar{x}y > 3z\bar{z}.$$

同理, $y\bar{y} + z\bar{z} - y\bar{z} - \bar{y}z > 3x\bar{x},\quad z\bar{z} + x\bar{x} - z\bar{x} - \bar{z}x > 3y\bar{y}.$

三式相加得,

$$x\bar{x} + y\bar{y} + z\bar{z} + x\bar{y} + \bar{x}y + y\bar{z} + \bar{y}z + \bar{x}z + x\bar{z} < 0$$
$$\Leftrightarrow (x+y+z)(\bar{x}+\bar{y}+\bar{z}) < 0.$$

即 $|x+y+z|^2 < 0$,矛盾.

综上知,$F_{\max} = \sqrt{3}$. □

评析 此题是中等偏易的几何不等式题,考试中约 43% 的同学做对.此题的关键是从几何的观点出发,先猜出取等条件,再利用平均值原理(或者反证法)给出证明:解法 1 利用重心的性质和平均值原理给出了证明;解法 2 通过复数运算给出了一个漂亮的证明.

此题也可以分别设出 x、y、z 的实部和虚部,进行类似于解法 2 的运算可以得到结论;抑或分别设出 x、y、z 的模长和辐角,利用嵌入不等式来证明.

题 2.2 如图,M 为圆外切四边形 $ABCD$ 边 BC 上一点,X、Y、Z 分别为 $\triangle MAB$、$\triangle MCD$、$\triangle MAD$ 内心,XZ 交 AM 于点 Q,YZ 交 DM 于点 P,H 为 $\triangle XYZ$ 垂心.证明:点 P、H、Q 共线.

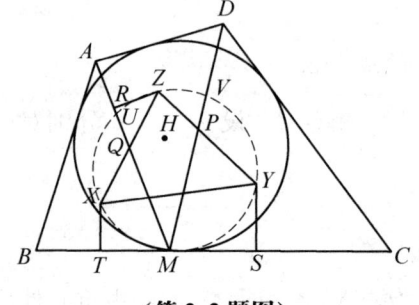

(第 2.2 题图)

证明（湖南省雅礼中学白鹏飞）　如图所示,过 X、Y、Z 分别做 BM、MC、AM 的垂线,垂足分别为 T、S、R. 由内切圆性质,得

$$MR = \frac{MA + MD - AD}{2},$$

$$MT = \frac{MA + MB - AB}{2},$$

$$MS = \frac{MD + MC - CD}{2}.$$

因为四边形 $ABCD$ 为圆外切四边形,所以 $AB + CD = AD + BC$,故

$$MT + MS = \frac{MA + MD + BC - AB - CD}{2} = \frac{MA + MD - AD}{2} = MR.$$

由 ZM、XM、YM 分别为 $\angle AMB$、$\angle AMD$、$\angle DMC$ 的角平分线知,

$$MX \cdot \sin\angle YMZ = MX \cdot \sin(90° - \angle XMT) = MX \cdot \sin\angle MXT = MT.$$

同理,$MY \cdot \sin\angle XMZ = MS$,$MZ \cdot \sin\angle XMY = MR$. 又 $MR = MT + MS$,故

$$MZ \cdot \sin\angle XMY = MX \cdot \sin\angle YMZ + MY \cdot \sin\angle XMZ,$$

由三弦定理,M、X、Z、Y 四点共圆. 设该圆为 ω,且分别交 MA、MD 于 U、V,则 $\angle VXZ = \angle ZMV$,又

$$\angle HXZ = 90° - \angle XZY = 90° - (\angle XMB + \angle YMC) = \angle ZMV = \angle ZXV,$$

故 X、H、V 三点共线. 同理,U、H、Y 三点共线,所以 H 为 XV、YU 的交点. 对圆内接六边形 $XZYUMV$ 应用帕斯卡定理得 P、H、Q 三点共线. □

评析　此题是中等偏难的几何题,考试中约 18% 的同学做对. M、X、Z、Y 四点共圆其实是 2018 年保加利亚数学奥林匹克第四题,用三弦定理证明是比较简洁的做法,然后注意到 P、H、Q 是一个圆内接六边形三组对边的交点,使用帕斯卡定理即可证得结论.

题 2.3　设图 G 的顶点集为 V,边集为 E,$|V| = n \geqslant 5$. 现在用两种颜色染 G 的边(每条边染且仅染一种颜色),使得不存在同色的长为 3、4、5 的圈. 证明:

$$|E| \leqslant \left\lfloor \frac{n^2}{3} \right\rfloor.$$

证明　只需证:若 G 为 $n(n \geqslant 5)$ 阶简单图,且无长为 3、4、5 的圈,则 G 的边数 $\leqslant \dfrac{n^2}{6}$.

$$(*)$$

当 $n=5$ 时,由 G 中无长为 3、4、5 的圈知,G 中无圈,故

$$G \text{ 的边数} \leqslant n-1=4 \leqslant \frac{n^2}{6}.$$

当 $n=6$ 时,假设 G 的边数 $> \frac{n^2}{6}$,即 G 中至少 7 条边,则 G 中有圈,结合 G 中无长为 3、4、5 的圈知,此圈长为 6. 此时,第 7 条边与此圈必可产生一个长为 2、4 或 5 的圈,矛盾.

假设结论对 $n-1(n \geqslant 7)$ 成立,下考虑 n 的情形.

设 G 的边数为 e. 对 G 中任一点,由归纳假设,G 删去 v 及 v 相连的边后,G 的边数 $\leqslant \frac{(n-1)^2}{6}$. 所以 v 的度 $d(v) \geqslant e-\frac{(n-1)^2}{6}$.

于是,$2e=\sum\limits_{v \in G} d(v) \geqslant n\left(e-\frac{(n-1)^2}{6}\right)$,得

$$e \leqslant \frac{n(n-1)^2}{6(n-2)}=\frac{n^2+\dfrac{n}{n-2}}{6}<\frac{n^2+2}{6},$$

又 $\frac{n^2+1}{6} \notin \mathbf{Z}$,故 $e \leqslant \frac{n^2}{6}$. $(*)$ 得证. $\qquad \square$

评析 此题是中等偏难的组合题,考试中约 18% 的同学做对. 此题的关键步骤是转化为证明无 3、4、5 圈的图的边数 $\leqslant \frac{n^2}{6}$. 然后再利用归纳法证明结论. 在图论题的归纳过渡中,删去顶点或边是常规的想法,本题中是删去顶点,利用归纳假设进行论证.

题 2.4 设 p 是质数,序列 $\{u_n\}$ 定义为:当 $0 \leqslant n \leqslant p-1$ 时,$u_n=n$;当 $n \geqslant p$ 时,$u_n=pu_{n+1-p}+u_{n-p}$. 证明:

$$v_p(u_n)=v_p(n),$$

其中 $v_p(m)$ 表示使得 $p^k \mid m$ 的最大整数 k.

证法 1 先证明:

$$v_p(n!) \leqslant n-1, \text{且当 } p>2 \text{ 和 } n>1 \text{ 时}, v_p(n!)<n-1. \qquad (*)$$

事实上,设 $n=\sum\limits_{l=0}^{m} a_l p^l$,其中 $0 \leqslant a_l<p$,则

$$v_p(n!) = \sum_{k=1}^{\infty}\left[\frac{n}{p^k}\right] = \sum_{k=1}^{\infty}\sum_{l=k}^{m} a_l p^{l-k} = \sum_{l=1}^{m}\sum_{k=1}^{l} a_l p^k$$

$$= \sum_{l=1}^{m}\frac{a_l p^l - a_l}{p-1} = \frac{n - S_p(n)}{p-1} \leqslant n-1,$$

其中 $S_p(n)$ 表示 n 在 p 进制下的数码和. 当 $p > 2$, $n > 1$ 时,上述不等式无法取等.

再证:

$$u_{j+ip} = \sum_{k=0}^{i}\binom{i}{k}p^k u_{j+k}, \ \forall i, j \geqslant 0. \qquad (**)$$

对 i 用归纳法. $i = 0$ 时,显然成立. 假设结论小于 $i-1 (i \geqslant 1)$ 时成立,则

$$u_{j+ip} = u_{j+(i-1)p} + pu_{j+1+(i-1)p}$$

$$= \sum_{k=0}^{i-1}\binom{i-1}{k}p^k u_{j+k} + \sum_{k=0}^{i-1}\binom{i-1}{k}p^{1+k} u_{j+1+k}$$

$$= \sum_{k=0}^{i-1}\binom{i-1}{k}p^k u_{j+k} + \sum_{k=1}^{i}\binom{i-1}{k-1}p^k u_{j+k}$$

$$= \sum_{k=0}^{i}\binom{i}{k}p^k u_{j+k},$$

则 i 时,结论仍成立.

下证 $v_p(u_n) = v_p(n)$, $\forall n \geqslant 1$.

(1) 当 $1 \leqslant j < p$ 时,有 $v_p(u_j) = v_p(j) = 0$. 对 $i \geqslant 1$,由

$$u_{j+ip} = u_j + \sum_{k=1}^{i}\binom{i}{k}p^k u_{j+k}$$

知, $v_p(u_{j+ip}) = v_p(u_j) = 0 = v_p(j+ip)$.

(2) 当 $j = 0$ 时,由 $u_0 = 0$, $u_1 = 1$ 知

$$u_{0+ip} = \sum_{k=0}^{i}\binom{i}{k}p^k u_k = ip + \sum_{k=2}^{i}\binom{i}{k}p^k u_k.$$

若 $p > 2$,则对 $k > 1$,由 $(*)$ 知,

$$v_p\left(\binom{i}{k}p^k u_k\right) \geqslant v_p(i) - v_p(k!) + k$$

$$> v_p(i) - k + 1 + k = v_p(ip),$$

结合上述两式知,

$$v_p(u_{ip}) = v_p\left(ip + \sum_{k=2}^{i}\binom{i}{k}p^k u_k\right) = v_p(ip).$$

若 $p = 2$. 对 $k = 2$, 我们有

$$v_2\left(\binom{i}{2}2^2 u_2\right) \geqslant v_2(i) - 1 + 2 + 1 = v_2(2i) + 1.$$

对 $k > 2$, 我们有

$$v_2\left(\binom{i}{k}2^k u_k\right) \geqslant v_2(i) + v_2((i-1)(i-2)) - v_2(k!) + k$$

$$\geqslant v_2(i) + 1 - k + 1 + k = v_2(2i) + 1.$$

于是, 结合 $(**)$ 知,

$$v_2(u_{2i}) = v_2\left(2i + \binom{i}{2}2^2 u_2 + \sum_{k=3}^{i}\binom{i}{k}2^k u_k\right) = v_2(2i). \qquad \square$$

证法 2(浙江省杭州二中黄启昀) 先证明:若 $p \nmid n$, 则 $p \nmid u_n$.

事实上, 设 $n = pi + j$, $0 < j \leqslant p - 1$, 则

$$u_n = pu_{n+1-p} + u_{n-p} \equiv u_{n-p} \equiv \cdots \equiv u_j = j \not\equiv 0 \pmod{p}.$$

下证: $v_p(u_{tp^\alpha}) = v_p(tp^\alpha) = \alpha$, 其中 $(t, p) = 1$. $(*)$

引理 1 对任意非负整数 n, 均有 $p^\alpha \mid u_{n+p^\alpha} - u_n$, $\forall \alpha \in \mathbf{N}_+$.

引理 1 的证明:对 α 用归纳法.

$\alpha = 1$ 时, 由题设条件知成立.

设 $(*)$ 对 $\leqslant \alpha - 1(\alpha \geqslant 2)$ 时成立, 下证 α 时的情形. 由归纳假设 $u_{n+p^i} \equiv u_i \pmod{p^i}$, $\forall 1 \leqslant i \leqslant \alpha - 1$ 知,

$$u_{n+p^\alpha} - u_n = p(u_{n+1} + u_{n+1+p} + \cdots + u_{n+p^\alpha - p + 1})$$

$$\equiv p(p(u_{n+1} + u_{n+p+1} + \cdots + u_{n+p^{\alpha-1}-p+1}))$$

$$\equiv p(u_{n+p^{\alpha-1}} - u_n) \equiv 0 \pmod{p^\alpha}.$$

引理 2 对非负整数 n、α, 有

$$u_{n+p^{\alpha}} - u_n \equiv u_{n+p+p^{\alpha}} - u_{n+p} \pmod{p^{\alpha+1}}.$$

引理 2 的证明：$\alpha = 0$ 时显然成立. 当 $\alpha \geqslant 1$ 时, 注意到

$$u_{i+p^{\alpha}} - u_i = p(u_{i+1} + u_{i+p+1} + \cdots + u_{i+p^{\alpha}-p+1}), \ \forall i \in \mathbf{N}.$$

在上式中, 分别取 $i = n + p$ 和 $i = n$ 并相减可知, 引理 2 结论等价于

$$pu_{n+1} \equiv pu_{n+p^{\alpha}+1} \pmod{p^{\alpha+1}} \Longleftrightarrow u_{n+1} \equiv u_{n+p^{\alpha}+1} \pmod{p^{\alpha}},$$

由引理 1 便知上式成立, 从而引理 2 成立.

回到（*）的证明.

① 当 $p \geqslant 3$ 时, 对任意正整数 m、t、α, 由引理 1 可知

$$p^{\alpha-1} \mid u_{m+tp^{\alpha-1}} - u_{m+(t-1)p^{\alpha-1}},$$

结合引理 2 可知, 存在常数 $c_m \in \mathbf{N}$, 对任意正整数 t, 有

$$u_{m+tp^{\alpha-1}} - u_{m+(t-1)p^{\alpha-1}} \equiv c_m p^{\alpha-1} \pmod{p^{\alpha}}.$$

进而, $u_{m+tp^{\alpha-1}} \equiv u_m + tc_m p^{\alpha-1} \pmod{p^{\alpha}}$. 于是,

$$\sum_{t=0}^{p-1} u_{m+tp^{\alpha-1}} \equiv pu_m + c_m \Big(\sum_{t=0}^{p-1} t \Big) p^{\alpha-1} \equiv pu_m \pmod{p^{\alpha}}.$$

从而, 对 $\alpha \geqslant 2$, 有

$$u_{p^{\alpha}} - u_0 = p \Big(\Big(\sum_{i=1}^{p^{\alpha-2}} u_{(i-1)p+1} \Big) p + \sum_{i=1}^{p^{\alpha-2}} \sum_{t=0}^{p-1} (u_{(i-1)p+1+tp^{\alpha-1}} - u_{(i-1)p+1}) \Big)$$

$$\equiv p(u_{p^{\alpha-1}} - u_0) \pmod{p^{\alpha+1}}.$$

结合 $u_p = p$ 可知, $v_p(u_{p^{\alpha}}) = \alpha, \ \forall \alpha \geqslant 2$.

进一步, 由引理 2, 对与 p 互质的整数 t 有

$$u_{tp^{\alpha}} \equiv u_{p^{\alpha}} + u_{(t-1)p^{\alpha}} - u_0 \equiv \cdots \equiv tu_{p^{\alpha}} - tu_0 \not\equiv 0 \pmod{p^{\alpha+1}}.$$

又由引理 1,

$$u_{tp^{\alpha}} \equiv t(u_{p^{\alpha}} - u_0) \equiv 0 \pmod{p^{\alpha}}.$$

故 $v_p(u_{tp^{\alpha}}) = \alpha$. 这说明当 $p \geqslant 3$ 时, 结论成立.

② 当 $p = 2$ 时, 易知

$$4 \mid u_{n+2} - u_n \ (n \ \text{为奇数}) \ \text{且} \ u_4 - u_0 \equiv 2(u_2 - u_0) \pmod{8}.$$

对 $\alpha \geqslant 3$，由引理 1、2，对奇数 n，可设

$$u_{n+p^{\alpha-1}} - u_n \equiv c p^{\alpha-1} (\bmod\ p^{\alpha}),$$

其中 $c \in \mathbf{N}$ 为常数. 从而

$$u_{p^{\alpha}} - u_0 = p\Big(\Big(\sum_{i=1}^{p^{\alpha-2}} u_{(i-1)p+1}\Big)p + \sum_{i=1}^{p^{\alpha-2}}\sum_{t=0}^{1} \big(u_{(i-1)p+1+tp^{\alpha-1}} - u_{(i-1)p+1}\big)\Big)$$

$$\equiv p\big((u_{p^{\alpha-1}} - u_0) + p^{\alpha-2}c p^{\alpha-1}\big)$$

$$\equiv p(u_{p^{\alpha-1}} - u_0)(\bmod\ p^{\alpha+1}).$$

与 $p \geqslant 3$ 类似可证 $(*)$.　　　　　　　　　　　　　　　　　　　　□

评析　此题是较难的数论题，考试中约 5% 的同学做对. 此题中的 a_n 很难求出具体的通项公式. 可行的想法是通过递归法求解. 证法 1 将 u_n 由前面的若干项表示出来，并且系数含质数 p 的幂次容易计算. 上述的解法，将 u_{j+ip} 用 $u_{j+k}(0 \leqslant k \leqslant i)$ 表出，再利用该递推公式进行幂次的计算可得结论.

证法 2 先考虑下标不被 p 整除的简单情形. 对于下标被 p 整除的情形，关键是证明 $u_{p^{\alpha}} - u_0 \equiv p(u_{p^{\alpha-1}} - u_0)(\bmod\ p^{\alpha+1})$，由 $u_0 = 0$, $u_p = p$ 可得 $v_p(u_{p^{\alpha}}) = \alpha$，再考虑一般的 $u_{tp^{\alpha}}(t$、p 互质)即可.

2019 年秋季上海新星精品营两次测试题解答与评析

2019 年 11 月末，上海数学新星夏季精品营举行了两次测试(小考). 每次测试四道题，时间为两小时 50 分钟. 本文介绍这些试题及给出相应的解答，由金天、冷岗松、吴尉迟、罗振华整理. 我们将用题 $1.x$ 表示第 1 次测试的第 x 题，题 $2.y$ 的意义类似.

题 1.1　设整数 $n \geqslant 2$，求最大的常数 λ，使得对任意正实数 a_1，a_2，$\cdots$，a_n 均有

$$\left(\sum_{i=1}^{n} \frac{a_i}{a_{i-1}+a_{i+1}}\right)\left(\sum_{i=1}^{n} a_i a_{i+1}\right) \geqslant \lambda \sum_{i=1}^{n} a_i^2,$$

其中 $a_0 = a_n$，$a_{n+1} = a_1$.

（上海大学　冷岗松　供题）

证法 1　$\lambda_{\max} = 1$.

一方面，我们说明 $\lambda \leqslant 1$.

当 $n = 2$ 时，

$$\lambda \leqslant \frac{\left(\dfrac{a_1}{2a_2} + \dfrac{a_2}{2a_1}\right) \cdot 2a_1 a_2}{a_1^2 + a_2^2} = 1.$$

当 $n \geqslant 3$ 时，取 $a_1 = M$，$a_i = 1$，$i = 2$，$\cdots$，n，其中 $M > 0$，

$$\lambda \leqslant \frac{\left(\displaystyle\sum_{i=1}^{n} \frac{a_i}{a_{i-1}+a_{i+1}}\right)\left(\displaystyle\sum_{i=1}^{n} a_i a_{i+1}\right)}{\displaystyle\sum_{i=1}^{n} a_i^2}$$

$$= \frac{\left(\dfrac{M}{2} + \dfrac{2}{M+1} + \dfrac{n-3}{2}\right)(2M+n-2)}{n-1+M^2},$$

令 $M \to \infty$ 可得 $\lambda \leqslant 1$.

另一方面，我们说明 $\lambda = 1$ 时不等式成立，由于 $n \geqslant 2$，$a_i > 0$，则

$$\left(\sum_{i=1}^{n}\frac{a_i}{a_{i-1}+a_{i+1}}\right)\left(\sum_{i=1}^{n}a_i a_{i+1}\right)$$

$$\geqslant \sum_{i=1}^{n}\frac{a_i}{a_{i-1}+a_{i+1}}(a_{i-1}a_i+a_i a_{i+1})$$

$$=\sum_{i=1}^{n}a_i^2.$$

综上可知,$\lambda_{\max}=1$.　　　　　　　　　　　　　　　　　　　　□

评析　这是一道中等难度的代数题,考试中约 45% 的学生做对此题.本题可以先尝试 n 较小时 λ 的最佳取值,不难猜出答案是 1,取等情况在 $a_1,a_2,\cdots,a_n$ 是两点分布或等比数列并取极限时达到.证明不等式时,需要大胆地把 $\sum_{i=1}^{n}a_i a_{i+1}$ 放缩成 $a_{i-1}a_i+a_i a_{i+1}$ 这样的项.

题 1.2　平面上给定三个两两外切的圆 k_0、k_1、k_2,k_0 以 O 为圆心,$A_1 A_2$ 为一条直径.记 B、C_1、C_2 分别为圆 k_1 与 k_2、k_1 与 k_0、k_2 与 k_0 的切点,$A_1 C_2$ 与 $A_2 C_1$ 交于 k_0 内一点 D.设 t_1、t_2 分别为 A_1、A_2 处关于 k_0 的切线.证明:若 t_1 与 k_1,t_2 与 k_2 分别相切,则 O、D、B 共线.

(复旦大学附属中学　施柯杰　供题)

证法 1　设 k_i 的圆心为 O_i,半径为 r_i,与 t_i 切于 $E_i(i=1,2)$,k_0 的半径为 r.

易见 $t_1 /\!/ t_2$,所以有 $OA_2 /\!/ O_1 E_1$.(它们均与 t_1、t_2 垂直)

因为 O、C_1、O_1 共线,所以

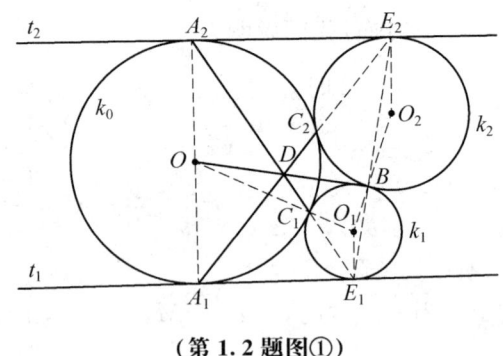

(第 1.2 题图①)

$$\angle O_1 C_1 E_1=\angle O_1 E_1 C_1=90°-\frac{1}{2}\angle E_1 O_1 C_1$$

$$=90°-\frac{1}{2}\angle C_1 OA_2=\angle OC_1 A_2.$$

所以 A_2、C_1、E_1 共线.同理,A_1、C_2、E_2 共线,E_1、B、E_2 共线.

在梯形 $A_1 E_1 E_2 A_2$ 中,O 为 $A_1 A_2$ 中点,D 为对角线交点.

$$\frac{E_1 B}{E_2 B}=\frac{O_1 B}{O_2 B}=\frac{r_1}{r_2},$$

又

$$A_1E_1 = \sqrt{(r+r_1)^2 - (r-r_1)^2} = 2\sqrt{rr_1},$$

$$A_2E_2 = 2\sqrt{rr_2},$$

故

$$\frac{A_1D}{DE_2} = \frac{E_1D}{DA_2} = \frac{A_1E_1}{A_2E_2} = \sqrt{\frac{r_1}{r_2}}.$$

注意到

$$\frac{OA_1}{OA_2} = \frac{DA_1 \cdot \sin\angle ODA_1}{DA_2 \cdot \sin\angle ODA_2},$$

$$\frac{BE_2}{BE_1} = \frac{DE_2 \cdot \sin\angle BDE_2}{DE_1 \cdot \sin\angle BDE_1},$$

而 $OA_1 = OA_2$，则

$$\frac{\sin\angle ODA_1}{\sin\angle ODA_2} = \frac{DA_2}{DA_1},$$

$$\frac{\sin\angle BDE_2}{\sin\angle BDE_1} = \frac{BE_2 \cdot DE_1}{BE_1 \cdot DE_2},$$

上两式相除可得

$$\frac{\sin\angle ODA_1}{\sin\angle ODA_2} \cdot \frac{\sin\angle BDE_1}{\sin\angle BDE_2} = \frac{DA_2}{DE_1} \cdot \frac{DE_2}{DA_1} \cdot \frac{BE_1}{BE_2}$$

$$= \sqrt{\frac{r_2}{r_1}} \cdot \sqrt{\frac{r_2}{r_1}} \cdot \frac{r_1}{r_2} = 1,$$

即为

$$\frac{\sin\angle ODA_1}{\sin\angle ODA_2} = \frac{\sin\angle BDE_2}{\sin\angle BDE_1},$$

而 $\angle ODA_1 + \angle ODA_2 = \angle A_1DA_2 = \angle E_1DE_2 = \angle BDE_1 + \angle BDE_2$，所以

$$\angle ODA_1 = \angle BDE_2, \quad \angle ODA_2 = \angle BDE_1.$$

故 O、D、B 共线. 命题成立. □

证法 2（根据黄冈中学曾颖同学解答整理） 设 k_1 的圆心为 O_1，k_2 的圆心为 O_2. 设 A_2C_1 交 k_1 于 E_1，A_1C_2 交 k_2 于 E_2. 下面证明：A_2、O、C_1、B 共圆，且 A_1、O、C_2、B 共圆.

注意到 C_1 为 $\odot O$ 与 $\odot O_1$ 的位似中心. 故 $O_1E_1 \parallel OA_2$. 因此 $O_1E_1 \perp t_1$. 又 t_1 与 $\odot O_1$ 相

切.设 t_1 切 $\odot O$ 于 E',则 $O_1E' \perp t_1$.因此 E' 与 E_1 重合.同理有 E_2 为 t_2 切点.

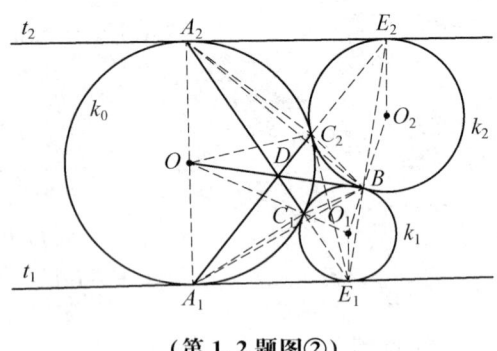

(第 1.2 题图②)

因为 A_2A_1 为直径,故 $t_2 \parallel t_1$.而

$$\angle E_2BC_2 = \angle A_2E_2C_2 = \angle E_2A_1E_1,$$

故 C_2、B、E_1、A_1 共圆.同理 A_2、C_1、B、E_2 共圆.

由于 A_1A_2 为直径,故 $\angle A_2C_1A_1 = 90°$.有

$$A_1E_1^2 = E_1C_1 \cdot E_1A_2 = E_1B \cdot E_2E_1$$

$$\Rightarrow \triangle A_1E_1B \backsim \triangle E_2E_1A_1$$

$$\Rightarrow \angle A_1C_2E_1 = \angle A_1BE_1 = \angle E_2A_1E_1.$$

而

$$A_1O = OC_2 \Rightarrow \triangle OE_1C_2 \cong \triangle OE_1A_1$$

$$\Rightarrow \angle OC_2E_1 = 90°,$$

故 O、C_1、E_1、A_1 共圆,考虑到已有 A_1、C_2、B、E_1 共圆.有 A_1、O、C_2、B、E_1 五点共圆.同理有 A_2、O、C_1、B、E_2 五点共圆.

对 $\odot A_1OC_2BE_1$、$\odot A_2OC_1BE_2$ 与 $\odot O$,由根心定理有 A_2C_1、A_1C_2、BO 共点.故 B、O、D 共线. □

评析 这是一道中等难度的几何题,考试中约 50% 的学生做对此题.本题的难点在于要找到 k_1 与 t_1 的切点 E_1,k_3 与 t_2 的切点 E_2,并且发现 A_1、D、E_2 与 A_2、D、E_1 均三点共线.证法 1 利用三角法证明 $\dfrac{\sin\angle ODA_1}{\sin\angle ODA_2} = \dfrac{\sin\angle BDE_2}{\sin\angle BDE_1}$ 从而得到结论;证法 2 对 $\odot A_1OC_2BE_1$、$\odot A_2OC_1BE_2$、$\odot O$ 这三个圆使用根心定理,得到 A_2C_1、A_1C_2、BO 共点从而得到结论.

题 1.3 求所有整系数多项式 $f(x)$,使得对任意正整数 m、n,同余方程

$$f(x) \equiv m \pmod{n}$$

均有解.

(华东师范大学 罗振华 供题)

解 题目条件等价于当 x 跑遍模 n 的完系时,$f(x)$ 也跑遍模 n 的完系.$(\forall n \in \mathbf{N}_+)$

先证明对 $\forall x \in \mathbf{Z}$,$|f(x+1) - f(x)| = 1$.

若存在 $x_0 \in \mathbf{Z}$ 使得 $|f(x_0+1)-f(x_0)| > 1$. 记 $|f(x_0+1)-f(x_0)| = k$, 则对

$$f(x_0), f(x_0+1), \cdots, f(x_0+k-1),$$

由 $f(x_0) \equiv f(x_0+1) \pmod{k}$ 知, 它们不构成模 k 的完系, 矛盾!

所以对 $\forall x \in \mathbf{Z}$, $f(x+1)-f(x) = \pm 1$. 则存在无穷多个 $x \in \mathbf{Z}$ 使 $f(x+1)-f(x)=1$ 或 $f(x+1)-f(x)=-1$.

由多项式恒等定理, $f(x+1)-f(x) \equiv 1$ 或 $f(x+1)-f(x) \equiv -1$. 所以

$$f(x) = x+a \text{ 或 } f(x) = -x+a,$$

其中 $a \in \mathbf{Z}$. □

评析 这是一道中等偏难的数论题, 考试中约 25% 做对此题. 问题的关键在于发现 f 在相邻整数的取值差为 1, 从而得到 f 是首项系数为 ± 1 的一次多项式.

题 1.4 给定整数 $n \geqslant 4$. 若正整数 m 满足对于任意有 n 个顶点 m 条边的图, 一定存在两个圈, 它们恰有两个公共顶点和一条公共边. 求 m 的最小值.

（郑州市第一中学 张甲 供题）

解 m 的最小值是 $2n-3$.

一方面: 一个由 2 个点与 $n-2$ 个点组成的完全二部图, 不满足要求, 此时 $m = 2n-4$.

另一方面: 当 $m \geqslant 2n-3$ 时, 我们对 n 使用数学归纳法来证明结论成立.

$n=4$ 时, $m \geqslant 5$, 结论显然成立.

假设图中有 n 个点的时候结论成立, 当图中有 $n+1$ 个点时,

(1) 如果每个顶点的度数都至少 3.

设图中不同顶点组成的最长的链为 $A_1 A_2 \cdots A_k$, 于是除了 $A_1 A_2 \cdots A_k$ 外的点均不与 A_1 相连, 由 A_1 的度数大于等于 3, 设与 A_1 相连的点为 A_2, A_i, A_j, $\cdots$, 且 $2 < i < j < \cdots$, 则 $A_1 A_2 \cdots A_j$ 和 $A_1 A_i \cdots A_j$ 为满足要求的两个圈.

(2) 如果存在顶点 A 的度数不超过 2, 去掉点 A 以后的图满足归纳假设, 结论依然成立.

综上所述, m 的最小值为 $2n-3$. □

评析 此题是较难的图论题. 考试中约 2% 的同学做对此题. 可以对较小的 n 进行尝试猜出 m 的最小值. 然后分类归纳得到结论. 值得指出的是, 在对每个顶点度数都大于等于 3 这一情况中, 用到了取最长链的手法, 这在图论问题中较为常见.

题 2.1 点 D 在 $\triangle ABC$ 的边 BC 上且 AD 平分角 $\angle BAC$. $\triangle ABD$、$\triangle ADC$ 的内心分别为 I_1、I_2,直线 I_1I_2 分别交 AB、AC 于 M、N. 证明:AD、BN、CM 三线共点.

(复旦大学附属中学 施柯杰 供题)

证明 连结 BI_1、CI_2 交于 AD 上点 I,则 I 为内心.

证明分两种情况讨论:

(1) 当 $I_1I_2 /\!/ BC$ 时,由平行线的性质及角平分线定理知

$$\frac{II_1}{I_1B} = \frac{II_2}{I_2C} \Rightarrow \frac{ID}{BD} = \frac{ID}{CD} \Rightarrow BD = CD.$$

此时,$\triangle ABC$ 为等腰三角形,对称轴是 AD. 由 $I_1I_2 /\!/ BC$ 知 M、N 关于 AD 轴对称. 所以 AD、BN、CM 三线共点.

(2) 当 I_1I_2 与 BC 不平行时,设直线 I_1I_2 交 BC 于 Q.

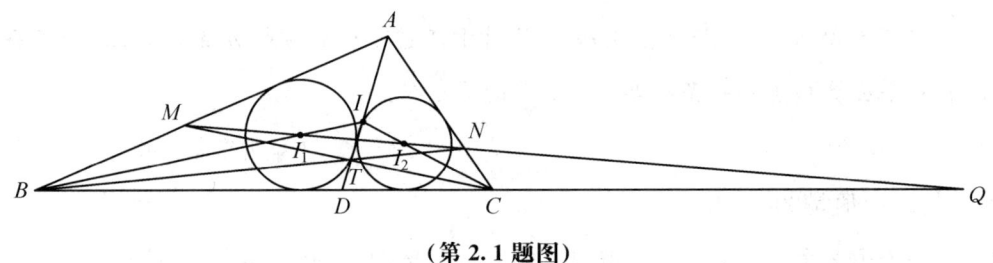

(第 2.1 题图)

对 $\triangle IBC$ 及截线 I_1I_2Q,由梅涅劳斯定理,

$$1 = \frac{II_1}{I_1B} \cdot \frac{BQ}{QC} \cdot \frac{CI_2}{I_2I} = \frac{ID}{BD} \cdot \frac{BQ}{QC} \cdot \frac{CD}{DI} = \frac{BQ}{QC} \cdot \frac{CD}{BD},$$

所以

$$\frac{BQ}{CQ} = \frac{BD}{CD}.$$

又对 $\triangle ABC$ 及截线 MNQ,由梅涅劳斯定理,

$$\frac{AM}{MB} \cdot \frac{BQ}{QC} \cdot \frac{CN}{NA} = 1.$$

所以由以上两式

$$\frac{AM}{MB} \cdot \frac{BD}{DC} \cdot \frac{CN}{NA} = 1.$$

由塞瓦定理的逆定理知 BN、CM、AD 共点. 故得证!　□

评析　这是一道简单的几何题,考试中约 78% 的学生做对此题.此题需要按照直线 l_1l_2 与 BC 是否平行分两种情况进行讨论,平行的情况十分简单,不平行的情况需要延长直线 l_1l_2 与 BC 交于 Q,再结合梅涅劳斯定理与塞瓦定理的逆定理可证得结论.

题 2.2　将所有能表示成两个正整数平方和的整数依次排列为 $a_1 < a_2 < \cdots$.

证明:对任给的正整数 n,存在正整数 k,使得

$$a_{k+1} - a_k > n.$$

(华东师范大学　吴尉迟　供题)

证明　我们先证明一个引理

引理　若 $4k+3$ 型质数 p 整除 $x^2 + y^2$,其中 $x, y \in \mathbf{Z}$,则 $p \mid x$ 且 $p \mid y$.

引理的证明:若 $p \nmid x$. 则存在 x 模 p 的逆 $x_1 \in \mathbf{Z}$,使 $x x_1 \equiv 1 \pmod{p}$,从而

$$p \mid (x_1 y)^2 + 1.$$

记 $m = x_1 y$,则

$$m^2 \equiv -1 \pmod{p}.$$

故由费马小定理及 $\dfrac{p-1}{2}$ 是奇数,得

$$1 \equiv m^{p-1} = (m^2)^{\frac{p-1}{2}} \equiv (-1)^{\frac{p-1}{2}} = -1 \pmod{p},$$

矛盾. 故 $p \mid x$. 从而 $p \mid y$.

回到原题.

只需证:对于任意给定的正整数 n,存在正整数 k,使

$$kn + i, \quad i = 1, \cdots, n$$

均不能表示成两个整数的平方和.

熟知 $4k+3$ 型质数有无穷多个,任取其中 n 个大于 n 且互不相同的质数 $p_1, p_2, \cdots, p_n$.注意到 $n, p_1, \cdots, p_n$ 两两互质,考虑关于 k 同余方程组

$$\begin{cases} kn+1 \equiv p_1 \pmod{p_1^2}, \\ \quad \vdots \\ kn+r \equiv p_i \pmod{p_i^2}, \\ \quad \vdots \\ kn+n \equiv p_n \pmod{p_n^2}. \end{cases}$$

由中国剩余定理知上述同余方程组有解,任取一正整数解 k. 此时, $p_i \mid kn+i$, 但 $p_i^2 \nmid kn+i$, $\forall i=1, \cdots, n$. 若 $kn+i$ 能表示成两个正整数的平方和,由引理,其所含的 p_i 的幂次为偶数,这与 $kn+i$ 含 p_i 的幂次恰为 1 矛盾. □

评析 本题是中等偏难的数论题,考试中约 25% 的同学做对此题. 上述解法利用平方和数所含模 4 余 3 质数的幂次是偶数这一结论和中国剩余定理说明存在任意长的连续整数,其中不含平方和数.

中国人民大学附属中学张端阳老师指出,2015 年伊朗 TST 上有下面一道数论题:

记 $b_1 < b_2 < \cdots$ 是由所有能写成两个非负整数的平方和的整数组成的序列. 求证:对任意奇数 m,存在无穷多个正整数 n,满足 $b_{n+1} - b_n = m$.

此题说明平方和数的间距可以恰好是奇数,其做法是先固定两端(直接构造表示成两整数平方和),再通过模 4 余 3 的质因子说明中间的数都无法表示. 用同样的想法,华中师范大学第一附属中学廖悦辛同学证明了平方和数的间距可以恰好是质数的两倍. 有兴趣的读者可以尝试一下.

题 2.3 求所有满足下列条件的函数 $f: \mathbf{Z} \to \mathbf{Z}$:

(1) $f(2019) = 2018$;

(2) $f(n - f(n)) = 0, \forall n \in \mathbf{Z}$;

(3) 存在整数 t 使得对任意固定的 $n \in \mathbf{Z}$,方程 $f(x) = n$ 恰有 t 个解.

(华东师范大学 吴尉迟 供题)

解法 1 满足条件的 f 仅有 $f(n) = n - 1, \forall n \in \mathbf{Z}$.

由条件(3),设 $f(x) = 0$ 的所有解为 $x_1 < x_2 < \cdots < x_t$. 下证 $t = 1$.

反证法. 若 $t \geqslant 2$,考虑方程

$$f(x) = x_2 - x_1,$$

设其所有解为 $y_1 < y_2 < \cdots < y_t$. 由条件(2)知,

$$f(y_i - f(y_i)) = 0, \forall i = 1, 2, \cdots, t.$$

从而 $y_i-(x_2-x_1)$ 是 $f(x)=0$ 的解. 即

$$y_i-x_2+x_1 \in \{x_1, x_2, \cdots, x_t\}.$$

注意到

$$y_1-x_2+x_1 < y_2-x_2+x_1 < \cdots < y_t-x_2+x_1$$

是不同的解. 故 $y_i-x_2+x_1=x_i$. 特别的, $y_1=x_2$ 是 $f(x)=0$ 的解, 但这与 $f(y_1)=x_2-x_1>0$ 矛盾. 故 $t=1$.

由条件(1)(2)知,

$$0=f(2019-f(2019))=f(1).$$

故 1 是 $f(x)=0$ 的唯一解. 故由条件(2)知 $1=n-f(n)$. 即 $f(n)=n-1$. 经检验, $f(n)=n-1$ 满足条件. □

解法 2 对于给定的整数 n, 由条件(3), 设方程 $f(x)=n$ 的解为 $x_1, x_2, \cdots, x_t$. 由条件(2),

$$0=f(x_i-f(x_i))=f(x_i-n),$$

所以 $x_i-n, i=1, 2, \cdots, t$ 是 $f(x)=0$ 的 t 个解. 又由条件(1)(2)知,

$$0=f(2019-f(2019))=f(1).$$

即 1 是 $f(x)=0$ 的根. 故存在 $k(1 \leqslant k \leqslant t)$, 使得 $x_k-n=1$, 从而

$$n=f(x_k)=f(n+1).$$

由 n 的任意性知, $f(n)=n-1, \forall n \in \mathbf{Z}$. 经检验, 该函数满足条件. □

评析 此题是较为容易的代数题, 考试中约 60% 的学生做对此题. 条件(3)保证了 f 必须是双射. 解法 1 便是利用单射性得到结论; 解法 2 利用满射性考虑 $f(x)=n$ 的原象.

题 2.4 设 G 是一个强连通的简单有向图, $|G|=n$, $S(G)$ 是跑遍 G 的每一个顶点的最短有向闭路的长度, 求 $\max_{|G|=n} S(G)$.

注: 我们称一个有向图 G 是强连通的, 若对任意两个顶点 A、B, 从 A 到 B 和从 B 到 A 均存在有向路径.

(上海大学 冷岗松 供题)

解

$$\max_{|G|=n} S(G) = \begin{cases} 3, & n=3, \\ \left[\dfrac{(n+1)^2}{4}\right], & n \geqslant 4. \end{cases}$$

记 G 的所有顶点为 A_1,A_2,$\cdots$,A_n. 我们用 $A \to B$ 表示一条从 A 到 B 的有向边.

当 $n=3$ 时,强连通图 G 只有一种情形,即 $A_1 \to A_2 \to A_3 \to A_1$. 此时,$S(G)=3$. 下面考虑 $n \geqslant 4$ 的情形.

先给出构造.

设 $k = \left[\dfrac{n+1}{2}\right]$. 考虑如下的图 G:

$$A_1 \to A_2 \to A_3 \to \cdots \to A_{k-1} \to A_i \to A_1,$$

其中 i 取遍 k,$k+1$,$\cdots$,n. 则 G 是强连通图.

对任意一条满足条件的闭路径,从 A_i 到 $A_j (k \leqslant i, j \leqslant n, i \neq j)$ 的路径会至少经过 A_1,A_2,$\cdots$,A_{k-1} 各一次,即此段路径长度不小于 k,于是闭路径的长度 $\geqslant k(n+1-k) = \left[\dfrac{(n+1)^2}{4}\right]$. 故 $\max\limits_{|G|=n} S(G) \geqslant \left[\dfrac{(n+1)^2}{4}\right]$.

下证:对任一顶点数 $n \geqslant 4$ 强连通图 G,必可以找到一条长度不超过 $\left[\dfrac{(n+1)^2}{4}\right]$ 的闭路径跑遍所有顶点.

设 $d(i,j)$ 为从 A_i 到 A_j 的最短路径长度,由最小性知路径上没有相同的点.

设 $k = \max\limits_{i \neq j} d(i,j)$. 不妨设 $A_1 \to A_2 \to \cdots \to A_{k+1}$ 为其中一条长为 k 的路径.

又由强连通性,从 A_j 到 $A_{j+1} (k+1 \leqslant j \leqslant n, A_{n+1}=A_1)$,存在长度不超过 k 的路径. 这时,闭路径长度不超过 $k+k(n-k)=k(n+1-k) \leqslant \left[\dfrac{(n+1)^2}{4}\right]$. □

评析　此题是较难的组合题,考试中约 2% 的学生做对此题. 上述解法考虑最长链,最长链外的点两两距离不超过最长链的长度,进而得到 $S(G)$ 的上界,再得到等号成立的条件.

二、2019 新星奥林匹克(NSMO)真题及
解答评析

2019 年春季上海新星数学奥林匹克试题解答与评析

2019 年上海新星春季数学奥林匹克于 2019 年 4 月 24 日 8 点到 12 点在上海举行.下面介绍此次考试的试题和解答,由吴尉迟、罗振华、韩新森、冷岗松整理.

1. 若正整数能被其最大质因子的平方整除,则称其为"好数".若 x 与 $x+1$ 都是好数,则称 x 是"超级好数".证明:存在无穷多个超级好数.

(清华大学　孙孟越　供题)

证法 1 对任意奇质数 p,我们证明 $4p^2(p-1)(p+1)$ 是超级好数.

注意到 $(2p^2-1)^2$ 是平方数,从而它一定是好数.

又

$$(2p^2-1)^2-1=2p^2(2p^2-2)=4p^2(p-1)(p+1),$$

由于 $p+1$ 与 $p-1$ 的最大质因子均小于 p,故 $4p^2(p-1)(p+1)$ 的最大质因子为 p,且 $4p^2(p-1)(p+1)$ 被 p^2 整除,故 $4p^2(p-1)(p+1)$ 也是好数.

综上可知,存在无穷多个超级好数. □

证法 2 考虑佩尔方程 $n^2-2m^2=1$,由熟知的结论知该方程有无穷多组正整数解,取 (n,m) 为其中一组解.

令 $x=2m^2$,注意到 $m>1$,从而 m 的最大质因子不小于 2,故 x 被其最大质因子的平方整除,这说明 x 是好数.注意到 $x+1=n^2$ 是完全平方数,则 $x+1$ 也是好数,所以 x 是超级好数.于是,存在无穷多个超级好数. □

证法 3 易知 8 是超级好数.下面用归纳法构造无穷多个超级好数.

我们证明:对于超级好数 k,$4k(k+1)$ 也是超级好数.

事实上,由于 $(k,k+1)=1$,且 $k+1$,k 均是好数,故 $4k(k+1)$ 是好数;又

$$4k(k+1)+1=(2k+1)^2$$

是完全平方数,一定是好数,故 $4k(k+1)$ 是超级好数.

这就证明了存在无穷多个超级好数.

评析　这是一道简单的数论题,得分率约 75%.本题可以采用直接构造、归纳构造和佩尔方程这三种方法来找到满足题意的数,是一道训练构造思维的好题.

2. 如图①,点 O 是圆 Ω 的圆心,圆 Ω 与圆 ω 内切于点 T.圆 Γ 过点 O、T 且圆心在 ω 上.Γ 分别与 Ω、ω 交于不同于 T 的两点 A、B,过 T 作 Γ 的切线与 ω 交于不同于 T 的点 C.证明: $TB^2 = TA \cdot TC$.

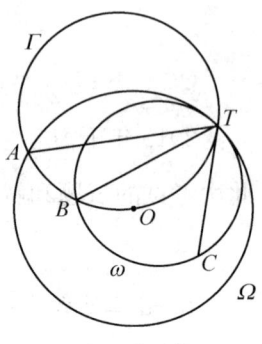

(第 2 题图①)

（中国人民大学附属中学　张端阳　供题）

证明　设 Γ 的圆心为 O_1.

由 $O_1T \perp TC$,知 $O_1B \perp BC$,所以 CB 是 Γ 的切线,于是 $\angle TBC = \angle TAB$.过 T 作圆 Ω、ω 的公切线 XY.延长 TC 与 Ω 交于点 D.因为

$$\angle TBC = \angle YTC = \angle YTD = \angle TAD,$$

所以 $\angle TAB = \angle TAD$,从而 A、B、D 三点共线.

我们证明 $TA = TD$.事实上,因为

$$\angle XTA = \frac{1}{2} \angle TOA = \frac{1}{2} \angle TBA,$$

$$\angle XTB = 180^\circ - \angle TO_1B = 180^\circ - 2\angle TAB,$$

又 $\angle XTA + \angle ATB = \angle XTB$,所以

$$\frac{1}{2}\angle TBA + \angle ATB = 180^\circ - 2\angle TAB.$$

因为

$$\angle TBA + \angle ATB + \angle TAB = 180^\circ,$$

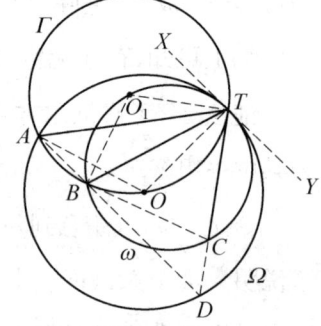

(第 2 题图②)

所以 $\angle TBA = 2\angle TAB$.这样,

$$\angle D = \angle TBA - \angle BTD = 2\angle TAB - \angle TAB = \angle TAB,$$

所以 $TA = TD$.此时,$\angle TBC = \angle TAB = \angle D$,所以 $\triangle TBC \backsim \triangle TDB$,故

$$TB^2 = TD \cdot TC = TA \cdot TC.$$

评析　这是一道简单的几何题.得分率约 90%.上述解法主要是通过导角寻找相似三角形最后证得结论.

3. 设 $n \in \mathbf{N}_+$ 不为 2 的幂. 证明: n^n 可以表示为

$$n^n = a_1^2 + a_2^2 + \cdots + a_n^2,$$

其中 a_i 为正整数, 且 $n \nmid a_i$, $i = 1, 2, \cdots, n$.

（歌伦比亚大学　饶家鼎　供题）

证法 1　因为 n 不是 2 的幂, 故可取 p 为 n 的一个奇质因子.

我们证明如下的加强命题:

对任意正整数 α, n^α 能表示成 n 个不被 p 整除的整数的平方和. 　　　　(1)

对 α 用数学归纳法.

当 $\alpha = 1$ 时, $n^\alpha = \underbrace{1^2 + 1^2 + \cdots + 1^2}_{n\text{个}}$, 结论成立.

当 $\alpha = 2$ 时, $n^\alpha = n^2 = (n-2)^2 + (n-1) \cdot 2^2$, 注意到 p 为奇质数及 $p \mid n$, 则 $p \nmid n-2$ 且 $p \nmid 2$, 结论成立.

假设结论对 $\alpha = k (k \in \mathbf{N}_+)$ 成立.

当 $\alpha = k+2$ 时, 由归纳假设, 存在 $a_1, \cdots, a_n \in \mathbf{Z}$, $p \nmid a_1, \cdots, a_n$, 使得

$$n^k = a_1^2 + \cdots + a_n^2.$$

下面我们选取 $b_1, \cdots, b_n \in \mathbf{Z}$, $p \nmid b_1, \cdots, b_n$, 使得

$$(na_1)^2 + (na_2)^2 + \cdots + (na_n)^2$$
$$= (na_1 - b_1)^2 + (na_2 - b_2)^2 + \cdots + (na_n - b_n)^2. \qquad (*)$$

事实上,

$$(*) \Longleftrightarrow b_1^2 + b_2^2 + \cdots + b_n^2 = 2n(a_1 b_1 + a_2 b_2 + \cdots + a_n b_n).$$

经验证,

$$b_1 = b_2 = \cdots = b_n = 2(a_1 + a_2 + \cdots + a_n)$$

与

$$-b_1 = b_2 = \cdots = b_n = 2(-a_1 + a_2 + \cdots + a_n)$$

皆满足上式.

而 $p \mid 2(a_1 + a_2 + \cdots + a_n)$ 与 $p \mid 2(-a_1 + a_2 + \cdots + a_n)$ 不能同时成立. 否则, 两式相减可得 $p \mid 4a_1$, 由于 p 是奇质数则 $p \mid a_1$, 这与归纳假设矛盾!

这样上面两组解中一定有一组满足条件,取出满足条件的解 $b_1,\cdots,b_n$.

那么由(*)及归纳假设立得

$$(na_1-b_1)^2+(na_2-b_2)^2+\cdots+(na_n-b_n)^2=n^{k+2}.$$

故当 $\alpha=k+2$ 时,结论成立.

由此,可知(1)对所有正整数 α 均成立.

特别地,在(1)式中取 $\alpha=n$ 可知原题结论成立. □

证法 2(根据东北育才中学谢子辰同学解答整理) 设 p 是 n 的奇质因子.

我们证明更强的命题:对任意整数 $k\geqslant 2$,n^k 有如下表示:

$$n^k=a^2+(n-1)b^2,$$

其中 $p\nmid a$,$p\nmid b$. (*)

对 k 归纳.

当 $k=2$ 时,$n^2=(n-2)^2+(n-1)2^2$. 由 n 不是 2 的幂,$p\nmid n-2$, $p\nmid 2$,此时(*)成立.

假设结论对 k 成立. 即有

$$n^k=a^2+(n-1)b^2,$$

且 $p\nmid a$,$p\nmid b$. 于是

$$
\begin{aligned}
n^{k+1}&=n[a^2+(n-1)b^2]\\
&=[(n-1)b+a]^2+(n-1)(b-a)^2\\
&=[(n-1)b-a]^2+(n-1)(b+a)^2.
\end{aligned}
$$

因为 $p\nmid a$,$p\nmid b$,结合 $p\mid n$ 知,p 不能同时整除 $(n-1)b-a$ 与 $(n-1)b+a$.

若 $p\nmid(n-1)b-a$,则

$$n^{k+1}=n[a^2+(n-1)b^2]=[(n-1)b-a]^2+(n-1)(b+a)^2,$$

满足要求.

若 $p\nmid(n-1)b+a$,则

$$n^{k+1}=n[a^2+(n-1)b^2]=[(n-1)b+a]^2+(n-1)(b-a)^2,$$

满足要求.

这说明 $k+1$ 时,(*)仍然成立. 故(*)得证.

在(*)中取 $k=n$ 便知原命题成立. $\qquad\qquad\qquad\qquad\qquad\qquad\qquad$ □

评析 这是一道十分困难的数论题,得分率仅为 2%.两种方法都是用归纳法证明加强命题,证法 1 是在归纳过渡中进行调整使得每一项均不被 n 整除,证法 2 主要利用了形如 $x^2+(n-1)y^2$ 的数具有的乘积不变性来寻找合适的项.我们在选题时低估了此题的难度.

4. 设整数 $n\geqslant 2$.不全为零的实数 $x_1,x_2,\cdots,x_n$ 满足 $\sum\limits_{i=1}^{n}x_i=0$,且对任意正实数 t,至多有 $\dfrac{1}{t}$ 对 (i,j),使得 $|x_i-x_j|\geqslant t$.证明:

$$\sum_{i=1}^{n}x_i^2<\frac{1}{n}\left(\max_{1\leqslant i\leqslant n}x_i-\min_{1\leqslant i\leqslant n}x_i\right).$$

(中国人民大学附属中学 张端阳 供题)

证明 由拉格朗日恒等式,

$$n\sum_{i=1}^{n}x_i^2=\left(\sum_{i=1}^{n}x_i\right)^2+\sum_{1\leqslant i<j\leqslant n}(x_i-x_j)^2,$$

所以只需证明

$$\sum_{1\leqslant i<j\leqslant n}(x_i-x_j)^2<\max_{1\leqslant i\leqslant n}x_i-\min_{1\leqslant i\leqslant n}x_i.$$

设 $|x_i-x_j|$ $(1\leqslant i<j\leqslant n)$ 能取到的所有非零值为 $y_1,y_2,\cdots,y_m$,其中 $0<y_1<y_2<\cdots<y_m$.再对 $1\leqslant k\leqslant m$,设有 a_k 对 (i,j),使得 $|x_i-x_j|=y_k$.

对 $1\leqslant k\leqslant m$,在条件中取 $t=y_k$ 得,至多有 $\dfrac{1}{y_k}$ 对 (i,j),使得 $|x_i-x_j|\geqslant t$,所以

$$a_k+a_{k+1}+\cdots+a_m\leqslant\frac{1}{y_k}.$$

记 $S_k=a_k+a_{k+1}+\cdots+a_m$,则 $S_k\leqslant\dfrac{1}{y_k}$.

由阿贝尔变换,

$$\sum_{1\leqslant i<j\leqslant n}(x_i-x_j)^2=\frac{1}{2}\sum_{k=1}^{m}a_ky_k^2$$

$$=\frac{1}{2}\sum_{k=1}^{m}S_k(y_k^2-y_{k-1}^2)$$

$$\leqslant\frac{1}{2}\sum_{k=1}^{m}\frac{y_k^2-y_{k-1}^2}{y_k},$$

其中 $y_0 = 0$. 因为 $y_{k-1} < y_k$,所以

$$\frac{y_k^2 - y_{k-1}^2}{y_k} = \frac{(y_k + y_{k-1})(y_k - y_{k-1})}{y_k} < 2(y_k - y_{k-1}).$$

故

$$\sum_{1 \leqslant i < j \leqslant n} (x_i - x_j)^2 < \sum_{k=1}^{m} (y_k - y_{k-1}) = y_m = \max_{1 \leqslant i \leqslant n} x_i - \min_{1 \leqslant i \leqslant n} x_i. \qquad \square$$

评析 这是一道颇有难度的代数题,得分率约 8%. 本题所用的方法不大常规,首先用拉格朗日恒等式做初步的化简,然后考虑所有两两的差构成的集合,最后利用题设条件使用阿贝尔变换进行放缩就可以证得结论.

值得注意的是,题目中的 (i, j) 应理解为有序对. 若理解为无序对,则结论未必成立. 例如,$n = 3$ 时,$a_1 = \dfrac{7}{18}$,$a_2 = \dfrac{1}{18}$,$a_3 = -\dfrac{4}{9}$ 便是一个反例.

本题改编自安德列斯库(Andreescu T.)与多斯派内斯库(Dospinescu G.)所著的书《Problems from the Book》第十九章习题 19,原题是

设 $x_1, x_2, \cdots, x_n, y_1, y_2, \cdots, y_n$ 是正实数,满足对任意正实数 t,至多有 $\dfrac{1}{t}$ 对 (i, j),使得 $x_i + y_j \geqslant t$. 证明:

$$\left(\sum_{i=1}^{n} x_i \right) \left(\sum_{i=1}^{n} y_i \right) \leqslant \max_{1 \leqslant i, j \leqslant n} (x_i + y_j).$$

本题采用了不同于原解答(积分)的方法,且得到了更强的结论.

5. 已知四边形 $ABCD$ 有内切圆,圆心为 I,直线 AC、BD 交于点 K,直线 AB、DC 交于点 E,直线 AD、BC 交于点 F,设 $\triangle ABK$ 与 $\triangle CDK$ 的外接圆交于另一点 Q,$\triangle ADK$ 与 $\triangle BCK$ 的外接圆交于另一点 P. 若 E、P、Q、F 四点共圆,证明:点 I 也在此圆上.

(河南省郑州市一中 张甲 供题)

证明 依题意得 P 为完全四边形 $FDAKBC$ 的密克点,Q 为完全四边形 $ABECDK$ 的密克点.

第一种情况:若 B、E、F、D 四点共圆,则 $\angle ABC =$

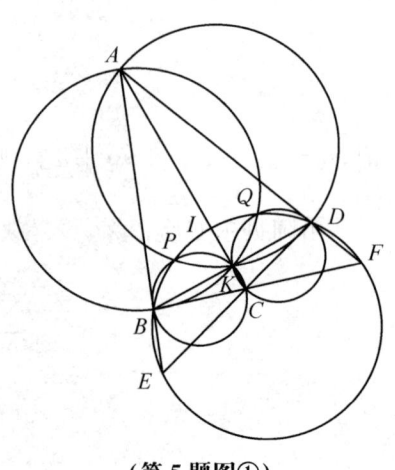

(第 5 题图①)

$\angle ADC$,于是 E、B、P、Q、D、F 六点共圆,所以

$$\begin{aligned} \angle BID &= \angle BAD + \angle ABI + \angle ADI \\ &= \angle BAD + \frac{1}{2}\angle ABC + \frac{1}{2}\angle ADC \\ &= \angle BAD + \angle ABC \\ &= 180° - \angle AFB \\ &= \angle BPD, \end{aligned}$$

故 B、P、I、D 四点共圆,即 E、B、P、I、Q、D、F 七点共圆.

第二种情况:若 B、E、F、D 四点不共圆.

对圆 $PQFE$、圆 $BEDQ$、圆 $BPDF$ 用蒙日定理知,直线 BD、PF、EQ 三线共点. 对圆 $PQFE$、圆 $AECQ$、圆 $APCF$ 用蒙日定理知,直线 AC、PF、EQ 三线共点. 于是直线 QE、PF 都过点 K.

又 B、P、D、F 四点共圆,所以 $BK \cdot KD = KP \cdot KF = KC \cdot KA$. 于是可得 A、B、C、D 四点共圆,从而四边形 $ABCD$ 是双心四边形. 于是

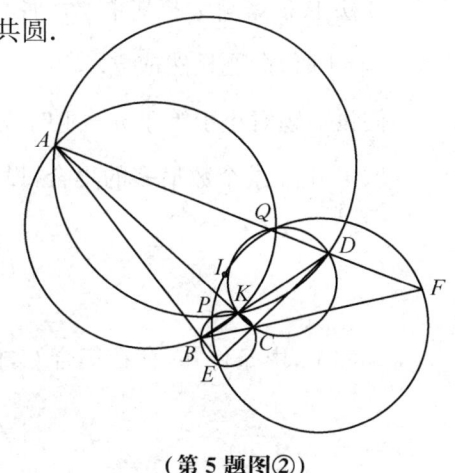

(第 5 题图②)

$$\begin{aligned} \angle EIF &= 180° - \angle IEF - \angle IFE \\ &= 180° - \angle IEC - \angle IFC - \angle BCE \\ &= 180° - \frac{1}{2}(\angle BEC + \angle DFC + 2\angle BCE) \\ &= 180° - \frac{1}{2}(\angle ABC + \angle ADC) = 90°. \end{aligned}$$

在完全四边形 $ADFCBK$ 中,PE、PC、PF、PD 为调和线束. 结合

$$\angle CPK = \angle CBK = \angle DAK = \angle DPK,$$

可知 $PK \perp PE$,故 $\angle EPF = \angle EIF = 90°$,所以 E、P、I、F 四点共圆,即 E、P、I、Q、F 五点共圆. $\square$

评析 本题是有一定难度的几何题. 得分率为 14%. 解答中的第一种情况是特殊情形,第二种情况是一般情形. 本题综合运用了蒙日定理、双心四边形、完全四边形和调和点列的性质,考查了学生几何方面的综合能力. 有趣的是,两种情况下都有(1) $IK \perp EF$;(2)EP、FQ、KI 三线

共点.

6. 设 n 是给定的正整数,一个集族 Γ 满足:

(1) $\left|\bigcup_{A \in \Gamma} A\right| = n$;

(2) 若 A,$B \in \Gamma$,则存在 $C \in \Gamma$ 使得 $A \triangle B \subset C$,其中 $A \triangle B = (A \backslash B) \bigcup (B \backslash A)$.

证明:$\max\limits_{A \in \Gamma} |A| > \dfrac{n}{2}$.   (上海大学　冷岗松　供题)

证法 1(根据湖南长郡中学胡再午解答整理)　对 n 用归纳法.

$n = 1$ 时,命题显然成立.

假设命题对小于等于 $n-1$ 时成立,下面考虑 n 时的情形.

取 Γ 中元素个数最多的集合,设为 A_1,且 $|A_1| = M$. 下证:

$$|B \backslash A_1| \leqslant \frac{1}{2}M, \ \forall B \in \Gamma. \qquad (*)$$

事实上,由条件知,存在集合 C,使得 $A_1 \triangle B \subset C$,结合 A_1 的最大性知,

$$|A_1 \triangle B| \leqslant |C| \leqslant |A_1|,$$

即有 $|B \backslash A_1| \leqslant |A_1 \bigcap B|$,注意到 $|B \backslash A_1| + |A_1 \bigcap B| = |B|$,从而有

$$2|B \backslash A_1| = |B| - |A_1 \bigcap B| + |B \backslash A_1| \leqslant |B| \leqslant M.$$

$(*)$ 得证.

记 $\Gamma_1 = \{A \backslash A_1 \mid A \in \Gamma\}$,则

$$\left|\bigcup_{A_1 \in \Gamma_1} A\right| = \left|\bigcup_{A \in \Gamma} A\right| - |A_1| = n - M, \qquad (1)$$

对任意 D,$E \in \Gamma_1$,有 $D \bigcup A_1 \in \Gamma$,$E \bigcup A_1 \in \Gamma$,由条件知,存在 $C \in \Gamma$,使 $(D \bigcup A_1) \triangle (E \bigcup A_1) \subset C$,即有

$$D \triangle E \subset (C \backslash A_1).$$

又 $C \backslash A_1 \in \Gamma_1$,这说明 Γ_1 仍满足题设条件(2).

对 Γ_1 用归纳假设,结合(1)式知

$$\max_{A \in \Gamma_1} |A| > \frac{\left|\bigcup\limits_{A_1 \in \Gamma_1} A\right|}{2} = \frac{n-M}{2},$$

由（ $*$ ）知， $\dfrac{M}{2} \geqslant \max\limits_{A \in \Gamma_1} |A|$ ，从而有 $M > \dfrac{n}{2}$ ，这说明 n 时命题仍成立. $\qquad\qquad\qquad\square$

证法 2（根据浙江乐清知临中学谢柏庭解答整理） 由于含于一个 n 元集的子集至多 2^n 个，故 Γ 为有限集.

因此，可记 $M = \max\limits_{A \in \Gamma} |A|$.并可按如下方式确定集合列 $A_1 , A_2 , \cdots , A_t (t \in \mathbf{N}_+)$ ， A_1 为 Γ 中元素个数最多的集合；当 $A_1 , \cdots , A_{i-1}$ 已给定 $(i \geqslant 2)$ 时，若 $A_1 \bigcup \cdots \bigcup A_{i-1} \neq \bigcup\limits_{A \in \Gamma} A$ ，取 A_i 为 F 中去掉 $A_1 \bigcup A_2 \bigcup \cdots \bigcup A_{i-1}$ 中元素后不为空集且剩余元素个数最多的集合.否则，即当 $A_1 \bigcup \cdots \bigcup A_{i-1} = \bigcup\limits_{A \in \Gamma} A$ 时，则停止操作（由 Γ 为有限集知若干步后操作必停止， t 必存在）.

下面我们证明： $|A_i \backslash (A_1 \bigcup \cdots \bigcup A_{i-1})| \leqslant \dfrac{1}{2^{i-1}} |A_i|$ ， $1 \leqslant i \leqslant t$ （ $i = 1$ 时即 $|A_1| \leqslant |A_1|$ ）.

记 $B_j = (A_i \bigcap A_j) \backslash (A_1 \bigcup \cdots \bigcup A_{j-1})$ ， $1 \leqslant j \leqslant i$ （ $j = 1$ 时，即 $A_i \bigcap A_1$ ），则

$$A_i = B_1 \bigcup B_2 \bigcup \cdots \bigcup B_i ,$$

且 $B_1 , \cdots , B_i$ 两两不相交.

所证结论即

$$|B_i| \leqslant \dfrac{1}{2^{i-1}} |A_i| . \qquad\qquad\qquad (*)$$

由 $|A_j \backslash (A_1 \bigcup \cdots \bigcup A_{j-1})|$ 最大性知：任给 $C \in \Gamma$ ，

$$|C \backslash (A_1 \bigcup \cdots \bigcup A_{j-1})| \leqslant |A_j \backslash (A_1 \bigcup \cdots \bigcup A_{j-1})| , \forall 1 \leqslant j \leqslant i-1 .$$

特别地，由条件知：存在 $C \in \Gamma$ ，使得 $A_j \triangle A_i \subseteq C$.故有

$$|(A_j \triangle A_i) \backslash (A_1 \bigcup \cdots \bigcup A_{j-1})| \leqslant |A_j \backslash (A_1 \bigcup \cdots \bigcup A_{j-1})| .$$

而记 $A_j \backslash (A_1 \bigcup \cdots \bigcup A_{j-1}) = C_j (1 \leqslant j \leqslant i-1)$ 有

$$
\begin{aligned}
& (A_j \triangle A_i) \backslash (A_1 \bigcup \cdots \bigcup A_{j-1}) \\
&= (C_j \backslash A_i) \bigcup (A_i \backslash (A_1 \bigcup \cdots \bigcup A_j)) \\
&= (C_j \backslash A_i) \bigcup (B_{j+1} \bigcup B_{j+2} \bigcup \cdots \bigcup B_i) \\
&= (C_j \backslash (C_j \bigcap A_i)) \bigcup (B_{j+1} \bigcup B_{j+2} \bigcup \cdots \bigcup B_i) \\
&= (C_j \backslash B_j) \bigcup B_{j+1} \bigcup B_{j+2} \bigcup \cdots \bigcup B_i ,
\end{aligned}
$$

结合 $C_j \bigcap (B_{j+1} \bigcup B_{j+2} \bigcup \cdots \bigcup B_i) = \varnothing$ 知

$$|C_j| - |B_j| + |B_{j+1}| + \cdots + |B_i| \leqslant |C_j|.$$

故

$$|B_j| \geqslant |B_{j+1}| + \cdots + |B_i|, \quad \forall 1 \leqslant j \leqslant i-1,$$

有

$$|B_j| \geqslant 2^{i-1-j} \cdot |B_i|,$$

又 $A_i = B_1 \bigcup B_2 \bigcup \cdots \bigcup B_i$,故知

$$(1 + 1 + 2 + 2^2 + \cdots + 2^{i-2})|B_i| \leqslant |A_i|.$$

故(*)得证,从而

$$|B_i| \leqslant \frac{1}{2^{i-1}} |A_i| \leqslant \frac{1}{2^{i-1}} M.$$

注意到

$$\bigcup_{A \in \Gamma} A = \bigcup_{i=1}^{t} A_i = \bigcup_{i=1}^{t} (A_i \backslash (A_1 \bigcup A_2 \bigcup \cdots \bigcup A_{i-1})),$$

故

$$n = \left| \bigcup_{A \in \Gamma} A \right| = \left| \bigcup_{i=1}^{t} A_i \backslash (A_1 \bigcup A_2 \bigcup \cdots \bigcup A_{i-1}) \right|$$

$$\leqslant \left(\sum_{i=1}^{t} \frac{1}{2^{i-1}} \right) M$$

$$< 2M,$$

即 $M > \dfrac{n}{2}$,原命题获证! □

评析 这是一道中等难度的组合题,得分率为 8%. 本题的做法关键是考虑抹去最大集合的元素后,其余集合的剩下的元素不超过抹去的最大集合的元素个数的一半. 在此基础上,证法 2,采用贪心算法,不断取剩余元素个数最多的子集,得到新取的元素的个数与最大子集的元素个数之间的不等关系. 由于所有元素会在有限步取完,这样将全集进行分拆,利用不等关系便得到了结果;证法 1 则采用归纳法,避免了繁琐的集合运算,更清楚简洁.

值得指出的是,在考试结束后,付云皓和石泽晖等发现这道题和第三十期征解题的第二题第一问本质上是一样的.

2019 年夏季上海新星数学奥林匹克试题解答与评析

2019 年上海新星夏季数学奥林匹克于 2019 年 6 月 4 日 8 点到 12 点在上海举行. 下面介绍此次考试的试题和解答,由罗振华、吴尉迟、金天、冷岗松整理.

1. 设 $x_1, x_2, \cdots, x_{2019}$ 是实数,且满足 $x_1 + \cdots + x_{2019} \in \mathbf{Z}$. 求

$$\sum_{1 \leqslant i < j \leqslant 2019} \{x_i + x_j\}$$

的最大值.

（山西大学附属中学　王永喜　供题）

解　我们用奇数 n 代替 2019 解决更一般的问题:

设 n 是奇数,$x_1, x_2, \cdots, x_n$ 是实数,且满足 $x_1 + \cdots + x_n \in \mathbf{Z}$. 求

$$\sum_{1 \leqslant i < j \leqslant n} \{x_i + x_j\}$$

的最大值.

引理　设 $[0, 1)$ 上的实数 $a_1, a_2, \cdots, a_k$ 满足 $a_1 + a_2 + \cdots + a_k \in \mathbf{Z}$,则

$$\sum_{i=1}^{k} a_k \leqslant k - 1.$$

引理的证明:事实上,注意到

$$\sum_{i=1}^{k} a_k < k,$$

结合 $a_1 + a_2 + \cdots + a_k \in \mathbf{Z}$ 可知

$$\sum_{i=1}^{k} a_k \leqslant k - 1.$$

故引理获证.

回到原题,注意到

$$\sum_{1 \leqslant i < j \leqslant n} \{x_i + x_j\} = \frac{1}{2} \sum_{k=1}^{n-1} \sum_{i=1}^{n} \{x_i + x_{i+k}\},$$

而对每个正整数 $k(1 \leqslant k \leqslant n)$,

$$\sum_{i=1}^{n} \{x_i + x_{i+k}\} = 2\sum_{i=1}^{n} x_i - \sum_{i=1}^{n} \lfloor x_i + x_{i+k} \rfloor$$

是一个整数,由引理可知

$$\sum_{i=1}^{n} \{x_i + x_{i+k}\} \leqslant n - 1.$$

故

$$\sum_{1 \leqslant i < j \leqslant n} \{x_i + x_j\} \leqslant \frac{(n-1)^2}{2}.$$

当 $x_1 = x_2 = \cdots = x_n = \frac{n-1}{2n}$ 时等号成立. 事实上,由 n 是奇数知,$\{x_i\} = \frac{n-1}{2n} < \frac{1}{2}$,则

$$\sum_{1 \leqslant i < j \leqslant n} \{x_i + x_j\} = \sum_{1 \leqslant i < j \leqslant n} \frac{n-1}{n} = \frac{(n-1)^2}{2}.$$

故对一般的问题最大值为 $\frac{(n-1)^2}{2}$.

特别的,当 $n = 2019$ 时,所求最大值为 2 036 162. □

评析 这是一道中等难度的代数题,考场上有 32% 的学生做对此题,该题比我们预期的难度要大,可能的原因是学生不大擅长处理带有组合意味的不等式. 本题的关键在于按下标差整理和式,对每一种下标差寻找一个局部不等式,利用引理即可得出结论.

此题的背景是 2014 年北京大学挑战赛一道题:

若 $a_1 + a_2 + \cdots + a_6 = 2014$,求 $\sum_{1 \leqslant i < j \leqslant 6} [a_i + a_j]$ 的最小值.

近几年也出现了不少与小数部分之和有关的竞赛题,例如 2018 年中国西部数学邀请赛第二题:

设整数 $n \geqslant 2$,正整数 $x_1, x_2, \cdots, x_n$ 满足 $x_1 x_2 \cdots x_n = 1$,证明:

$$\{x_1\} + \{x_2\} + \cdots + \{x_n\} < \frac{2n-1}{2}.$$

2. 如图①,锐角 $\triangle ABC$ 中,H 为垂心,E、F 在 BC 上,$EH \perp HF$,延长 EH 与 AC 交于点 M,延长 FH 与 AB 交于点 N. H_1、H_2 为 $\triangle BNF$、$\triangle CME$ 的垂心. 证明:H_1、H、H_2 共线.

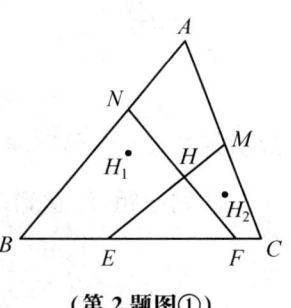

(广西钦州 卢 圣 供题)

（第 2 题图①）

证法 1（浙江乐清知临中学韩新淼）　如图②，延长 BH_1、CH_2 分别与 NF、EM 交于 P、Q.

由于 BP、EM 都与 FN 垂直，则有 $BP \parallel EM$.

同理，$CQ \parallel NF$，$BH \parallel EH_2$，$CH \parallel FH_1$.

所以 $\triangle BPF \backsim \triangle EQC$，$\triangle BPH \backsim \triangle EQH_2$，$\triangle CQH \backsim \triangle FPH_1$.

故

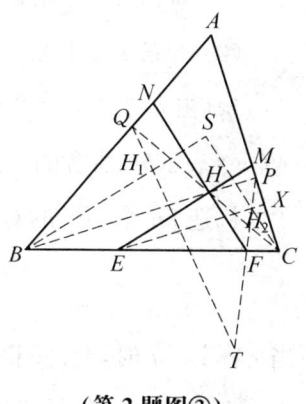

（第 2 题图②）

$$\frac{H_1P}{HQ} = \frac{PF}{QC} = \frac{BP}{EQ} = \frac{PH}{QH_2},$$

从而 $\triangle H_1PH$ 与 $\triangle HQH_2$ 相似.

注意到 $H_1P \parallel HQ$，$PH \parallel QH_2$，那么 $\triangle H_1PH$ 与 $\triangle HQH_2$ 位似. 所以 $H_1H \parallel HH_2$. 故 H_1、H、H_2 三点共线. □

证法 2（李先颖）　如图③，设直线 BH 与 AC 交于 P，直线 CH 与 AB 交于 Q，直线 BH_1 与 CH_2 交于 S，直线 PH_2 与 QH_1 交于 T. 注意到

$$
\begin{aligned}
\tan\angle CPH_2 &= \frac{H_2X}{XP} = \frac{H_2X}{XM} \cdot \frac{XM}{XP} \\
&= \cot\angle C \cdot \frac{EM}{EH} \\
&= \cot\angle C \cdot \frac{EC \cdot \dfrac{\sin\angle C}{\sin\angle EMC}}{EC \cdot \dfrac{\cos\angle B}{\sin\angle EHC}} \\
&= \frac{\sin\angle EHC}{\sin\angle EMC} \cdot \frac{\cos\angle C}{\cos\angle B},
\end{aligned}
$$

（第 2 题图③）

同理，

$$\tan\angle BQH_1 = \frac{\sin\angle FHB}{\sin\angle FNB} \cdot \frac{\cos\angle B}{\cos\angle C}.$$

故

$$\tan\angle CPH_2 \cdot \tan\angle BQH_1 = \frac{\sin\angle EHC \cdot \sin\angle FHB}{\sin\angle EMC \cdot \sin\angle FNB} = 1,$$

最后一个等号用了 $\angle EHC=\pi-\angle FNB$，$\angle FHB=\pi-\angle EMC$.所以 $\angle CPH_2+\angle BQH_1=\dfrac{\pi}{2}$，这说明点 T 在以 BC 为直径的圆上.

又注意到 $BH_1\perp FN$，$CH_2\parallel EM$,则 $BH_1\perp CH_2$，$\angle BSC=\dfrac{\pi}{2}$.那么 P、Q、S、T 均在以 BC 为直径的圆上,对圆内接六边形 $BPTQCS$ 使用帕斯卡定理知 H、H_1、H_2 共线. □

评析　这是一道简单的几何题,考场上约 70% 的学生做对.上述两个解法均十分巧妙,证法 1 通过找相似三角形和导比例来证明 $\triangle H_1PH$ 与 $\triangle HQH_2$ 位似,从而证得结论;证法 2 直接找到一个圆内接六边形,使 H、H_1、H_2 分别是这个六边形三组对边的交点,由帕斯卡定理可以证得结论.

3. 设 n、r 为正整数,$n>r$.将圆周上给定的 $2n$ 个点染 n 种颜色,每色染 2 个点,且任何两个同色点之间恰有 r 个点.

(1) 试问:n、r 能否同为奇数?

(2) 如果 $r+1$ 为质数,求 n 的所有可能取值.　　　　　(深圳高级中学　冯跃峰　供题)

解(浙江乐清知临中学韩新淼)　我们证明:n、r 满足的充要条件为 $v_2(n)\geqslant v_2(r+1)$.其中 $v_2(m)$ 表示 m 所含的 2 的幂次. 　　　　(＊)

构造 $2n$ 个顶点的有向图 G,其顶点对应 1，2，$\cdots$，$2n$.对顶点 i、j,连边 $i\to j$ 当且仅当

$$j-i\equiv r+1\ (\mathrm{mod}\ 2n),$$

当 $r+1=n$ 时,允许同时有边 $i\to j$ 和 $j\to i$.

题设中的条件等价于可在 G 中找 n 条有向边,不重不漏地覆盖了 G 的所有顶点.注意到图 G 由若干圈组成,且对任意顶点 i,含该点的有向圈长度 l 即为满足

$$l(r+1)\equiv 0\ (\mathrm{mod}\ 2n)$$

的最小正整数,即 $\dfrac{2n}{(2n,\ r+1)}$.于是图 G 恰由 $(2n,\ r+1)$ 个有向圈组成,且每个有向圈长度为 $\dfrac{2n}{(2n,\ r+1)}$.

题设中的条件等价于 G 所含的每个有向圈均为偶圈,即 $\dfrac{2n}{(2n,\ r+1)}$ 为偶数,这等价于 $v_2(2n)>v_2(r+1)$,即 $v_2(n)\geqslant v_2(r+1)$.

(1) 由(＊)知,n、r 不能同时为奇数.

（2）若 $r+1$ 为质数，分两种情况.

当 $r+1=2$ 时，由（＊），n 为一切正偶数.

当 $r+1$ 为奇质数时，由（＊），n 为一切大于 r 的整数. □

评析 这是一道中等难度的组合题，考场上约 36% 的学生做对. 上述解法直接讨论了一般的情况，再把问题转换成图论问题后观察到题设条件等价于图中每个有向圈均为偶圈，从而得到了一般问题的充要条件为 $v_2(n) \geqslant v_2(r+1)$，再去解决原题的两问就十分容易了.

4. 证明：存在全体正整数的一个排列 $a_1, a_2, \cdots$，使得对任意自然数 i，均有

$$(a_i, a_{i+1}) \geqslant \frac{i}{2}.$$

（哥伦比亚大学　饶家鼎　供题）

证明 我们用归纳法构造满足条件的排列.

取 $a_1 = 1$，$a_2 = 2$；

假设对 $k \in \mathbf{N}_+$，已经选取了 $a_1, a_2, \cdots, a_{2k}$ 满足题目条件.

取 a_{2k+2} 为不在 $a_1, a_2, \cdots, a_{2k}$ 中出现的最小正整数，再取 a_{2k+1} 为不在 $a_1, a_2, \cdots, a_{2k}$，a_{2k+2} 中出现的某个 a_{2k}，a_{2k+2} 的公倍数.

下面说明这样的构造满足要求.

由构造的方法知，每个正整数恰在 $\{a_i\}_{i \in \mathbf{N}_+}$ 中出现一次，故是全体正整数的一个排列.

另外，对任意 $s \in \mathbf{N}_+$，有

$$a_{2s} > a_{2s-2} > \cdots > a_2 = 2,$$

故 $a_{2s} \geqslant s+1$.

于是对 $\forall j \in \mathbf{N}_+$，均有

$$(a_{2j}, a_{2j+1}) = a_{2j} \geqslant j+1 \geqslant \frac{2j}{2},$$

$$(a_{2j+1}, a_{2j+2}) = a_{2j+2} \geqslant j+2 \geqslant \frac{2j+1}{2}.$$

从而它满足要求. 故结论成立. □

评析 这是一道中等难度的数论构造题，考场上约 42% 的学生做对. 用归纳法来构造是比较自然的想法，为了满足题目条件在归纳过渡可取一项为前面没有出现的最小正整数，再取一项使

得它是前项和后项的公倍数,故只需分奇数位和偶数位构造即可满足要求.

本题是 2011 年中国国家集训队选拔考试第五题的逆向讨论,原题如下:

设 a_1,a_2,… 为全体正整数的一个排列. 证明:存在无穷多个正整数 i,使得

$$(a_i, a_{i+1}) \leqslant \frac{3}{4} i.$$

5. 设 n 是正整数,$2n$ 个实数 x_i,y_i($1 \leqslant i \leqslant n$)满足

$$\sum_{i=1}^{n} x_i^2 = \sum_{i=1}^{n} y_i^2 = 1.$$

正实数 $0 < \lambda_1 \leqslant \lambda_2 \leqslant \cdots \leqslant \lambda_n$,$1 \in [\lambda_1, \lambda_n]$. 证明:

$$\lambda_1 \leqslant \sum_{i=1}^{n} \lambda_i x_i^2 + \left(\sum_{i=1}^{n} x_i y_i\right)^2 - \frac{\left(\sum_{i=1}^{n} \lambda_i x_i y_i\right)^2}{\sum_{i=1}^{n} \lambda_i y_i^2} \leqslant \lambda_n.$$

(北京大学 王逸轩 供题)

证法 1(湖北武钢三中袁祉祯) 由于 $0 < \lambda_1 \leqslant \cdots \leqslant \lambda_n$,那么

$$\lambda_1 \sum_{i=1}^{n} x_i^2 \leqslant \sum_{i=1}^{n} \lambda_i x_i^2 \leqslant \lambda_n \sum_{i=1}^{n} x_i^2.$$

要证原不等式只需证

$$\lambda_1 \left(1 - \left(\sum_{i=1}^{n} x_i y_i\right)^2\right) \leqslant \sum_{i=1}^{n} \lambda_i x_i^2 - \frac{\left(\sum_{i=1}^{n} \lambda_i x_i y_i\right)^2}{\sum_{i=1}^{n} \lambda_i y_i^2}$$

$$\leqslant \lambda_n \left(1 - \left(\sum_{i=1}^{n} x_i y_i\right)^2\right),$$

将条件 $\sum_{i=1}^{n} x_i^2 = \sum_{i=1}^{n} y_i^2 = 1$ 代入其中,上式等价于

$$\lambda_1 \left(\sum_{i=1}^{n} x_i^2 - \frac{\left(\sum_{i=1}^{n} x_i y_i\right)^2}{\sum_{i=1}^{n} y_i^2}\right)$$

$$\leqslant \sum_{i=1}^{n} \lambda_i x_i^2 - \frac{\left(\sum_{i=1}^{n} \lambda_i x_i y_i\right)^2}{\sum_{i=1}^{n} \lambda_i y_i^2}$$

$$\leqslant \lambda_n \left(\sum_{i=1}^{n} x_i^2 - \frac{\left(\sum_{i=1}^{n} x_i y_i \right)^2}{\sum_{i=1}^{n} y_i^2} \right),$$

将上式同乘 $\sum_{i=1}^{n} y_i^2 \cdot \sum_{i=1}^{n} \lambda_i y_i^2$，利用拉格朗日恒等式可知上式等价于

$$\lambda_1 \sum_{i=1}^{n} \lambda_i y_i^2 \sum_{1 \leqslant j < k \leqslant n} (x_j y_k - x_k y_j)^2$$

$$\leqslant \sum_{i=1}^{n} y_i^2 \sum_{1 \leqslant j < k \leqslant n} (x_j y_k - x_k y_j)^2 \lambda_j \lambda_k$$

$$\leqslant \lambda_n \sum_{i=1}^{n} \lambda_i y_i^2 \sum_{1 \leqslant j < k \leqslant n} (x_j y_k - x_k y_j)^2.$$

下证上式对实数 $x_1, \cdots, x_n, y_1, \cdots, y_n$ 和 $0 < \lambda_1 \leqslant \lambda_2 \leqslant \cdots \leqslant \lambda_n$ 成立.

$n = 1$ 时，上式成立. 若 $y_1, y_2, \cdots, y_n$ 中有一项为 0，设 $y_{j0} = 0$，则由

$$\lambda_1 x_{j0}^2 \sum_{j=1}^{n} \lambda_j y_j^2 \sum_{i=1}^{n} y_i^2 \leqslant \sum_{i=1}^{n} y_i^2 \sum_{j=1}^{n} \lambda_j \lambda_{j0} x_{j0}^2 y_j^2 \leqslant \lambda_n x_{j0}^2 \sum_{j=1}^{n} \lambda_j y_j^2 \sum_{i=1}^{n} y_i^2,$$

知，只需证明除去 x_{j0}、l_{j0} 后 $n-1$ 时不等式的情形，这样不断进行下去故可不妨设 $\prod_{j=1}^{n} y_j \neq 0$.

记 $a_i = y_i^2$，$b_i = \lambda_i y_i^2$，$u_i = \dfrac{x_i}{y_i}(i = 1, 2, \cdots, n)$. 即证:

$$\min_{1 \leqslant l \leqslant n} \left\{ \frac{b_l}{a_l} \right\} \sum_{i=1}^{n} b_i \sum_{1 \leqslant j < k \leqslant n} a_j a_k (u_j - u_k)^2$$

$$\leqslant \sum_{i=1}^{n} a_i \sum_{1 \leqslant j < k \leqslant n} b_j b_k (u_j - u_k)^2$$

$$\leqslant \max_{1 \leqslant l \leqslant n} \left\{ \frac{b_l}{a_l} \right\} \sum_{i=1}^{n} b_i \sum_{1 \leqslant j < k \leqslant n} a_j a_k (u_j - u_k)^2.$$

下面在一般意义下证明上述不等式（而不是题目限制条件下）. 由对称性，只需证右边不等式即可.

由于不等式关于所有的 a_i 或 b_i 是齐次的，不妨设 $\max \left\{ \dfrac{b_i}{a_i} \right\} = 1$，则 $a_i \geqslant b_i > 0 (i = 1, 2, \cdots, n)$.

作增量代换 $x_i = a_i - b_i (i = 1, 2, \cdots, n)$，则 $x_i \geqslant 0$. 将 $a_i = b_i + x_i$ 代入可得

$$\sum_{i=1}^{n} b_i \sum_{1 \leqslant j < k \leqslant n} a_j a_k (u_j - u_k)^2 - \sum_{i=1}^{n} a_i \sum_{1 \leqslant j < k \leqslant n} b_j b_k (u_j - u_k)^2$$

$$= \sum_{i=1}^{n} b_i \sum_{1 \leqslant j < k \leqslant n} (b_j x_k + b_k x_j + x_j x_k)(u_j - u_k)^2 - \sum_{i=1}^{n} x_i \sum_{1 \leqslant j < k \leqslant n} b_j b_k (u_j - u_k)^2$$

$$\geqslant \sum_{i=1}^{n} b_i \sum_{1 \leqslant j < k \leqslant n} (b_j x_k + b_k x_j)(u_j - u_k)^2 - \sum_{i=1}^{n} x_i \sum_{1 \leqslant j < k \leqslant n} b_j b_k (u_j - u_k)^2$$

$$= \sum_{i=1}^{n} x_i \left(\sum_{k=1}^{n} b_k \sum_{j=1}^{n} b_j (u_i - u_j)^2 - \sum_{1 \leqslant j < k \leqslant n} b_j b_k (u_j - u_k)^2 \right)$$

$$= \sum_{i=1}^{n} x_i \left(\sum_{k=1}^{n} b_k (u_i - u_k) \right)^2$$

$$\geqslant 0,$$

得证. □

证法 2(山西师大附中王永喜) 设

$$f(\lambda_1, \lambda_2, \cdots, \lambda_n) = \sum_{i=1}^{n} \lambda_i x_i^2 + \left(\sum_{i=1}^{n} x_i y_i \right)^2 - \frac{\left(\sum_{i=1}^{n} \lambda_i x_i y_i \right)^2}{\sum_{i=1}^{n} \lambda_i y_i^2},$$

对任意 $1 \leqslant k \leqslant n$,有

$$\frac{\partial f}{\partial \lambda_k} = x_k^2 - \frac{2 \left(\sum_{i=1}^{n} \lambda_i x_i y_i \right)(x_k y_k)\left(\sum_{i=1}^{n} \lambda_i y_i^2 \right) - \left(\sum_{i=1}^{n} \lambda_i x_i y_i \right)^2 \cdot y_k^2}{\left(\sum_{i=1}^{n} \lambda_i y_i^2 \right)^2}$$

$$= \frac{\left(x_k \left(\sum_{i=1}^{n} \lambda_i y_i^2 \right) - \left(\sum_{i=1}^{n} \lambda_i x_i y_i \right) \cdot y_k \right)^2}{\left(\sum_{i=1}^{n} \lambda_i y_i^2 \right)^2}$$

$$\geqslant 0,$$

故 f 关于每个 λ_k 都是单调递增的,从而当所有 λ_k 取 λ_1 时 f 取最小值,当所有 λ_k 取 λ_n 时 f 取最大值.

当所有 λ_k 取 λ_1 时,

$$f \geqslant \sum_{i=1}^{n} \lambda_1 x_i^2 + \left(\sum_{i=1}^{n} x_i y_i \right)^2 - \lambda_1 \left(\sum_{i=1}^{n} x_i y_i \right)^2$$

$$= \lambda_1 + (1 - \lambda_1) \left(\sum_{i=1}^{n} x_i y_i \right)^2 \geqslant \lambda_1,$$

当所有 λ_k 取 λ_n 时，

$$f \leqslant \sum_{i=1}^{n} \lambda_n x_i^2 + \left(\sum_{i=1}^{n} x_i y_i\right)^2 - \lambda_n \left(\sum_{i=1}^{n} x_i y_i\right)^2$$

$$= \lambda_n + (1-\lambda_n)\left(\sum_{i=1}^{n} x_i y_i\right)^2 \leqslant \lambda_n.$$

综上可知，结论成立. $\qquad\qquad\qquad\qquad\qquad\qquad\qquad\qquad\qquad\qquad$ □

证法 3（北京大学王逸轩） 我们证明比原题更强的结论：

$$\lambda_1 \leqslant \sum_{i=1}^{n} \lambda_i x_i^2 + \left(\sum_{i=1}^{n} x_i l_i\right)^2 - \frac{\left(\sum_{i=1}^{n} \lambda_i x_i l_i\right)^2}{\sum_{i=1}^{n} \lambda_i l_i^2}$$

$(*)$

$$\leqslant \sum_{i=1}^{n} \lambda_i x_i^2 + \left(\sum_{i=1}^{n} x_i l_i\right)^2 + \left(\sum_{i=1}^{n} \lambda_i l_i\right)^2 - 2\left(\sum_{i=1}^{n} \lambda_i x_i l_i\right)\left(\sum_{i=1}^{n} x_i l_i\right)$$

$$\leqslant \lambda_n.$$

对于 $(*)$ 中间的不等式，由均值不等式，

$$\left(\sum_{i=1}^{n} \lambda_i l_i^2\right)\left(\sum_{i=1}^{n} x_i l_i\right)^2 + \frac{\left(\sum_{i=1}^{n} \lambda_i x_i l_i\right)^2}{\sum_{i=1}^{n} \lambda_i l_i^2} \geqslant 2\left(\sum_{i=1}^{n} \lambda_i x_i l_i\right)\left(\sum_{i=1}^{n} x_i l_i\right).$$

故不等式成立.

对于 $(*)$ 最左边的不等式，令 $u_i = \lambda_i - \lambda_1$，那么 $u_i \geqslant 0$. 记 $b = \sum_{i=1}^{n} x_i l_i$，则

$$\lambda_1 \leqslant \sum_{i=1}^{n} \lambda_i x_i^2 + \left(\sum_{i=1}^{n} x_i k_i\right)^2 - \frac{\left(\sum_{i=1}^{n} \lambda_i x_i l_i\right)^2}{\sum_{i=1}^{n} \lambda_i l_i^2}$$

$$\Leftrightarrow 0 \leqslant \sum_{i=1}^{n} (\lambda_i - \lambda_1) x_i^2 + b^2 - \frac{\left[\sum_{i=1}^{n} (\lambda_1 + u_i) x_i l_i\right]^2}{\sum_{i=1}^{n} (\lambda_1 + u_i) l_i^2}$$

$$\Leftrightarrow 0 \leqslant \sum_{i=1}^{n} u_i x_i^2 + b^2 - \frac{\left(\sum_{i=1}^{n} u_i x_i l_i + \lambda_1 b\right)^2}{\sum_{i=1}^{n} u_i l_i^2 + \lambda_1}$$

$$\Leftrightarrow \left(\sum_{i=1}^{n} u_i x_i^2 + b^2\right)\left(\sum_{i=1}^{n} u_i l_i^2 + \lambda_1\right) \geqslant \left(\sum_{i=1}^{n} u_i x_i l_i + \lambda_1 b\right)^2.$$

由于 $0 < \lambda_1 \leqslant 1$,那么 $\lambda_1 \geqslant \lambda_1^2$,再结合柯西不等式知

$$\left(\sum_{i=1}^{n} u_i x_i^2 + b^2\right)\left(\sum_{i=1}^{n} u_i l_i^2 + \lambda_1\right) \geqslant \left(\sum_{i=1}^{n} u_i x_i^2 + b^2\right)\left(\sum_{i=1}^{n} u_i l_i^2 + \lambda_1^2\right)$$

$$\geqslant \left(\sum_{i=1}^{n} u_i x_i l_i + \lambda_1 b\right).$$

故不等式成立.

对于($*$)最右边的不等式,令 $v_i = \lambda_n - \lambda_i$,则 $v_i \geqslant 0$. b 的记号与之前一样,则

$$\sum_{i=1}^{n} \lambda_i x_i^2 + \left(\sum_{i=1}^{n} x_i l_i\right)^2 + \left(\sum_{i=1}^{n} \lambda_i l_i^2\right)\left(\sum_{i=1}^{n} x_i l_i\right)^2 - 2\left(\sum_{i=1}^{n} \lambda_i x_i l_i\right)\left(\sum_{i=1}^{n} x_i l_i\right) \leqslant \lambda_n$$

$$\Leftrightarrow b^2 + \left(\sum_{i=1}^{n}(\lambda_n - v_i) l_i^2\right)b^2 - 2\left(\sum_{i=1}^{n}(\lambda_n - v_i) x_i \lambda_i\right)b \leqslant \sum_{i=1}^{n}(\lambda_n - \lambda_i) x_i^2$$

$$\Leftrightarrow b^2 + \lambda_n b^2 - \sum_{i=1}^{n} v_i l_i^2 b^2 - 2\lambda_n b^2 + 2\sum_{i=1}^{n} v_i x_i l_i b \leqslant \sum_{i=1}^{n} v_i x_i^2$$

$$\Leftrightarrow b^2 \leqslant \lambda_n b^2 + \sum_{i=1}^{n} v_i x_i^2 + \sum_{i=1}^{n} v_i l_i^2 b^2 - 2\sum_{i=1}^{n} v_i x_i l_i b$$

$$\Leftrightarrow b^2 \leqslant \lambda_n b^2 + \sum_{i=1}^{n} v_i (x_i - l_i b)^2.$$

由于 $v_i \geqslant 0$,$\lambda_n \geqslant 1$,故不等式成立.

综上可知,($*$)成立,从而原不等式获证. □

评析 这是一道非常难的不等式问题,考场上约 1% 的学生做对. 证法1先用题设条件对原不等式作齐次化处理,再作变量代换后在一般意义下证明转化之后的不等式;证法2通过研究代数式关于 λ_k 的单调性,把原不等式化简为 λ_k 都取 λ_1 或 λ_n 的情形,最后只需证明关于 λ_1 或 λ_n 的不等式即可;证法3非常巧妙,只需作适当的和式变形并结合柯西不等式和均值不等式就证明了结论.

6. 对边互不平行的四边形 $ABCD$ 内接于 $\odot O$. 设对角线 AC、BD 交于点 P,直线 AD、BC 交于点 E,M 是 OP 的中点. 已知 $\triangle AOB$、$\triangle COD$、$\triangle APB$、$\triangle CPD$ 的外心共圆,证明:该圆圆心是 $\triangle OME$ 的垂心.

(中国人民大学附属中学 张端阳 供题)

证明 设 O_1、O_2、O_3、O_4 分别是 $\triangle AOB$、$\triangle COD$、$\triangle APB$、$\triangle CPD$ 的外心,设直线 AB、DC 交于点 F,设 O_1、O_2、O_3、O_4 所共圆的圆心为 O^*.

第一步,证明 $AC \perp BD$.

设 $\odot O_1$ 与 $\odot O_2$ 交于点 O、Q，则由蒙日定理，O、Q、F 三点共线. 因为 $O_1O_2 \perp OQ$，$O_1O_3 \perp AB$，所以 $\angle O_2O_1O_3 = \angle OFA$.

设 $\odot O_3$ 与 $\odot O_4$ 交于点 P、R，则由蒙日定理，P、R、F 三点共线. 因为 $O_3O_4 \perp PR$，$O_2O_4 \perp CD$，所以 $\angle O_2O_4O_3 = \angle PFD$.

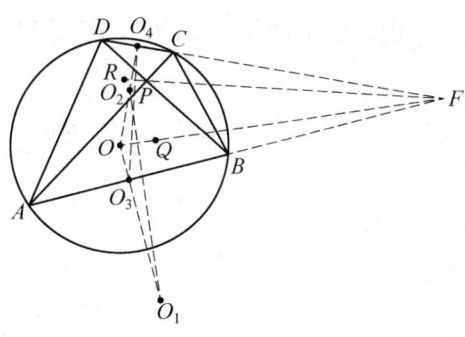

（第 6 题图①）

因为 O_1、O_2、O_3、O_4 四点共圆，所以 $\angle O_2O_1O_3 = \angle O_2O_4O_3$，从而 $\angle OFA = \angle PFD$.

设 P 在 $\triangle ADF$ 中的等角共轭点是 P'，则 $\angle P'FA = \angle PFD$，所以 P' 在直线 OF 上. 又

$$\angle P'AD = \angle PAB = \angle PDC = \angle P'DA,$$

所以 P' 在 AD 的垂直平分线上. 于是 P' 是直线 OF 与 AD 的垂直平分线的交点，所以 P' 与 O 重合.（直线 AD 与 BC 不平行保证了 OF 与 AD 不垂直）

这样，

$$\angle PDA + \angle PAD = \angle ODC + \angle PAD = 90°,$$

所以 $AC \perp BD$.

此时 O_3、O_4 分别是 AB、CD 的中点.

第二步，证明 $O^* E \perp OM$.

由布洛卡（Brocard）定理，$OP \perp EF$，所以只需证明 O^* 在直线 EF 上.

设 O_1O_3 的垂直平分线与直线 EF 交于点 O'，O_2O_4 的垂直平分线与直线 EF 交于点 O''. 只需证明 O' 与 O'' 重合，这只需证明 $FO' = FO''$.

事实上，因为

$$FO' = \frac{O_1O_3}{2\sin\angle EFA}, \quad FO'' = \frac{O_2O_4}{2\sin\angle EFD},$$

$$O_1O_3 = \frac{AB}{2\cot\angle O_1AB} = \frac{1}{2} \cdot AB \cdot |\cot\angle AOB|,$$

$$O_2O_4 = \frac{CD}{2\cot\angle O_2DC} = \frac{1}{2} \cdot CD \cdot |\cot\angle COD|,$$

又 $\angle AOB + \angle COD = 180$，所以

$$\frac{FO'}{FO''} = \frac{AB}{CD} \cdot \frac{\sin\angle EFD}{\sin\angle EFA}.$$

由正弦定理及 $\triangle ECD \backsim \triangle EAB$,

$$\frac{\sin\angle EFD}{\sin\angle EFA} = \frac{EC \cdot \dfrac{\sin\angle ECF}{EF}}{EA \cdot \dfrac{\sin\angle EAF}{EF}} = \frac{EC}{EA} = \frac{CD}{AB},$$

所以

$$\frac{FO'}{FO''} = \frac{AB}{CD} \cdot \frac{CD}{AB} = 1.$$

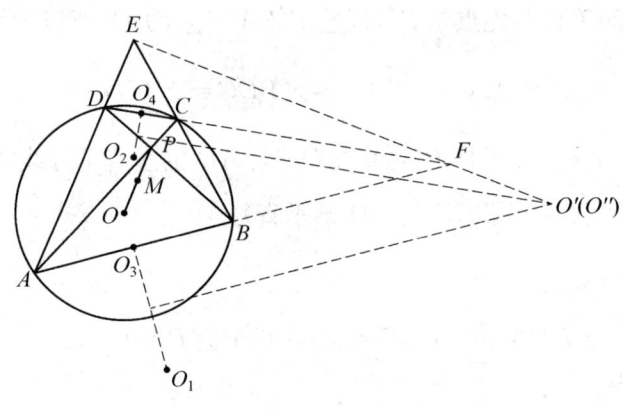

(第 6 题图②)

第三步,证明 $O^* M \perp OE$.

熟知 $OO_3 PO_4$ 是平行四边形,所以 M 是 $O_3 O_4$ 的中点. 这样,$O^* M \perp O_3 O_4$,所以只需证明 $O_3 O_4 \parallel OE$.

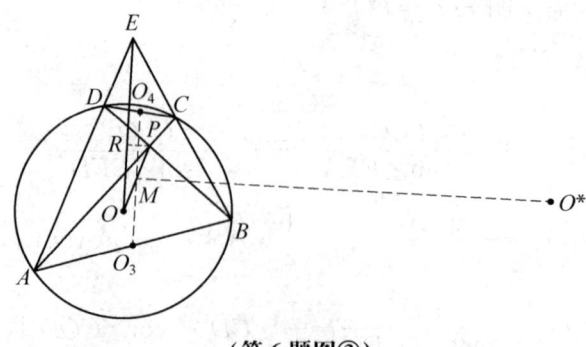

(第 6 题图③)

事实上,设 $\odot O_3$ 与 $\odot O_4$ 交于点 P、R,则熟知 R 在 OE 上,且 $OR \perp PR$. 因为 $O_3 O_4 \perp PR$,所以 $O_3 O_4 \parallel OR$.

综上，O^* 是 $\triangle OME$ 的垂心. □

评析 这是一道相当有难度的几何问题，考场上约 5% 的学生做对. 本题的入手点是发现 $AC \perp BD$，再逐步证明所述圆心 O^* 是 $\triangle OME$ 的垂心. 本题考查了圆的性质、布洛卡定理和三角计算等几何方法和技巧，对学生的几何综合能力要求较高.

2019 年秋季上海新星数学奥林匹克试题解答与评析

2019 年上海新星秋季数学奥林匹克于 2019 年 12 月 9 日 8 点到 12 点在上海举行. 下面介绍此次考试的试题和解答,由吴尉迟、罗振华、胡珏伟、冷岗松整理.

1. 设整数 $n \geqslant 2$. 求最大的实数 $\lambda = \lambda(n)$ 使得

$$\sum_{1 \leqslant i < j \leqslant n} (a_i + a_j)\left(\frac{1}{i} + \frac{1}{j}\right) \geqslant \lambda \sum_{i=1}^{n} \frac{a_i}{i}$$

对任意满足 $a_1 \leqslant a_2 \leqslant \cdots \leqslant a_n$ 的正实数 $a_1, \cdots, a_n$ 成立.

(上海中学　王广廷　供题)

解　$\lambda(n)$ 的最大值为 $2(n-1)$.

一方面,取 $a_1 = \cdots = a_n = 1$,有

$$\lambda(n) \sum_{i=1}^{n} \frac{1}{i} \leqslant \sum_{1 \leqslant i < j \leqslant n} 2\left(\frac{1}{i} + \frac{1}{j}\right) = 2(n-1) \sum_{i=1}^{n} \frac{1}{i}.$$

从而 $\lambda(n) \leqslant 2(n-1)$.

另一方面. 下证 $\lambda(n) = 2(n-1)$ 不等式成立.

$$\sum_{1 \leqslant i < j \leqslant n} (a_i + a_j)\left(\frac{1}{i} + \frac{1}{j}\right) \geqslant 2(n-1) \sum_{i=1}^{n} \frac{a_i}{i}$$

$$\Leftrightarrow 2\sum_{1 \leqslant i < j \leqslant n} (a_i + a_j)\left(\frac{1}{i} + \frac{1}{j}\right) + \sum_{i=1}^{n} (a_i + a_i)\left(\frac{1}{i} + \frac{1}{i}\right) \geqslant 4n \sum_{i=1}^{n} \frac{a_i}{i}$$

$$\Leftrightarrow 2\sum_{i=1}^{n} a_i \left(\frac{n}{i} + \sum_{i=1}^{n} \frac{1}{i}\right) \geqslant 4n \sum_{i=1}^{n} \frac{a_i}{i}$$

$$\Leftrightarrow \left(\sum_{i=1}^{n} a_i\right)\left(\sum_{i=1}^{n} \frac{1}{i}\right) \geqslant n \sum_{i=1}^{n} \frac{a_i}{i}.$$

注意到 $a_1 \leqslant a_2 \leqslant \cdots \leqslant a_n$, $1 > \frac{1}{2} > \cdots > \frac{1}{n}$,由切比雪夫不等式知上式成立.　□

评析 这是一道简单的代数题.约 85% 的学生做对此题.注意到变量全相等时取等,再作适当的代数变形结合切比雪夫不等式即可证得结论.

2. 如图①,两圆 Γ_1、Γ_2 相交于点 P、Q.过点 Q 的一条直线分别交圆 Γ_1、Γ_2 于点 A、B,过点 Q 的另一条直线分别交圆 Γ_1、Γ_2 于点 C、D. $\angle APC$ 的角平分线交 AC 于点 E,$\angle BPD$ 的角平分线交 BD 于点 F. $\triangle AQC$、$\triangle BQD$ 的内心分别为 I_1、I_2,直线 EI_1 交 FI_2 于点 R.证明:PR 平分 $\angle APD$.

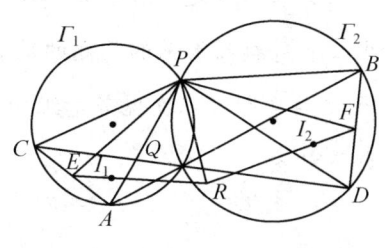

(浙江省乐清知临中学 羊明亮 供题)

(第 2 题图①)

证明 如图②,设 $\overset{\frown}{AC}$、$\overset{\frown}{BD}$ 的中点为 U、V.由于 PE 平分 $\angle APC$,故 P、E、U 三点共线.类似可知 P、F、V 三点共线,又注意到 $\angle AQC$ 与 $\angle BQD$ 是对顶角,则 U、I_1、Q、I_2、V 五点共线.

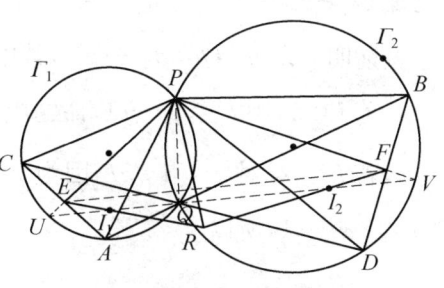

(第 2 题图②)

由于 $\angle PAB = \angle PCD$,$\angle PBA = \angle PDC$,故 $\triangle PAB \backsim \triangle PCD$,那么 $\triangle PCA \backsim \triangle PDB$,则有 $\dfrac{EA}{EC} = \dfrac{PA}{PC} = \dfrac{PB}{PD} = \dfrac{FB}{FD}$,$\dfrac{PE}{PU} = \dfrac{PF}{PV}$,从而 $\triangle PEF \backsim \triangle PAB \backsim \triangle PCD$,$EF \parallel UV$.

对 $\triangle PEF$ 及点 R,由第一角元塞瓦定理,知

$$\frac{\sin\angle EPR}{\sin\angle RPF} \cdot \frac{\sin\angle PFR}{\sin\angle RFE} \cdot \frac{\sin\angle FER}{\sin\angle REP} = 1. \qquad (*)$$

由 $EF \parallel UV$ 知 $\angle REF = \angle EI_1U$,所以

$$\frac{\sin\angle FER}{\sin\angle REP} = \frac{\sin\angle EI_1U}{\sin\angle I_1EU} = \frac{EU}{I_1U} = \frac{EU}{AU} = \frac{EC}{PC} = \frac{AC}{PC + PA}.$$

同理,

$$\frac{\sin\angle PFR}{\sin\angle RFE} = \frac{PD + PB}{BD}.$$

结合 $\triangle PCA \backsim \triangle PDB$ 知 $\dfrac{AC}{BD} = \dfrac{PA}{PB} = \dfrac{PC}{PD} = \dfrac{PA + PC}{PB + PD}$,从而

$$\frac{\sin\angle FER}{\sin\angle REP} \cdot \frac{\sin\angle PFR}{\sin\angle RFE} = 1,$$

代入(∗),故 $\sin\angle EPR = \sin\angle FPR$. 故 $\angle EPR = \angle FPR$. □

评析 这是一道中等难度的几何题,约 62% 的学生做对此题. 利用鸡爪定理的几何结构,与内心和外接圆有关的问题的延长角平分线与圆相交是自然的,从而首先找 $\overset{\frown}{AC}$、$\overset{\frown}{BD}$ 的中点 U、V. 之后立即可以发现若干组相似三角形,最后用角元塞瓦定理计算这两个角的正弦比值就可以证得结论.

3. 设整数 $k \geqslant 2$. 若正整数 n 能被所有小于 $\sqrt[k]{n}$ 的正整数整除. 证明: n 的不同质因子的个数不超过 $2k-1$. （中国人民大学附属中学 张端阳 供题）

证明 设 $n = p_1^{\alpha_1} p_2^{\alpha_2} \cdots p_l^{\alpha_l}$,其中 p_1,p_2,$\cdots$,p_l 是不同的质数,α_1,α_2,$\cdots$,α_l 是正整数.

若 $l=1$,则 $l \leqslant 2k-1$,命题成立.

若 $l \geqslant 2$. 对 $1 \leqslant i \leqslant l$,因为 $p_i^{\alpha_i+1}$ 不能整除 n,所以由题意,$p_i^{\alpha_i+1} \geqslant \sqrt[k]{n}$. 由 α_i 是正整数,知 $2\alpha_i \geqslant \alpha_i+1$,所以

$$p_i^{2\alpha_i} \geqslant \sqrt[k]{n},$$

对 i 从 1 到 l 求积,得到

$$n^2 = p_1^{2\alpha_1} p_2^{2\alpha_2} \cdots p_l^{2\alpha_l}$$
$$\geqslant (\sqrt[k]{n})^l = n^{\frac{l}{k}}.$$

并注意到 $p_i^{2\alpha_i}(i=1, \cdots, l)$ 不能同时等于 $\sqrt[k]{n}$,故

$$n^2 > n^{\frac{l}{k}},$$

从而 $2 > \dfrac{l}{k}$,即 $l < 2k$,故 $l \leqslant 2k-1$,命题得证. □

评析 此题是有一定难度的数论题,约 30% 的学生做对此题. 此题的关键将 n 质因数分解,探究每个质因子的幂次与 $\sqrt[k]{n}$ 的大小关系,再对指数放缩得到结论.

本题当 $k=2$ 时是经典的问题,我们可以求出所有满足要求的 n. 对于一般的 k,本题给出了 n 的质因子个数的上界,其处理手段与具体的 k 时是不同的.

4. 设整数 $n \geqslant 2$. 求最小的常数 $c = c(n)$ 使得不等式

$$\sum_{k=1}^{n}(a_k-G_n)^2 \leqslant c\sum_{k=1}^{n}(a_k-A_n)^2$$

对任意非负实数 a_1，$\cdots$，a_n 均成立，其中 $G_n=\sqrt[n]{a_1 a_2\cdots a_n}$，$A_n=\dfrac{a_1+\cdots+a_n}{n}$.

（华东师范大学　罗振华　供题）

解　一方面，令 $a_1=\cdots=a_{n-1}=1$，$a_n=0$. 则 $A_n=\dfrac{n-1}{n}$，$G_n=0$.

$$\sum_{k=1}^{n}(a_k-G_n)^2=\sum_{k=1}^{n}a_k^2=n-1.$$

$$\sum_{k=1}^{n}(a_k-A_n)^2=(n-1)\frac{1}{n^2}+\frac{(n-1)^2}{n^2}=\frac{n-1}{n}.$$

可得 $n-1\leqslant c\dfrac{n-1}{n}$. 即 $c\geqslant n$.

另一方面，当 $c=n$ 时，我们证明不等式成立. 即证

$$\sum_{k=1}^{n}(a_k-G_n)^2 \leqslant n\sum_{k=1}^{n}(a_k-A_n)^2. \qquad (*)$$

$$(*)\text{右}=n\sum_{k=1}^{n}(a_k^2-2a_k A_n+A_n^2)$$

$$=n\Big(\sum_{k=1}^{n}a_k^2-2A_n\sum_{k=1}^{n}a_k+nA_n^2\Big)$$

$$=n\Big(\sum_{k=1}^{n}a_k^2-nA_n^2\Big)$$

$$=n\sum_{k=1}^{n}a_k^2-\Big(\sum_{k=1}^{n}a_k\Big)^2$$

$$=\sum_{1\leqslant i<j\leqslant n}(a_i-a_j)^2.$$

记 $f(t)=\displaystyle\sum_{k=1}^{n}(a_k-t)^2$. f 是关于 t 的二次函数，开口向上.

不妨设 $a_1\leqslant a_2\leqslant\cdots\leqslant a_n$. 由于 $a_1\leqslant G_n\leqslant a_n$. 则

$$f(G_n)\leqslant\max\{f(a_1),\ f(a_n)\}.$$

而

$$f(a_1)=\sum_{k=2}^{n}(a_k-a_1)^2,$$

$$f(a_n)=\sum_{k=1}^{n-1}(a_k-a_n)^2.$$

有

$$f(a_1) \leqslant \sum_{1 \leqslant i < j \leqslant n} (a_i - a_j)^2,$$

$$f(a_n) \leqslant \sum_{1 \leqslant i < j \leqslant n} (a_i - a_j)^2.$$

则

$$\max\{f(a_1), f(a_n)\} \leqslant \sum_{1 \leqslant i < j \leqslant n} (a_i - a_j)^2.$$

综上可知,(*)成立   □

评析 这是一道有一定难度的代数题,约 27% 的学生做对此题. 此题来源于菲加利(Figalli)不等式,探讨了 n 个非负实数减去几何平均的平方和的上界估计. 取等条件是常见的两点分布,上述解法把 G_n 看作变量 t,利用二次函数的性质得到了结论.

5. 已知 $\triangle ABC$ 的外接圆为 $\odot O$,点 D、E 分别在边 AB、AC 上. 过点 B、C 的圆切线段 DE 于点 P,圆 O 上一点 Q 满足 AQ、AP 互为关于 $\angle BAC$ 的等角线. 过点 D、E 且与圆 O 内切于点 T 的圆,分别交线段 AD、AE 于点 X、Y. 证明:XY、BC、QT 交于一点.

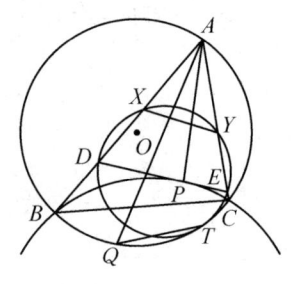

(吉林大学附属中学   石泽晖   供题)

(第 5 题图①)

证法 1 我们分三步完成题目证明.

(1) 先证明:C、E、P、T 四点共圆.

设过 C、E、P 的圆与 $\odot O$ 交于点 T_1(异于点 C),则

$$\angle BT_1P = \angle BT_1C - \angle PT_1C = 180° - \angle BAC - \angle AEP = \angle ADP,$$

故 T_1、B、D、P 四点共圆.

由 $\angle CT_1E = \angle CPE = \angle CBP$ 可知,直线 T_1E 与直线 BP 的交点 R 在 $\odot O$ 上. 同理,直线 T_1D 与直线 CP 的交点 S 也在 $\odot O$ 上. 过 T_1 作 $\odot O$ 的切线 T_1L,则

$$\angle LT_1E = \angle LT_1R = \angle LT_1C + \angle CT_1R$$
$$= \angle T_1SC + \angle CPE$$
$$= \angle T_1SC + \angle SPD$$
$$= \angle T_1DE,$$

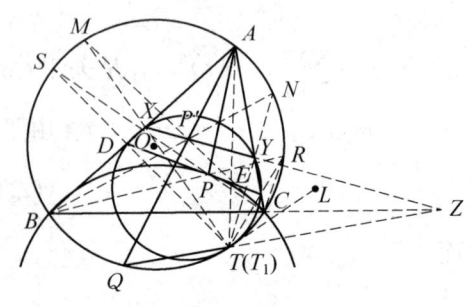

(第 5 题图②)

由此可得：T_1L 亦为 $\triangle T_1DE$ 外接圆的切线. 从而有 $T_1 = T$. 故 C、E、P、T 四点共圆.

同理可知，B、D、P、T 四点共圆.

（2）分别延长 TX、TY 交 $\odot O$ 于 M、N，下证：MC、NB、XY、AQ 共点.

设 MC、NB 交于点 P'，对圆内接六边形 $BACMTN$ 应用帕斯卡定理可知：X、P'、Y 三点共线. 另一方面

$$\angle TRC = \angle TAC, \quad \angle TYE = \angle TDE = \angle TBP = \angle TBR,$$

从而有

$$\angle TYA = 180° - \angle TYE = 180° - \angle TBR = \angle TCR,$$

因此 $\angle ATY = \angle CTR$，故 $AN = CR$. 同理，$AM = BS$. 由此可知：

$$\angle BCP = \angle ACP', \quad \angle ABP' = \angle CBP.$$

这说明：P、P' 互为关于 $\triangle ABC$ 的等角共轭点，从而点 P' 在直线 AQ 上. 也即：MC、NB、XY、AQ 共点于 P'.

（3）最后证明 XY、BC、QT 交于一点.

设 BC、QT 交于点 Z. 对圆内接六边形 $TQABCM$，应用帕斯卡定理可知：X、P'、Z 三点共线. 又 P' 在直线 XY 上，所以 Z 在直线 XY 上，从而 XY、BC、QT 交于点 Z. □

证法 2 延长 TD、TE 与 $\odot O$ 交于另一点 S、R. 设 $BR \cap CS = P'$.

则对圆内接六边形 $ABRTSC$，由帕斯卡定理知 D、P'、E 共线，注意到 T 为 $\odot O$ 与 $\odot (TDE)$ 的外位似中心，所以 $SR \parallel DE$. 于是，

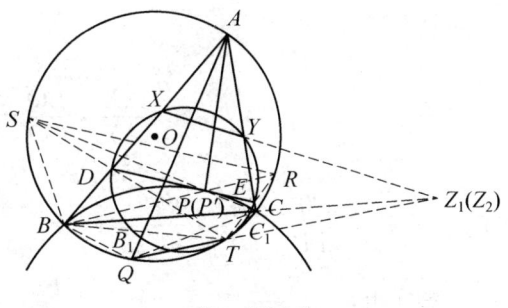

（第 5 题图③）

$$\angle CP'E = \angle DP'S = \angle CSR = \angle CBP.$$

故 $\odot (BCP')$ 与 DE 相切与 P'. 而 $\odot (BCP)$ 与 DE 相切与 P，所以 $P \equiv P'$. 于是，B、P、R；C、P、S 三点共线.

设 $XY \cap BC = Z_1$，$QT \cap BC = Z_2$.

对 $\triangle ABC$ 与截线 XYZ_1，由梅氏定理，有

$$\frac{AX}{XB} \cdot \frac{BZ_1}{Z_1C} \cdot \frac{CY}{YA} = 1.$$

又

$$\frac{BZ_2}{Z_2C} = \frac{S_{\triangle BQT}}{S_{\triangle CQT}} = \frac{BQ \cdot BT}{CQ \cdot CT}.$$

所以要证 XY、BC、QT 共点,只需证:$\dfrac{BZ_1}{Z_1C} = \dfrac{BZ_2}{Z_2C}$,即

$$\frac{AX}{BX} \cdot \frac{CY}{AY} \cdot \frac{BQ}{CQ} \cdot \frac{BT}{CT} = 1. \qquad (*)$$

设 BT、CT 与 $\odot(DET)$ 另一交点分别为 B_1、C_1.

因为 B、B_1;C、C_1;T、T 为 $\odot O$ 与 $\odot(DET)$ 的三组外位似对应点,所以

$$\frac{BB_1}{BT} = \frac{CC_1}{CT}.$$

又 $BB_1 \cdot BT = BD \cdot BX$,$CC_1 \cdot CT = CE \cdot CY$. 所以

$$\frac{BD \cdot BX}{BT^2} = \frac{CE \cdot CY}{CT^2},$$

即

$$\frac{BT \cdot CY}{CT \cdot BX} = \frac{CT \cdot BD}{BT \cdot CE}.$$

又

$$\frac{AX}{AY} \cdot \frac{BQ}{CQ} = \frac{AE}{AD} \cdot \frac{\sin\angle EAP}{\sin\angle DAP} = \frac{EP}{DP}.$$

于是,$(*) \Leftrightarrow \dfrac{CT}{TB} \cdot \dfrac{BD}{DP} \cdot \dfrac{PE}{EC} = 1.$

事实上,

$$\frac{CT}{TB} \cdot \frac{BD}{DP} \cdot \frac{PE}{EC} = \frac{\sin\angle CBT}{\sin\angle BCT} \cdot \frac{\sin\angle BPD}{\sin\angle PBD} \cdot \frac{\sin\angle PCE}{\sin\angle CPE}$$

$$= \frac{\sin\angle PSD}{\sin\angle BSD} \cdot \frac{\sin\angle BPD}{\sin\angle PBD} \cdot \frac{\sin\angle DBS}{\sin\angle DPS}$$

$$= \frac{\sin\angle DSP}{\sin\angle DPS} \cdot \frac{\sin\angle DPB}{\sin\angle DBP} \cdot \frac{\sin\angle DBS}{\sin\angle DSB}$$

$$= 1.$$

证毕.

证法 3　同证法 1,作出 R、S. 可知 B、D、P、T；C、E、P、T 均四点共圆. 于是, $\angle XBT = \angle EPT$. 又 $\angle BXT = \angle PET$. 故 $\triangle BTX \backsim \triangle PTE$. 同理, $\triangle CTY \backsim \triangle PTD$. 故

$$\frac{BT}{BX} = \frac{PT}{PE}, \frac{CT}{CY} = \frac{PT}{PD}.$$

同证法 2,只需证：

$$\frac{AX}{AY} \cdot \frac{CY}{BX} \cdot \frac{BQ}{CQ} \cdot \frac{BT}{CT} = 1.$$

事实上,

$$\frac{AX}{AY} \cdot \frac{BQ}{CQ} = \frac{AE}{AD} \cdot \frac{\sin\angle EAP}{\sin\angle DAP} = \frac{EP}{DP},$$

$$\frac{BT}{BX} \cdot \frac{CY}{CT} = \frac{PD}{PE},$$

故结论成立.

评析　这是一道相当有难度的几何题,约 6% 的学生做对此题. 此题是伪内切圆性质的推广, 如果熟悉相关几何性质和证法对解决问题是有一定帮助的. C、E、P、T 和 B、D、P、T 均四点共圆是基本的几何事实,证法一主要通过帕斯卡定理证得结论,证法二和证法三通过计算比例证得结论.

6. 给定简单图 G 和正整数 n. 证明：图中存在两个(可以相同)顶点 A、B,使得以 A 为起点, B 为终点的长度为 n 的路径条数为偶数.　　　　　　　　　(华东师范大学　吴尉迟　供题)

证证 1　设 G 的顶点集为 V,边集为 E. 对 $v \in V$,用 $d(v)$ 表示点 v 的度数.

对 u, $v \in V$ 及 $m \in \mathbf{N}_+$,用 $F_m(u, v)$ 表示以 u 为起点, v 为终点的长为 m 的路径数目. 显然 $F_m(u, v) = F_m(v, u)$.

反证法,假设结论不成立,则对任意的 u, $v \in V$,

$$F_n(u, v) \equiv 1 \pmod{2}. \qquad\qquad (*)$$

成立. 对任意 u, $v \in V$.

考虑 $F_{n+1}(u, v)$. 有

$$F_{n+1}(u, v) = \sum_{\substack{\omega \in V \\ u\omega \in E}} F_n(\omega, v) \equiv \sum_{\substack{\omega \in V \\ u\omega \in E}} 1 \equiv d(u) \pmod{2}.$$

同理

$$F_{n+1}(u, v) \equiv d(v) \pmod 2.$$

故

$$d(u) \equiv d(v) \pmod 2.$$

则 G 中各顶点度的奇偶性相同.

设 $|v| = t, t \in \mathbf{N}_+$.

(1) t 是奇数,由于 $\sum\limits_{u \in V} d(u) \equiv 0 \pmod 2$,从而 G 中各顶点度为偶数. 我们归纳证明

$$\sum\limits_{\omega \in V} F_i(u, \omega) \equiv 0 \pmod 2$$

对任意 $u \in V, i \in \mathbf{N}_+$ 成立.

$i = 1$ 时,

$$\sum\limits_{\omega \in V} F_i(u, \omega) = d(u) \equiv 0 \pmod 2,$$

结论成立.

假设 i 时成立,$i+1$ 时,由归纳假设知,

$$\sum\limits_{\omega \in V} F_{i+1}(u, \omega) = \sum\limits_{\substack{v \in V \\ uv \in E}} F_i(v, \omega) = \sum\limits_{\substack{v \in V \\ uv \in E}} 0 \equiv 0 \pmod 2.$$

结论得证. 特别地,

$$\sum\limits_{\omega \in V} F_n(u, \omega) \equiv 0 \pmod 2.$$

但由假设

$$\sum\limits_{\omega \in V} F_n(u, \omega) \equiv \sum\limits_{\omega \in V} 1 \equiv t \equiv 1 \pmod 2,$$

矛盾!

(2) t 是偶数.

(i) G 中顶点度全为奇数.

与(1)类似归纳易证:对任意 $u \in V, i \in \mathbf{N}_+$,有

$$\sum\limits_{\omega \in V} F_i(u, \omega) \equiv 1 \pmod 2.$$

特别地,

$$\sum_{\omega \in V} F_n(u, \omega) \equiv 1 (\mathrm{mod}\ 2).$$

这与

$$\sum_{\omega \in V} F_n(u, \omega) \equiv \sum_{\omega \in V} 1 \equiv t \equiv 0 (\mathrm{mod}\ 2)$$

矛盾.

(ii) G 中顶点度全为偶数. 归纳证明: $F_i(u, u) \equiv 0 (\mathrm{mod}\ 2)$ 对任意 $u \in V$, $i \in \mathbf{N}_+$ 成立.

$i = 1$ 时, $F_1(u, u) = 0$, 成立.

$i = 2$ 时, $F_2(u, u) = \sum\limits_{\substack{\omega \in V \\ u\omega \in E}} 1 = d(u) \equiv 0 (\mathrm{mod}\ 2)$.

假设 i 时结论成立, $i+2$ 时, 设 u 与 $u_1, \cdots, u_s$ 相邻, 其中 s 为非负偶数.

$s = 0$ 时, $F_{i+2}(u, u) = 0 \equiv 0 (\mathrm{mod}\ 2)$.

$s > 0$ 时,

$$
\begin{aligned}
F_{i+2}(u, u) &= \sum_{k=1}^{s} \sum_{j=1}^{s} F_i(u_k, u_j) \\
&= \sum_{k=1}^{s} F_i(u_k, u_k) + 2 \sum_{1 \leqslant k < j \leqslant s} F_i(u_k, u_j) \\
&\equiv \sum_{k=1}^{s} F_i(u_k, u_k) \\
&\equiv \sum_{k=1}^{s} 0 \text{(归纳假设)} \\
&\equiv 0 (\mathrm{mod}\ 2).
\end{aligned}
$$

结论成立. 特别地, $F_n(u, u) \equiv 0 (\mathrm{mod}\ 2)$ 与假设矛盾.

综上所述, 假设不成立, 故原命题得证. □

证法 2(根据华中师大一附中廖悦辛解答整理)　记图 G 的顶点为 $v_1, v_2, \cdots, v_m$, 考虑图 G 的邻接矩阵 $A \in M_m(\mathbf{Z})$: 若 v_i 与 v_j 相邻, 则 A 的 (i, j) 元和 (j, i) 元为 1, 否则为 0, 特别地, A 的对角线上均为 0(因为 G 不含环边). 易知 A 是对称矩阵. 设 A^k 中的 (i, j) 元为 $a_{ij}(k)$. 关于邻接矩阵, 有如下重要性质.

引理 1　对正整数 k, A^k 中的 (i, j) 元 $a_{ij}(k)$ 就是 G 中 v_i 到 v_j 的长度为 k 的路径个数.

引理 1 的证明: 对 k 归纳证明. $k = 1$ 时结论显然成立. 假设 k 时结论成立, 考虑 $k+1$ 时. 对从 v_i 到 v_j 的长度为 $k+1$ 的路径按其 k 步之后所在顶点 v_l 分类计算, 可知从 v_i 到 v_j 的长度为 $k+1$ 的路径个数为

$$\sum_{l=1}^{m} a_{il}(k)a_{lj}(1),$$

而这正是矩阵乘法 $A^k \cdot A$ 的 (i,j) 元,即 $a_{ij}(k+1)$.

引理 2 设 $X \in M_m(K)$,K 是任意一个域,若 X 是对称矩阵,则对任意正整数 k,X^k 也是对称矩阵;若 X 是斜对称矩阵,则对任意奇数 $k > 0$,X^k 也是斜对称矩阵.

引理 2 的证明:若 X 是对称矩阵,$X^T = X$,则对任意正整数 k,由转置的性质可知 $(X^k)^T = (X^T)^k = X^k$,因此 X^k 也是对称矩阵.若 X 是斜对称矩阵,$X^T = -X$,则对奇数 $k > 0$,由转置性质可知

$$(X^k)^T = (X^T)^k = (-X)^k = (-1)^k X^k = -X^k,$$

因此 X^k 也是斜对称矩阵.

下面回到原问题,我们需要证明 A^n 中有一个元素 $a_{ij}(n)$ 是偶数.

首先考虑 n 是奇数的情形.将 A 的对角线下方的 1 全部改为 -1,所得矩阵记为 B,则 B 是斜对称矩阵,且 $A \equiv B \pmod{2}$.将 A、B 均看作实数域上矩阵,由引理 2,B^n 也是斜对称的,而实数域上斜对称矩阵对角线元素均为 0,再由 $A^n \equiv B^n \pmod{2}$ 可知,A^n 的对角线元素均为偶数.

下面考虑 n 是偶数的情形,现将 A 看作模 2 域 $\mathbf{F}_2$ 上的矩阵,$A \in M_m(\mathbf{F}_2)$,A 是对角线上元素均为 0 的对称阵.设 $n = 2^a \cdot k$,k 是奇数,记 $C = A^k$,上面已经证明了 C 也是对角线上元素均为 0 的对称阵.

反证法,假设 C^{2^a} 的所有元素均为 1,记为矩阵 J,则由于 $C^{2^a+1} = JC$ 的对角线元素为 0,可知 C 的每一列均有偶数个 1,再由 C 是对称阵,C^2 的 (i,i) 元为 C 的 i 行与 i 列的对应数乘积之和,等于 0,故 C^2 是对角元素均为 0 的对称阵.设 $D = C^2$,则 $D^{2^{a-1}} = J$,重复上面的过程又可证明 D^2 是对角元素均为 0 的对称阵,继续这一过程,对 $t = 1, 2, \cdots, a$,依次可证明 C^{2^t} 对角元素均为 0 的对称阵,这与 $C^{2^a} = J$ 矛盾.

因此假设不成立,A^n 中总有元素是偶数. $\square$

评析 这是一道非常难的组合题,分类情形较多,有相当的复杂度,考场中并无学生做出此题.证法一利用反证假设得到每点的度数均相同,再对顶点数和度数分类讨论,利用归纳法得到结论.证法二运用图的邻接矩阵 A 与路径个数之间的联系,采用矩阵的方法来证明 A^n 中必有一个元素是偶数.在 n 是奇数时,将 A 在模 2 下看作一个斜对称矩阵.在 n 是偶数时,结合反证法,先转化为 n 是 2 的方幂的情形,再归纳地证明 C^{2^t} 上对角元素均为 0.

致谢:感谢瞿振华老师对第六题的证法二做了精心修改.

三、解题札记

好题与妙解(一)

冷岗松

本文是我 2015 年新星夏令营讲义中的部分内容,后发表在数学新星网上.

例 1 设 a_0, a_1, $\cdots$, a_n 是实数,满足 $a_0 = a_n = 0$,且

$$a_{i+1} - 2a_i + a_{i-1} = a_i^2, \quad i = 1, 2, \cdots, n-1.$$

证明: $a_i \leqslant 0$, $i = 1, 2, \cdots, n-1$.

证法 1 设 $a_k = \max\{a_0, a_1, \cdots, a_n\}$,要证结论,只须证明 $a_k = 0$.

事实上,若 $k = 0$ 或 n,结论已经成立.下面只须考虑 $1 \leqslant k \leqslant n-1$ 的情况,这时在条件等式中令 $i = k$ 便得

$$0 \geqslant a_{k+1} - 2a_k + a_{k-1} = a_k^2,$$

故 $a_k = 0$. □

证法 2(根据武钢三中王逸轩的解法整理) 由条件知

$$a_{i+1} - a_i = a_i - a_{i-1} + a_i^2 \geqslant a_i - a_{i-1}.$$

假设结论不成立,则存在 $a_i > 0 (1 \leqslant i \leqslant n-1)$,在所有这样的 a_i 中,取其中下标最小的一个,记为 a_{i_0},则 $a_{i_0-1} \leqslant 0 (i_0 = 1$ 时亦成立),因此 $a_{i_0} - a_{i_0-1} > 0$.故对任何 $j \geqslant i_0$ 有 $a_j - a_{j-1} \geqslant a_{i_0} - a_{i_0-1} > 0$.所以

$$a_n = a_{i_0} + \sum_{j=i_0+1}^{n} (a_j - a_{j-1}) > 0,$$

矛盾! □

评析 证法 1 直接用最优化的思想,直接考虑序列中的最大元来达到目的;而证法 2 主要是差分思想的应用,利用差分的单调性说明序列中不能有正项.

例2 设 $f(x)$、$g(x)$ 是定义在 **R** 上的两个函数,证明:存在定义在 **R** 上的函数 $h(x)$ 使得

$$(f(x)+h(x))^{2014}+(g(x)+h(x))^{2014}$$

是 **R** 上的偶函数.

解 对任意定义在 **R** 上的函数 $f(x)$,令

$$f_e(x)=\frac{1}{2}(f(x)+f(-x)),$$

$$f_o(x)=\frac{1}{2}(f(x)-f(-x)),$$

则 $f(x)=f_e(x)+f_o(x)$,$\forall x \in \mathbf{R}$,且 f_e、f_o 分别是 **R** 上的偶函数和奇函数.

类似地,对任意定义在 **R** 上的函数 $g(x)$ 有

$$g(x)=g_e(x)+g_o(x),$$

其中 $g_e(x)=\frac{1}{2}(g(x)+g(-x))$ 和 $g_o(x)=\frac{1}{2}(g(x)-g(-x))$ 分别是 **R** 上的偶函数和奇函数.

现令

$$h(x)=-g_e(x)-f_o(x),\ \forall x \in \mathbf{R}.$$

则 $f(x)+h(x)=f_e(x)-g_e(x)$ 是 **R** 上的偶函数,$g(x)+h(x)=g_o(x)-f_o(x)$ 是 **R** 上的奇函数. 因此对任何 $n \in \mathbf{N}_+$ 有

$$(f(x)+h(x))^{2n}+(g(x)+h(x))^{2n}$$

是 **R** 上的偶函数.

故上面构造的函数 $h(x)$ 满足要求. □

评析 上面解法用到一个著名的事实:任何定义在 **R**(或对称区间)上的实函数都可表示成一个偶函数和一个奇函数的和. 一个自然的问题是:是否任何一个定义在 **R** 上的实函数都可表示成两个单调函数的和(或差)? 回答这个问题却需要一些实变函数的知识,因为全体单调函数形成的集合的基数是 c,而一切实值函数之全体形成的几何的基数是 2^c,因此答案是否定的. 当然,任何有界变差函数可表示成两个单调增函数的差(从而也是一个单调增函数和一个单调减函数的和). 这方面的知识和问题可参见周民强的《实变函数论》一书(北京大学出版社,2010). 但下面的正面结论或许更能激发你的兴趣:任何一个实多项式可表为两个单调增加的多项式之差.

例 3(2015,俄罗斯)　设实数 a、b、c、d 满足 $|a|>1$，$|b|>1$，$|c|>1$，$|d|>1$，且

$$ab(c+d)+dc(a+b)+a+b+c+d=0.$$

证明：

$$\frac{1}{a-1}+\frac{1}{b-1}+\frac{1}{c-1}+\frac{1}{d-1}>0.$$

证法 1　由 $|a|>1$ 知 $\dfrac{a+1}{a-1}>0$. 同理 $\dfrac{b+1}{b-1}>0$，$\dfrac{c+1}{c-1}>0$，$\dfrac{d+1}{d-1}>0$.

由条件等式知，

$$\prod(a+1)-\prod(a-1)=2\left(\sum abc+\sum a\right)=0,$$

因此 $\prod\dfrac{a+1}{a-1}=1$. 故由均值不等式可得

$$\sum\frac{1}{a-1}=\frac{1}{2}\sum\frac{a+1}{a-1}-2\geqslant 2\sqrt[4]{\prod\frac{a+1}{a-1}}-2=0,$$

且上式等号成立当且仅当 $a=b=c=d$，这时代入条件中的等式得 $a=0$，矛盾！ 故上式等号不成立.

综上便得所证不等式成立.　　　　　　　　　　　　　　　　　　　　□

证法 2(根据武钢三中学生林鸿的解法整理)　先证一个引理：

引理　设 $|x|>1$，$|y|>1$，$x,y\in\mathbf{R}$，则 $\dfrac{1}{x-1}+\dfrac{1}{y-1}>\dfrac{x+y}{xy+1}$.

事实上，由 $|x|>1$，$|y|>1$ 易知 $(x-1)(y+1)(xy+1)>0$. 这样，

$$\frac{1}{x-1}-\frac{y}{xy+1}=\frac{y+1}{(x-1)(xy+1)}=\frac{(x-1)(y+1)(xy+1)}{(x-1)^2(xy+1)^2}>0,$$

因此 $\dfrac{1}{x-1}>\dfrac{y}{xy+1}$.

同理，$\dfrac{1}{y-1}>\dfrac{x}{xy+1}$.

将上面两个不等式相加便得引理中的不等式，引理证完.

回到原题. 由引理可得，

$$\frac{1}{a-1}+\frac{1}{b-1}>\frac{a+b}{ab+1},$$

$$\frac{1}{c-1}+\frac{1}{d-1}>\frac{c+d}{cd+1}.$$

因此

$$\frac{1}{a-1}+\frac{1}{b-1}+\frac{1}{c-1}+\frac{1}{d-1}$$

$$>\frac{a+b}{ab+1}+\frac{c+d}{cd+1}$$

$$=\frac{(a+b)(cd+1)+(c+d)(ab+1)}{(ab+1)(cd+1)}$$

$$=\frac{ab(c+d)+dc(a+b)+a+b+c+d}{(ab+1)(cd+1)}=0.$$

这就是要证的不等式. □

评析 (1) 用证法 1 的方法,可立得本题的一个自然推广:

设 $a_1, a_2, \cdots, a_n \in \mathbf{R}$ 满足 $|a_i|>1$, $i=1, 2, \cdots, n$. 且

$$\prod_{i=1}^{n}(a_i+1)=\prod_{i=1}^{n}(a_i-1),$$

则

$$\sum_{i=1}^{n}\frac{1}{a_i-1}>0.$$

(2) 湖南雅礼中学学生尹龙晖给出了该问题的一个新的有趣的推广:

设 $f(x)=\prod_{i=1}^{n}(x-a_i)$, $a_i \in \mathbf{R}$, $i=1, 2, \cdots, n$. 实数 α、β 满足

(i) $f(\alpha)=f(\beta)$;

(ii) $[\alpha, \beta] \bigcap \{a_1, a_2, \cdots, a_n\}=\varnothing$.

则

$$\sum_{i=1}^{n}\left(\frac{1}{\alpha-a_i}-\frac{1}{\beta-a_i}\right)>0.$$

尹龙晖的推广详见他发表在数学新星网上学生专栏第四期的文章.

例 4(2013,ICM) 设 $n \geqslant 3$, $x_1, x_2, \cdots, x_n$ 是非负实数. 记

$$A=\sum_{i=1}^{n}x_i, B=\sum_{i=1}^{n}x_i^2, C=\sum_{i=1}^{n}x_i^3.$$

证明：

$$(n+1)A^2B+(n-2)B^2 \geqslant A^4+(2n-2)AC. \qquad (*)$$

证明(根据上海中学学生高继扬和武钢三中学生王逸轩的解法整理)

记 $D=\sum_{i=1}^{n} x_i^4$. 注意到

$$A^2-B=\sum_{1\leqslant i\neq j\leqslant n} x_i x_j=\sum_{i=1}^{n} x_i(A-x_i).$$

由柯西不等式有

$$(A^2-B)^2=\left(\sum_{1\leqslant i\neq j\leqslant n} x_i x_j\right)^2 \leqslant n(n-1)\sum_{1\leqslant i\neq j\leqslant n} x_i^2 x_j^2 \qquad (1)$$
$$=n(n-1)(B^2-D),$$

再由柯西不等式有

$$(A^2-B)^2=\left(\sum_{i=1}^{n} x_i(A-x_i)\right)^2 \leqslant n\left(\sum_{i=1}^{n} x_i^2(A-x_i)^2\right) \qquad (2)$$
$$=n(A^2B-2AC+D).$$

将(1)式除以 $n(n-1)$ 及(2)式除以 n 后相加得

$$\frac{1}{n-1}(A^2-B)^2 \leqslant A^2B-2AC+B^2.$$

整理便得所证结果. $\qquad\qquad\qquad\qquad\qquad\qquad\qquad\qquad\qquad\qquad\qquad$ □

评析 吉林大学附属中学的王晨旭同学敏锐的发现本题中的不等式是著名的牛顿(Newton)不等式的一个特例. 一般的牛顿不等式可叙述为：设 $a_1, a_2, \cdots, a_n$ 为非负实数,记 $P_0=1$,

$$P_r=\frac{\sum\limits_{1\leqslant i_1<i_2<\cdots<i_r\leqslant n} a_{i_1}a_{i_2}\cdots a_{i_r}}{\dbinom{n}{r}}, \quad 1\leqslant r<n.$$

则 $P_r^2 \geqslant P_{r-1}P_{r+1}$.

王晨旭同学的推导如下：

记 $Q=\sum_{1\leqslant i<j\leqslant n} x_i x_j$, $R=\sum_{1\leqslant i<j<k\leqslant n} x_i x_j x_k$. 注意到

$$C=A^3-3AQ+3R, \quad B=A^2-2Q.$$

这时不等式($*$)等价于

$$(n+1)A^2(A^2-2Q)+(n-2)(A^2-2Q)^2 \geqslant A^4+(2n-2)A(A^3-3AQ+3R),$$

整理就是

$$\left(\dfrac{Q}{\binom{n}{2}}\right)^2 \geqslant \dfrac{A}{\binom{n}{1}} \cdot \dfrac{R}{\binom{n}{3}},$$

也就是 $P_2^2 \geqslant P_1 \cdot P_3$.

这正是牛顿不等式 $r=2$ 的情形.

例 5(2013,柯尔莫戈洛夫(Kolmogorov)数学奥林匹克) 设 $a,b,c,d>0$.证明:

$$\dfrac{1}{(a+b)^2}+\dfrac{1}{(b+c)^2}+\dfrac{1}{(c+d)^2}+\dfrac{1}{(d+a)^2} \geqslant \dfrac{2}{ac+bd}. \tag{1}$$

证法 1 不妨设 $bd \geqslant ac$.由柯西不等式,可得

$$\dfrac{1}{(a+b)^2}+\dfrac{1}{(b+c)^2} \geqslant \dfrac{1}{(ac+b^2)\left(\dfrac{a}{c}+1\right)}+\dfrac{1}{(b^2+ac)\left(1+\dfrac{c}{a}\right)}=\dfrac{1}{ac+b^2}.$$

同理,

$$\dfrac{1}{(c+d)^2}+\dfrac{1}{(d+a)^2} \geqslant \dfrac{1}{ac+d^2}.$$

因此我们仅需证明

$$\dfrac{1}{ac+b^2}+\dfrac{1}{ac+d^2} \geqslant \dfrac{2}{ac+bd}. \tag{2}$$

事实上,

$$\begin{aligned}\dfrac{1}{ac+b^2}+\dfrac{1}{ac+d^2}-\dfrac{2}{ac+bd}&=\dfrac{2ac+b^2+d^2}{(ac+b^2)(ac+d^2)}-\dfrac{2}{ac+bd}\\&=\dfrac{(bd-ac)(b-d)^2}{(ac+b^2)(ac+d^2)(ac+bd)} \geqslant 0.\end{aligned}$$

故(2)式成立,故所证不等式成立.

当 $a=b=c=d$ 时,(2)式中等号成立. □

评析 此题难度容易被我们低估.开始我们认为:只要熟悉一个常用的不等式: $\dfrac{1}{(1+x)^2}+$

$\dfrac{1}{(1+y)^2} \geqslant \dfrac{1}{1+xy}(x,y>0)$,此题便可迅速证得.事实上并不然.一些同学尽管知道上述不等

式,仍然解得十分繁复.这是因为怎样用上述小不等式需作对称分析,即便化归为(2)后,证明仍

不简单.

王逸轩发现,(2)式实际上可抽象为下面的引理:设 $xy \geqslant 1$,则 $\dfrac{1}{1+x^2}+\dfrac{1}{1+y^2} \geqslant \dfrac{2}{xy+1}$.事

实上,只要在这个引理中取 $x=\sqrt{\dfrac{b^2}{ac}}$, $y=\sqrt{\dfrac{d^2}{ac}}$,便得(2)式.

下面的解法非常优雅.

证法 2(根据湖南长郡中学谭华为的解法整理)

由柯西不等式可得

$$\frac{ac+bd}{(a+b)^2}=\frac{(ac+bd)\left(\dfrac{a}{c}+\dfrac{b}{d}\right)}{(a+b)^2} \cdot \frac{cd}{ad+bc} \geqslant \frac{cd}{ad+bc}.$$

同理

$$\frac{ac+bd}{(c+d)^2} \geqslant \frac{ab}{ad+bc}.$$

故

$$\frac{ac+bd}{(a+b)^2}+\frac{ac+bd}{(c+d)^2} \geqslant \frac{ab+cd}{ad+bc}.$$

同理

$$\frac{ac+bd}{(b+c)^2}+\frac{ac+bd}{(d+a)^2} \geqslant \frac{ad+bc}{ab+cd}.$$

所以

$$\left(\frac{1}{(a+b)^2}+\frac{1}{(b+c)^2}+\frac{1}{(c+d)^2}+\frac{1}{(d+a)^2}\right) \cdot (ac+bd)$$

$$\geqslant \frac{ab+cd}{ad+bc}+\frac{ad+bc}{ab+cd} \geqslant 2,$$

故

$$\frac{1}{(a+b)^2}+\frac{1}{(b+c)^2}+\frac{1}{(c+d)^2}+\frac{1}{(d+a)^2}\geqslant\frac{2}{ac+bd}.\qquad\square$$

例 6 集合 $A_1,A_2,\cdots,A_m$ 的元素个数均为 a,$B_1,B_2,\cdots,B_m$ 的元素个数均为 b,且满足 $A_i\cap B_j=\varnothing$ 当且仅当 $i=j$. 试求 m 的最大值.

这是著名的博洛巴斯(Bollobás)定理的一个特例,这个特例也早已出现在上世纪 70 年代的组合学教材中. 它被选作 2013 年哈佛—麻省的数学竞赛试题. 博洛巴斯定理可叙述为:

设 $A_1,A_2,\cdots,A_n$ 和 $B_1,B_2,\cdots,B_n$ 是 $2n$ 个不同的正整数的集合,满足 $A_i\cap B_j=\varnothing$ 当且仅当 $i=j$. 则

$$\sum_{i=1}^{n}\frac{1}{\dbinom{|A_i|+|B_i|}{|A_i|}}\leqslant 1.$$

有兴趣者可研究一下博洛巴斯定理的证明及它和著名的施佩纳定理的关系.

下面介绍王逸轩给出的例 6 的解法.

解 所求 m 的最大值为 $\dbinom{a+b}{a}$.

不妨设 $A_1\cup\cdots\cup A_m\cup B_1\cup\cdots\cup B_m=\{1,2,\cdots,n\}$.

下面考虑 $\{1,2,\cdots,n\}$ 的排列. 我们把满足 A_i 中的数全在 B_i 之前的排列叫做具有性质 P_i 的排列,则对 $\{1,2,\cdots,n\}$ 的任一个排列,性质 $P_1,P_2,\cdots,P_m$ 至多有一个成立. 否则,不妨设某一排列同时具有性质 P_1、P_2. 由于 $A_1\cap B_2\neq\varnothing$,取 $x\in A_1\cap B_2$,则由该排列满足性质 P_1 知 B_1 中的数全在 x 之后,由该排列具有性质 P_2 知 A_2 中的数全在 x 之前,即 $A_1\cap B_2=\varnothing$,矛盾!

因此,$1,2,\cdots,n$ 的总排列数不少于 $\sum\limits_{i=1}^{n}|P_i|$,其中 $|P_i|$ 表示具有性质 P_i 的所有排列的个数. 故

$$n!\geqslant m\cdot\dbinom{n}{a+b}\cdot a!b!(n-a-b)!,$$

即

$$m \leqslant \frac{(a+b)!}{a!b!} = \binom{a+b}{a}.$$

另一方面,设 $A = \{1, 2, \cdots, a+b\}$. 令 A_i 表示 A 的所有 a 元素,$B_i = A - A_i$,则 $A_i \bigcap B_i = \varnothing$ 且 $A_i \bigcap B_j \neq \varnothing (\forall i \neq j)$,此时 $m = \binom{a+b}{a}$.

综上所述,$m_{\max} = \binom{a+b}{a}$. □

例 7(刘诗雄,2015 全国命题研讨会) 设 $M = \{1, 2, \cdots, 10\}$,对于 M 的一个分划 A_1,A_2,$A_3(A_i$ 均非空),若存在 A_1,A_2,A_3 的一个排列 A_{i_1},A_{i_2},A_{i_3} 使得 $\max A_{i_k} > \min A_{i_{k+1}}$,$k = 1$,2,3,其中 $A_{i_4} = A_{i_1}$,则称这是一个"好的"分划. 求 M 的所有"好的"分划的个数.

解(根据吉林大学附属中学于翔宇同学的解法整理)

先把一个基本的事实即 M 的三分划的个数公式作为一个引理:

引理 设 $P = \{\{A_1, A_2, A_3\} \mid$ 非空集 A_1,A_2,A_3 是 M 的一个分划$\}$,则

$$|P| = \frac{1}{6}(3^{10} - 3 \cdot 2^{10} + 3) = 9930.$$

事实上,先计算集合方程组

$$\begin{cases} M = A_1 \bigcup A_2 \bigcup A_3, \\ A_i \bigcap A_j = \varnothing (1 \leqslant i \neq j \leqslant 3) \end{cases} \quad (*)$$

的非空有序解的个数.

由于 M 中的每一个元 x 恰好属于 A_1,A_2,A_3 之一,故 $(*)$ 的有序解的个数为 3^{10},但其中包含了有一个集合是空集和有两个集合是空集的情况. 一个为空集的有 $3 \cdot 2^{10}$ 个,两个为空集的有 3 个,所以由容斥原理知 $(*)$ 的非空有序解的个数为 $3^{10} - 3 \cdot 2^{10} + 3$ 个.

注意到 P 的无序性,知 $|P| = \frac{1}{6}(3^{10} - 3 \cdot 2^{10} + 3)$. 引理得证.

回到原题. 我们先说明,对于非好的三个集合均非空的分划,以下性质中至少一个成立:

(i) 1 所在的集合恰为 $\{1, 2, \cdots, k\}$,$k \leqslant 8$;

(ii) 10 所在的集合恰为 $\{l, \cdots, 9, 10\}$,$l \geqslant 3$.

事实上,一方面,对满足(i)或(ii)的分划,要么存在一个集合的最大元小于另外两个的最小

元,要么存在一个集合的最小元大于另外两个的最大元,均不是好的分划.

另一方面,对于一个不是好的分划 $M = A \cup B \cup C$,其中 A, B, C 互不相交且均非空. 不妨设 $1 \in A$.

(1) 若同时 $10 \in A$,不妨设 $\max B > \max C$,则 $\{A, B, C\}$ 这一循环排列满足好分划的定义,矛盾!

(2) 若 $10 \notin A$,不妨设 $10 \in B$. 假设(i)与(ii)均不成立,那么存在 $i < k$, $i \notin A$, $k \in A$,也存在 $l < j$, $l \in B$, $j \notin B$. 若此时有 $\max A > \min B$,则 $\{A, B, C\}$ 这一循环排列满足好分划的定义,矛盾! 若此时 $\max A < \min B$,则上述的 i 与 j 均在 C 中,这时 $\max A > \min C$, $\max C > \min B$. 这时循环排列 $\{A, C, B\}$ 满足好分划的定义,矛盾! 这就证明了非好分划必定满足(i)、(ii) 中至少一个.

现在来计算非好分划的个数.

满足(i)的分划有 $\dfrac{1}{2} \sum\limits_{k=1}^{8} (2^{10-k} - 2) = 2^9 - 10$ 个,满足(ii) 的分划有 $\dfrac{1}{2} \sum\limits_{l=3}^{10} (2^{l-1} - 2) = 2^9 - 10$ 个,同时满足(i)、(ii) 的分划有 $\dbinom{9}{2}$ 个.

因此由容斥原理,三个集合均非空的非好分划的个数为 $2(2^9 - 10) - \dbinom{9}{2} = 968$,再应用引理知好分划的个数为 $|P| - 968 = 9930 - 968 = 8362$ 个. $\qquad\square$

好题与妙解(二)

冷岗松

本文是我 2016 年新星寒假营讲义中的部分内容,后发表在数学新星网上.

题 1 设 $a \geqslant b \geqslant c > 0$,证明:对任何 $t \in \left[0, \dfrac{\pi}{4}\right]$ 有

$$\frac{a-b}{a\sin t + b\cos t} + \frac{b-c}{b\sin t + c\cos t} + \frac{c-a}{c\sin t + a\cos t} \geqslant 0. \tag{1}$$

先看 Math. Relf 上的解.

解法 1 去分母,则不等式(1)等价于

$$\begin{aligned}
&(a^2 b + b^2 c + c^2 a - 3abc)\sin t(\cos t - \sin t) \\
&+ (ab^2 + bc^2 + ca^2 - 3abc)\cos t(\cos t - \sin t) \\
&+ (a-b)(b-c)(a-c)\sin t\cos t \geqslant 0;
\end{aligned} \tag{2}$$

再由算术-几何平均值不等式易得

$$a^2 b + b^2 c + c^2 a - 3abc \geqslant 0. \tag{3}$$

$$ab^2 + bc^2 + ca^2 - 3abc \geqslant 0. \tag{4}$$

注意到 $\cos t \geqslant \sin t \left(t \in \left[0, \dfrac{\pi}{4}\right]\right)$,由(3)、(4)便知(2)成立,从而(1)得证. □

上述证法尽管篇幅不长,但对代数变形技巧的要求是比较高的.

黄冈中学的陈耀斌同学提供的下面较自然且简单的解法.

解法 2 应用柯西不等式,我们有

$$\frac{a-b}{a\sin t + b\cos t} + \frac{b-c}{b\sin t + c\cos t}$$

$$= \frac{(a-b)^2}{(a-b)(a\sin t + b\cos t)} + \frac{(b-c)^2}{(b-c)(b\sin t + c\cos t)}$$

$$\geqslant \frac{(a-c)^2}{(a-b)(a\sin t + b\cos t) + (b-c)(b\sin t + c\cos t)},$$

因此要证(1),只需证明:

$$(a-b)(a\sin t + b\cos t) + (b-c)(b\sin t + c\cos t) \leqslant (a-c)(a\cos t + c\sin t),$$

这等价于

$$(a^2 + b^2 + c^2 - ab - bc - ca)(\sin t - \cos t) \leqslant 0. \tag{5}$$

又注意到两个熟知的结果: $a^2 + b^2 + c^2 \geqslant ab + bc + ca$, $\cos t \geqslant \sin t \left(t \in \left[0, \frac{\pi}{4}\right] \right)$ 便知(5)

显然成立. 因此(1)得证. □

下面的解法由华南师大附中的任秋宇同学提供,也是自然而有趣的.

解法 3 易见不等式等价于

$$\frac{a-b}{a\tan t + b} + \frac{b-c}{b\tan t + c} + \frac{c-a}{c\tan t + a} \geqslant 0. \tag{6}$$

记 $x = \tan t$,则 $x \in [0, 1]$. 这时(6)等价于

$$\frac{a-b}{xa+b} + \frac{b-c}{xb+c} \geqslant \frac{a-b}{xc+a} + \frac{b-c}{xc+a}.$$

进一步它等价于

$$(b-c)\frac{a - xb - (1-x)c}{(xb+c)(xc+a)} \geqslant (a-b)\frac{-(1-x)a + b - xc}{(xa+b)(xc+a)}. \tag{7}$$

记 $a - b = m \geqslant 0$, $b - c = n \geqslant 0$,这时(7)可等价重写为

$$n \cdot \frac{m + (1-x)n}{xb+c} \geqslant m \cdot \frac{-(1-x)m + xn}{xa+b}. \tag{8}$$

下证(8)成立.

事实上,若(8)式右边是非正的,则结论成立.

否则,由 $xb + c \leqslant xa + b$ 知要证(8)成立,只需证

$$n(m + (1-x)n) \geqslant m(xn - (1-x)m),$$

这等价于 $(1-x)(mn + m^2 + n^2) \geqslant 0$,它是显然成立的. 故(8)得证. □

题 2 设 a, b, $c \in \mathbf{R}_+$ 满足

$$\frac{1}{a^3+b^3+1} + \frac{1}{b^3+c^3+1} + \frac{1}{c^3+a^3+1} \geqslant 1,$$

证明：

$$(a+b)(b+c)(c+a) \leqslant 6 + \frac{2}{3}(a^3+b^3+c^3).$$

先看 Math Relf 上的解.

解法 1 通过去分母及整理，条件等价于

$$2(1+a^3+b^3+c^3) \geqslant (a^3+b^3)(b^3+c^3)(c^3+a^3). \tag{1}$$

因为 $a^3+b^3 \geqslant 2\left(\dfrac{a+b}{2}\right)^3$，由(1)可得

$$2(1+a^3+b^3+c^3) \geqslant 8x^3, \tag{2}$$

其中

$$x = \frac{1}{8}(a+b)(b+c)(c+a).$$

因此

$$2(a^3+b^3+c^3)+18-24x$$
$$\geqslant 8x^3 - 24x + 16$$
$$= 8(x-1)^2(x+2) \geqslant 0.$$

故 $2(a^3+b^3+c^3)+18 \geqslant 24x$，这就是要证的不等式. □

上述解法的关键是将条件改写为(1)，再由一个简单的局部不等式得到(2). 此法并不容易想到.

下面是东北育才学校邱梓航同学的解法.

解法 2 由赫尔德不等式知

$$(a^3+b^3+1)(1+1+c^3)(1+1+1) \geqslant (a+b+c)^3,$$

因此

$$\frac{1}{a^3+b^3+1} \leqslant \frac{3c^3+6}{(a+b+c)^3},$$

故

$$\sum \frac{1}{a^3+b^3+1} \leqslant \frac{3(a^3+b^3+c^3)+18}{(a+b+c)^3}.$$

这样由条件便得

$$3(a^3+b^3+c^3)+18 \geqslant (a+b+c)^3, \tag{3}$$

再注意到恒等式

$$(a+b+c)^3 = a^3+b^3+c^3+3(a+b)(b+c)(c+a),$$

由(3)便得所证不等式. □

题 3 设 $x_1, x_2, \cdots, x_{19}$ 是均不超过 93 的正整数,$y_1, y_2, \cdots, y_{93}$ 均是不超过 19 的正整数.证明:存在 $\{x_i\}_{i=1}^{19}$ 的一些数(非空)的和等于 $\{y_j\}_{j=1}^{93}$ 中一些数的和.

证明 不妨设 $x_1+x_2+\cdots+x_{19} > y_1+y_2+\cdots+y_{93}$.

对 $\forall 1 \leqslant i \leqslant 19$,$\forall 1 \leqslant j \leqslant 93$,考虑和

$$S_i = x_1+x_2+\cdots+x_i,$$
$$T_j = y_1+y_2+\cdots+y_j.$$

对每个 $1 \leqslant j \leqslant 93$,令 $f(j)$ 是使得 $T_j \leqslant S_i$ 成立的所有下标 i 的最小者(因 $T_j \leqslant T_{93} < S_{19}$,这样的下标是存在的),则

$$S_{f(j)-1} < T_j \leqslant S_{f(j)},$$

且 $f(j)$ 是 j 的不减函数.

现考虑差 $S_{f(j)} - T_j (1 \leqslant j \leqslant 93)$.因为

$$93 \geqslant x_{f(j)} = S_{f(j)} - S_{f(j)-1} > S_{f(j)} - T_j \geqslant 0,$$

所以 $S_{f(j)} - T_j$ 是小于 93 的非负整数.

若存在 $j(1 \leqslant j \leqslant 93)$ 使得 $S_{f(j)} - T_j = 0$,则结论已成立;

若对 $\forall 1 \leqslant j \leqslant 93$,$S_{f(j)} - T_j$ 均不等于 0,则 $S_{f(j)} - T_j$ 仅取 1 到 92 间的整数.由抽屉原理知存在 $1 \leqslant i < k \leqslant 93$ 使得

$$S_{f(i)} - T_i = S_{f(k)} - T_k.$$

亦即

$$x_{f(i)+1} + x_{f(i)+2} + \cdots + x_{f(k)} = y_{i+1} + y_{i+2} + \cdots + y_k.$$

结论成立. □

评析 此题是一个用组合方法来处理的代数问题.解法的关键是找与 $T_j(1 \leqslant j \leqslant 93)$ 最接近的 $S_{f(j)}$,从而差 $S_{f(j)} - T_j$ 的取值范围就很小了,进而可用抽屉原理了.

题 4 证明:对任意正实数 $x_1, x_2, \cdots, x_n$.若 $x_1 x_2 \cdots x_n = 1$.则

$$n\left(\prod_{i=1}^n (1 + x_i^n)\right)^{\frac{1}{n}} \geqslant \sum_{i=1}^n x_i + \sum_{i=1}^n \frac{1}{x_i}.$$

先看[1]中介绍的解.

解法 1 由算术-几何平均值不等式及条件可得

$$\frac{x_1^n}{1+x_1^n} + \frac{x_2^n}{1+x_2^n} + \cdots + \frac{x_{n-1}^n}{1+x_{n-1}^n} + \frac{1}{1+x_n^n} \geqslant \frac{n x_1 x_2 \cdots x_{n-1}}{\sqrt[n]{\prod_{i=1}^n (1+x_i^n)}} = \frac{n}{x_n \sqrt[n]{\prod_{i=1}^n (1+x_i^n)}},$$

$$\frac{1}{1+x_1^n} + \frac{1}{1+x_2^n} + \cdots + \frac{1}{1+x_{n-1}^n} + \frac{x_n^n}{1+x_n^n} \geqslant \frac{n x_n}{\sqrt[n]{\prod_{i=1}^n (1+x_i^n)}}.$$

将上面两个不等式相加可得

$$n \geqslant \frac{n}{x_n \sqrt[n]{\prod_{i=1}^n (1+x_i^n)}} + \frac{n x_n}{\sqrt[n]{\prod_{i=1}^n (1+x_i^n)}},$$

亦即

$$\sqrt[n]{\prod_{i=1}^n (1+x_i^n)} \geqslant x_n + \frac{1}{x_n}. \tag{*}$$

同理对 $x_{n-1}, \cdots, x_1$ 写出类似于(*)的局部不等式,再将这 n 个不等式相加便得所证结果. □

这是一个技巧性很强的解法.下面是上海中学学生高皓天(2016 年国家集训队队员)的解.

解法 2 一方面,注意到

$$\text{左边} = \left(\prod_{i=1}^n n(1+x_i^n)\right)^{\frac{1}{n}} = \left(\prod_{i=1}^n (\underbrace{1 + \cdots + 1}_{n\uparrow} + \underbrace{x_i^n + \cdots + x_i^n}_{n\uparrow})\right)^{\frac{1}{n}}. \tag{*}$$

另一方面,由赫尔德不等式

$$(1 + \underbrace{x_1^n + \cdots + x_1^n}_{n-1\text{个}} + x_1^n + \underbrace{1 + \cdots + 1}_{n-1\text{个}}) \cdot (x_2^n + 1 + \underbrace{x_2^n + \cdots + x_2^n}_{n-2\text{个}} + 1 + x_2^n + \underbrace{1 + \cdots + 1}_{n-2\text{个}})$$

$$\cdot (x_3^n + x_3^n + 1 + \underbrace{x_3^n + \cdots + x_3^n}_{n-3\text{个}} + 1 + 1 + x_3^n + \underbrace{1 + \cdots + 1}_{n-3\text{个}}) \cdots$$

$$\cdot (\underbrace{x_n^n + x_n^n + \cdots + x_n^n}_{n-1\text{个}} + \underbrace{1 + \cdots + 1}_{n\text{个}} + 1 + x_n^n)$$

$$\geqslant (x_2 x_3 \cdots x_n + x_1 x_3 \cdots x_n + \cdots + x_1 x_2 \cdots x_{n-1} + x_1 + x_2 + \cdots + x_n)^n$$

$$= \left(\sum_{i=1}^{n} \frac{1}{x_i} + \sum_{i=1}^{n} x_i \right),$$

结合上式和(∗)便得所证结果. □

还有一个简洁的用赫尔德不等式导出局部不等式的方法.

解法3 由赫尔德不等式

$$\sqrt[n]{\prod_{i=1}^{n}(1 + x_i^n)} = \sqrt[n]{\left(\prod_{j \neq i}(1 + x_j^n)\right)(x_i^n + 1)} \geqslant x_i + \prod_{j \neq i} x_j = x_i + \frac{1}{x_i},$$

其中,$i = 1, 2, \cdots, n$.

将上面 n 个不等式相加便得所证结果. □

题5 试求所有函数 $f: \mathbf{N}_+ \to \mathbf{R}_+$,满足

(1) $f(2) = 2$;

(2) 任取 $m, n \in \mathbf{N}_+$,$f(mn) = f(m)f(n)$;

(3) 任取 $m < n$,$f(m) < f(n)$.

这似乎是一个经典问题,如[2]中就系统研究过这个问题. 这个问题是确定 $\mathbf{N}_+ \to \mathbf{R}_+$ 上的函数,且由条件(2)易知 $f(2^k) = 2^k$. 这诱发我们用极限推出"稠密性"$f(x) = x$,$x \in \mathbf{N}_+$.

解 由条件(2)可得 $f(2^k) = 2^k$,$k \in \mathbf{N}_+$.

任取 $m \in \mathbf{N}_+$,并设 $f(m) = l \in \mathbf{R}_+$,下证 $l = m$,从而确定了满足题设条件的函数为 $f(x) = x$,$x \in \mathbf{N}_+$.

事实上,对任意 $n \in \mathbf{N}_+$,由条件(2)有

$$f(m^n) = l^n.$$

又注意到存在 $k \in \mathbf{N}_+$ 使得

$$2^k \leqslant m^n < 2^{k+1}, \hspace{3cm} ①$$

因此由条件(3)便得

$$f(2^k) \leqslant f(m^n) < f(2^{k+1}),$$

亦即

$$2^k \leqslant l^n < 2^{k+1}. \qquad ②$$

这样由①、②有

$$\frac{1}{2} < \left(\frac{m}{l}\right)^n < 2, \ \forall n \in \mathbf{N}_+. \qquad ③$$

如果 $m > l$，令 $n \to +\infty$，则 $\lim\limits_{n \to \infty}\left(\frac{m}{l}\right)^n = +\infty$，这与 ③ 右边的不等式矛盾；

如果 $m < l$，令 $n \to +\infty$，则 $\lim\limits_{n \to \infty}\left(\frac{m}{l}\right)^n = 0$，这与 ③ 左边的不等式矛盾；

这就证明了 $m = l$，证完. $\qquad\qquad\qquad\qquad\qquad\qquad\qquad\qquad\qquad\qquad\square$

题 6(2015,希腊) 求所有函数 $f:\mathbf{R} \to \mathbf{R}$ 满足

$$f(xy) \leqslant yf(x) + f(y), \ \forall x,y \in \mathbf{R}. \qquad (1)$$

这是一个给定函数不等式求函数的问题，解题过程中当尽量出现反向不等式，把其转化成函数方程(等式型)来处理.

解 在条件中用 $-y$ 替代 y 可得

$$f(-xy) \leqslant -yf(x) + f(-y), \qquad (2)$$

将(1)、(2)相加可得

$$f(xy) + f(-xy) \leqslant f(y) + f(-y), \ \forall x,y \in \mathbf{R}. \qquad (3)$$

在(3)中令 $y = 1$ 可得

$$f(x) + f(-x) \leqslant f(1) + f(-1), \ \forall x \in \mathbf{R}. \qquad (4)$$

在(3)中将 x 用 $\frac{1}{y}$ 替代可得

$$f(1) + f(-1) \leqslant f(y) + f(-y), \ \forall y \neq 0. \qquad (5)$$

由(4)和(5)立得

$$f(y) + f(-y) = f(1) + f(-1) = C, \quad \forall y \neq 0.$$

这时由(2)便有

$$C - f(xy) \leqslant -yf(x) + C - f(y),$$

亦即

$$yf(x) + f(y) \leqslant f(xy), \quad \forall x, y \neq 0, \tag{6}$$

再由(1)和(6)可得

$$f(xy) = yf(x) + f(y), \quad \forall x, y \neq 0. \tag{7}$$

(7)是关键的,即将不等式(1)变成了等式. 在(7)中令 $x = y = 1$ 得 $f(1) = 0$. 在(7)中交换 x、y 可得

$$f(yx) = xf(y) + f(x), \quad \forall x, y \neq 0. \tag{8}$$

由(7)、(8)可得

$$yf(x) + f(y) = xf(y) + f(x), \quad \forall x, y \neq 0.$$

进而有

$$\frac{f(x)}{x-1} = \frac{f(y)}{y-1}, \quad \forall x, y \neq 0, 1.$$

这说明 $\frac{f(x)}{x-1}$ 是常数,且注意 $f(1) = 0$,于是可设 $f(x) = a(x-1)$, $\forall x \neq 0$.

最后,在(1)中令 $x = 0$ 得到 $f(y) \geqslant (1-y)f(0)$, $\forall y \in \mathbf{R}$,因此对所有 $y \neq 0$ 有 $a(y-1) \geqslant (1-y)f(0)$,即 $(y-1)(a + f(0)) \geqslant 0$; $\forall y \neq 0$,这样必须 $a = -f(0)$.

故所求的函数

$$f(x) = f(0)(1-x), \quad \forall x \in \mathbf{R}.$$

易验证,$f(x) = f(0)(1-x)$ 满足条件(1). □

题 7(2012,吉尔吉斯斯坦) 设 $f: \mathbf{R} \to \mathbf{R}$ 满足

$$f(f^2(x) + f(y)) = xf(x) + y. \tag{1}$$

求 $f(x)$ 的解析式.

这是一个典型的函数方程问题. 其解法的要点是: 先取函数的零点值确定初始值(定位). 再利用函数是单满射的性质作一个"回代变换".

解 在条件(1)中令 $x=y=0$, 并记 $f(0)=s$, 则 $f(s^2+s)=0$. 这说明 s^2+s 是 $f(x)$ 的零点.

在(1)中令 $x=s^2+s$, 则得

$$f(f(y))=y, \ \forall y \in \mathbf{R}. \tag{2}$$

现证明解 $f(x)$ 必须满足的一些性质:

(a) f 是满射, 这由(2)立得;

(b) f 是单射;

事实上, 若存在 $y_1 \neq y_2$ 使得 $f(y_1)=f(y_2)$, 则由(2)知

$$0=f(f(y_1))-f(f(y_2))=y_1-y_2 \neq 0,$$

矛盾!

(c) $f(0)=0$;

事实上, 在(2)中令 $y=0$ 得

$$f(s)=f(f(0))=0=f(s^2+s).$$

再由(b)知 $s^2+s=s$, 故 $s=0$, 亦即 $f(0)=0$.

(d) 对任意实数 x 有 $f^2(x)=x^2$;

在条件(1)中令 $y=0$ 得

$$f(f^2(x))=xf(x), \ \forall x \in \mathbf{R}. \tag{3}$$

由(a)知对任意 $x \in \mathbf{R}$, 存在 $z \in \mathbf{R}$ 使得 $f(z)=x$.

这时由(3)、(2)可得

$$f(x^2)=f(f^2(z))=zf(z)=f(f(z))f(z)=xf(x)=f(f^2(x)).$$

再由(b)知 $f^2(x)=x^2$, (d) 得证.

现在我们可断言 $f(x)=x$ 或 $f(x)=-x$ 是问题的解. 事实上, 由(d)知 $f^2(x)=x^2$. 若存在 $x \in \mathbf{R}$ 使 $f(x)=-x$, 且同时存在 $y \in \mathbf{R}$ 使 $f(y)=y$, 此时将 $f(x)=-x$, $f(y)=y$ 代入(1)得

$$f(x^2+y)=y-x^2. \tag{4}$$

但由(d)知 $f(x^2+y)=x^2+y$ 或 $f(x^2+y)=-(x^2+y)$,均与(4)矛盾!这就证明了断言成立.   □

题 8(2004,俄罗斯)   设正整数 $n>3$,x_1,x_2,$\cdots$,x_n 是 n 个正数,满足 $x_1x_2\cdots x_n=1$.
证明:

$$\frac{1}{1+x_1+x_1x_2}+\frac{1}{1+x_2+x_2x_3}+\cdots+\frac{1}{1+x_n+x_nx_1}>1.$$

在书[3]和[4]中介绍了该问题的如下十分巧妙的解法.

解法 1   用如下方法减少各个加项:

$$\frac{1}{1+x_1+x_1x_2}+\frac{1}{1+x_2+x_2x_3}+\cdots+\frac{1}{1+x_n+x_nx_1}$$
$$>\frac{1}{1+x_1+x_1x_2+x_1x_2x_3+\cdots+x_1x_2\cdots x_{n-1}}$$
$$+\frac{1}{1+x_2+x_2x_3+x_2x_3x_4+\cdots+x_2x_3\cdots x_n}+\cdots$$
$$+\frac{1}{1+x_n+x_nx_1+x_nx_1x_2+\cdots+x_nx_1x_2\cdots x_{n-2}}.$$

将第一个分式的分子分母同时乘以 x_n;将第二个分式的分子分母同时乘以 x_nx_1;$\cdots$;将第 n 个分式的分子分母同时乘以 $x_nx_1x_2\cdots x_{n-1}$,并考虑到 $x_1x_2\cdots x_n=1$. 我们得到

$$\frac{1}{1+x_1+x_1x_2}+\frac{1}{1+x_2+x_2x_3}+\cdots+\frac{1}{1+x_n+x_nx_1}$$
$$>\frac{x_n}{x_n+x_nx_1+x_nx_1x_2+x_nx_1x_2x_3+\cdots+x_nx_1x_2\cdots x_{n-1}}$$
$$+\frac{x_nx_1}{x_nx_1+x_nx_1x_2+x_nx_1x_2x_3+x_nx_1x_2x_3x_4+\cdots+x_nx_1x_2x_3\cdots x_{n-1}+x_n}$$
$$+\cdots+\frac{x_nx_1x_2x_3\cdots x_{n-1}}{x_nx_1x_2x_3\cdots x_{n-1}+x_n+x_nx_1+x_nx_1x_2+\cdots+x_nx_1x_2\cdots x_{n-2}}.$$
$$=1.$$

下面的解法是一个经典的代换(代换的合理性请读者思考):令 $x_i=\dfrac{a_{i+1}}{a_i}$,$i=1$,2,$\cdots$,n.其中

$a_{n+1}=a_1$.通过这个代换,"消化"了条件 $x_1x_2\cdots x_n=1$,而将不等式齐次化了.   □

解法 2　作代换 $x_1 = \dfrac{a_2}{a_1}$，$x_2 = \dfrac{a_3}{a_2}$，$\cdots$，$x_n = \dfrac{a_1}{a_n}$，则所证不等式等价于

$$\frac{a_1}{a_1+a_2+a_3} + \frac{a_2}{a_2+a_3+a_4} + \cdots + \frac{a_n}{a_n+a_1+a_2} > 1. \qquad (*)$$

下证 $(*)$.

因 $n > 3$，所以对任何 $1 \leqslant i \leqslant n$ 有

$$a_i + a_{i+1} + a_{i+2} < a_1 + a_2 + \cdots + a_n,$$

其中 $a_{n+1} = a_1$，$a_{n+2} = a_2$.

故

$$(*) \text{式左边} > \sum_{i=1}^{n} \frac{a_i}{a_1+a_2+\cdots+a_n} = 1.$$

$\square$

题 9(2001，韩国)　设 x_1，x_2，$\cdots$，x_n，y_1，y_2，$\cdots$，y_n 是实数满足

$$\sum_{k=1}^{n} x_k^2 = \sum_{k=1}^{n} y_k^2 = 1.$$

证明：

$$(x_1 y_2 - x_2 y_1)^2 \leqslant 2\Big(1 - \sum_{k=1}^{n} x_k y_k\Big).$$

证明　应用拉格朗日恒等式，我们有

$$
\begin{aligned}
(x_1 y_2 - x_2 y_1)^2 &\leqslant \sum_{1 \leqslant i < j \leqslant n} (x_i y_j - x_j y_i)^2 \\
&= \Big(\sum_{k=1}^{n} x_k^2\Big)\Big(\sum_{k=1}^{n} y_k^2\Big) - \Big(\sum_{k=1}^{n} x_k y_k\Big)^2 \\
&= 1 - \Big(\sum_{k=1}^{n} x_k y_k\Big)^2 \\
&= \Big(1 - \sum_{k=1}^{n} x_k y_k\Big)\Big(1 + \sum_{k=1}^{n} x_k y_k\Big).
\end{aligned}
\qquad (1)
$$

而由柯西不等式知

$$\Big| \sum_{k=1}^{n} x_k y_k \Big| \leqslant \Big(\sum_{k=1}^{n} x_k^2\Big)^{\frac{1}{2}} \Big(\sum_{k=1}^{n} y_k^2\Big)^{\frac{1}{2}} = 1,$$

因此

$$0 \leqslant 1 + \sum_{k=1}^{n} x_k y_k \leqslant 2. \tag{2}$$

综合(1)、(2)便得所证结果. $\qquad\qquad\qquad\qquad\qquad\qquad\qquad\qquad\qquad\square$

评析 上述解法的关键在于想到拉格朗日恒等式,从而把局部一项放大到一个整体和.

题 10 给定 $n \in \mathbf{N}_+$,复数集

$$M = \left\{ z \in \mathbf{C} \,\middle|\, \sum_{k=1}^{n} \frac{1}{|z-k|} \geqslant 1 \right\}$$

在复平面上对应的区域面积为 A. 证明:

$$A \geqslant \frac{\pi}{12}(11n^2 + 1).$$

这是十分有趣的且有难度的一个问题. 因为 M 不是易于计算面积的图形. 因此我们希望找 M 的一个易计算面积特殊子集,因为不等式的右边有 π,自然希望找的特殊子集是一个圆,注意到 M 可写为 $M = \left\{ z \in \mathbf{C} \,\middle|\, \dfrac{n}{\sum_{k=1}^{n} \dfrac{1}{|z-k|}} \leqslant n \right\}$, M 中的不等式说明 $|z-1|$,$|z-2|$,$\cdots$,$|z-n|$ 的调和平均值不超过 n,故下面几个集合:

$$M_1 = \left\{ z \in \mathbf{C} \,\middle|\, \sqrt[n]{\prod_{k=1}^{n} |z-k|} \leqslant n \right\},$$

$$M_2 = \left\{ z \in \mathbf{C} \,\middle|\, \frac{1}{n} \sum_{k=1}^{n} |z-k| \leqslant n \right\},$$

$$M_3 = \left\{ z \in \mathbf{C} \,\middle|\, \sqrt{\frac{\sum_{k=1}^{n} |z-k|^2}{n}} \leqslant n \right\}$$

均是 M 的子集. 但其中仅有 M_3 是圆,这样问题就转化为计算圆 M_3 的面积,是一个较简单的问题.

证明 设 $N = \left\{ z \in \mathbf{C} \,\middle|\, \sqrt{\dfrac{\sum_{k=1}^{n} |z-k|^2}{n}} \leqslant n \right\}$

则对任意的 $z \in N$ 有

$$\sqrt{\frac{\sum\limits_{k=1}^{n} \mid z-k \mid^2}{n}} \leqslant n.$$

因此

$$\frac{n}{\sum\limits_{k=1}^{n} \dfrac{1}{\mid z-k \mid}} \leqslant \sqrt{\frac{\sum\limits_{k=1}^{n} \mid z-k \mid^2}{n}} \leqslant n,$$

即

$$\sum\limits_{k=1}^{n} \frac{1}{\mid z-k \mid} \geqslant 1.$$

这说明 $z \in M$. 因此 $N \subseteq M$.

又注意到

$$\sqrt{\frac{\sum\limits_{k=1}^{n} \mid z-k \mid^2}{n}} \leqslant n$$

$$\Leftrightarrow \sum\limits_{k=1}^{n} (z-k)(\bar{z}-k) \leqslant n^3$$

$$\Leftrightarrow \sum\limits_{k=1}^{n} (z\bar{z}-kz-k\bar{z}+k^2) \leqslant n^3$$

$$\Leftrightarrow z\bar{z} - \frac{n+1}{2}(z+\bar{z}) + \frac{1}{6}(n+1)(2n+1) \leqslant n^2$$

$$\Leftrightarrow \left(z-\frac{n+1}{2}\right)\left(\bar{z}-\frac{n+1}{2}\right) \leqslant \frac{11n^2+1}{12}$$

$$\Leftrightarrow \left| z-\frac{n+1}{2} \right|^2 \leqslant \sqrt{\frac{11n^2+1}{12}}.$$

这说明 N 是复平面上以 $\dfrac{n+1}{2}$ 为圆心,半径为 $\sqrt{\dfrac{11n^2+1}{12}}$ 的一个圆,其面积为 $\dfrac{\pi}{12}(11n^2+1)$,又 N $\subseteq M$,故 M 的面积 $A \geqslant \dfrac{\pi(11n^2+1)}{12}$. $\square$

题 11(王广廷,2015 全国数学竞赛命题研讨会入选题) 设 a_1, a_2, $\cdots$, a_n, b_1, b_2, $\cdots$, b_n 为复数.证明:一定存在 $k \in \{1, 2, \cdots, n\}$,使得

$$\sum_{i=1}^{n} |a_i - a_k|^2 \leqslant \sum_{i=1}^{n} |b_i - a_k|^2,$$

或

$$\sum_{i=1}^{n} |b_i - b_k|^2 \leqslant \sum_{i=1}^{n} |a_i - b_k|^2.$$

证明 对 $\forall j, k \in \{1, 2, \cdots, n\}$,记

$$f_{jk} = (|b_j - a_k|^2 - |a_j - a_k|^2) + (|a_j - b_k|^2 - |b_j - b_k|^2).$$

要证明结论成立仅需证存在整数 $k(1 \leqslant k \leqslant n)$,使得

$$\sum_{j=1}^{n} f_{jk} \geqslant 0. \tag{1}$$

下面证明:

$$\sum_{k=1}^{n} \sum_{j=1}^{n} f_{jk} \geqslant 0. \tag{2}$$

事实上,

$$f_{jk} = (b_j - a_k)(\overline{b_j} - \overline{a_k}) - (a_j - a_k)(\overline{a_j} - \overline{a_k}) + (a_j - b_k)(\overline{a_j} - \overline{b_k}) - (b_j - b_k)(\overline{b_j} - \overline{b_k})$$

$$= -b_j\overline{a_k} - a_k\overline{b_j} + a_j\overline{a_k} + a_k\overline{a_j} - a_j\overline{b_k} - b_k\overline{a_j} + b_j\overline{b_k} + b_k\overline{b_j}$$

$$= (a_j - b_j)(\overline{a_k} - \overline{b_k}) + (\overline{a_j} - \overline{b_j})(a_k - b_k).$$

记 $a_j - b_j = c_j (j = 1, 2, \cdots, n)$.则

$$\sum_{k=1}^{n} \sum_{j=1}^{n} f_{jk} = \sum_{k=1}^{n} \sum_{j=1}^{n} (c_j\overline{c_k} + \overline{c_j}c_k)$$

$$= \left(\sum_{k=1}^{n} \overline{c_k}\right)\left(\sum_{kj=1}^{n} c_j\right) + \left(\sum_{k=1}^{n} c_k\right)\left(\sum_{j=1}^{n} \overline{c_j}\right)$$

$$= 2|c_1 + c_2 + \cdots + c_n|^2 \geqslant 0.$$

式(2)成立.

由式(2),知必存在整数 $k(1 \leqslant k \leqslant n)$,使得式(1) 成立,证完. □

参考文献

［1］ T. Andreescu，V. Cirtoaje，G. Dospinescu and M. Lascu，Old and New Inequalities，GIL Publishing House，2004.

［2］ 王伟叶，熊斌. 函数迭代与函数方程[M]. 上海：上海科技教育出版社，2010.

［3］ 2004 年 IMO 中国国家集训队教练组. 走向 IMO：数学奥林匹克试题集锦（2004）[M].上海：华东师范大学出版社，2004.

［4］ H. X. 阿伽汉诺夫. 全俄中学生数学奥林匹克（1993—2006）[M].苏淳，译. 上海：华东师范大学出版社，2008.

好题与妙解(三)

冷岗松

本文是我 2016 年新星五一营讲义中的部分内容.

题 1(2001,圣彼得堡) 设 $x_1, x_2, \cdots, x_{10}$ 是 $\left[0, \dfrac{\pi}{2}\right]$ 上的实数,满足

$$\sin^2 x_1 + \sin^2 x_2 + \cdots + \sin^2 x_{10} = 1.$$

证明:$3(\sin x_1 + \sin x_2 + \cdots + \sin x_{10}) \leqslant \cos x_1 + \cos x_2 + \cdots + \cos x_{10}$.

分析 本题并不容易入手.思考的关键点应是怎样才能产生常数 3(相关连的是常数 9).这诱发我们用柯西不等式,导出局部不等式来达到目的.

证明 对任意的正整数 $i(1 \leqslant i \leqslant 10)$,应用柯西不等式可得

$$\cos x_i = \sqrt{1 - \sin^2 x_i} = \sqrt{\sum_{j \neq i} \sin^2 x_j} \geqslant \frac{1}{3} \sum_{j \neq i} \sin x_j.$$

因此

$$\sum_{i=1}^{10} \cos x_i \geqslant \frac{1}{3} \sum_{i=1}^{10} \sum_{j \neq i} \sin x_j = 3 \left(\sum_{i=1}^{10} \sin x_i \right).$$

$\square$

题 2(2003,白俄罗斯) 设 Q_1 是不小于 1 的有理数的集合,函数 $f: Q_1 \to \mathbf{R}$ 满足对任意 $x, y \in Q_1$,均有

$$|f(x+y) - f(x) - f(y)| < a,$$

其中 a 为某个正实数.证明:存在实数 q 使得对所有 $x \in Q_1$,均有

$$\left| \frac{f(x)}{x} - q \right| < 2a.$$

分析　先考虑 x 取正整数 n 的情况,这时猜测 q 取第一个初始函数值 $f(1)$ 是自然的. 于是需要估计 $|f(n)-nf(1)|$,这时应想到用差分方法,把它用差分 $f((k+1)x)-f(kx)$ 来表示,再联想到条件便可得到非常有用的差分估计式:$|f((k+1)x)-f(kx)-f(x)|<a$.

证明　先证下面关键的引理.

引理　对任意正整数 n 及所有的 $x\in Q_1$ 有

$$|f(nx)-nf(x)|<(n-1)a. \tag{1}$$

事实上,由条件可得

$$|f((k+1)x)-f(kx)-f(x)|<a,$$

因此

$$|f(nx)-nf(x)|$$
$$=\left|\sum_{k=1}^{n-1}(f((k+1)x)-f(kx)-f(x))\right|$$
$$<\sum_{k=1}^{n-1}a=(n-1)a.$$

现回到原题:在(1)中令 $x=1$,可得

$$nf(1)-(n-1)a\leqslant f(n)\leqslant nf(1)+(n-1)a. \tag{2}$$

再在(1)中令 $x=\dfrac{m}{n}\geqslant 1$,可得

$$nf\left(\frac{m}{n}\right)-(n-1)a\leqslant f(m)\leqslant nf\left(\frac{m}{n}\right)+(n-1)a. \tag{3}$$

结合(2)和(3)可得

$$mf(1)-(m+n-2)a\leqslant nf\left(\frac{m}{n}\right)\leqslant mf(1)+(m+n-2)a. \tag{4}$$

将(4)两边同除以 m,并令 $x=\dfrac{m}{n}$,$q=f(1)$,则有

$$\left|\frac{f(x)}{x}-q\right|\leqslant\left(1+\frac{1}{x}-\frac{2}{m}\right)a$$
$$<\left(1+\frac{1}{x}\right)a\leqslant 2a.$$

题 3 设 $x_1, x_2, \cdots, x_n$ 是实数,证明:

$$\sum_{1 \leqslant i < j \leqslant n} m_{ij}(1 - m_{ij}) \leqslant \frac{n^2 - 1}{12},$$

其中 $m_{ij} = x_j - x_i$.

这个问题是笔者提供给 2012 年国家集训队选拔考试的预选题.

分析 注意到不等式的左边以差的形式出现,因此它是关于平移变换不变的,即将所有的 x_i 用 $x_i + t$(t 是某个实数) 来替代,不等式不变.故我们可设 $\sum_{i=1}^{n} x_i = 0$.这称作为"归零".本题的一个关键技巧是主动用归零等式消去表达式中的二次混合项.

证明 注意到不等式是在变元的平移变换下不变的,因此不妨设

$$\sum_{i=1}^{n} x_i = 0, \tag{1}$$

否则可将所有的 x_i 用 $x_i - \frac{1}{n}\sum_{i=1}^{n} x_i$ 来替代.这样,由(1) 可得

$$\begin{aligned}
\sum_{1 \leqslant i < j \leqslant n} m_{ij}(1 - m_{ij}) &= \sum_{1 \leqslant i < j \leqslant n} m_{ij}(1 - m_{ij}) - \left(\sum_{i=1}^{n} x_i\right)^2 \\
&= \sum_{i=1}^{n}(2i - n - 1)x_i - n\sum_{i=1}^{n} x_i^2 \\
&= \sum_{i=1}^{n}\left(-n\left(x_i - \frac{2i - n - 1}{2n}\right)^2 + \frac{(2i - n - 1)^2}{4n}\right) \\
&\leqslant \sum_{i=1}^{n} \frac{(2i - n - 1)^2}{4n} = \frac{n^2 - 1}{12}.
\end{aligned}$$

□

题 4 设 $x_1, x_2, \cdots, x_n (n \geqslant 3)$ 是非负实数,满足 $x_1 + x_2 + \cdots + x_n = 1$.求

$$F = x_1^2 x_2 + x_2^2 x_3 + \cdots + x_n^2 x_1$$

的最大值.

分析 首先我们来猜测可能的最大值点.当 $n = 3$ 时,可能的最大值点应当是三个:$\left(\frac{1}{3}, \frac{1}{3}, \frac{1}{3}\right)$, $(1, 0, 0)$, $\left(\frac{2}{3}, \frac{1}{3}, 0\right)$.通过尝试易发现在第三个处的值大,应该是最大值点.这样对一般的 n,我们自然猜测 F 的最大值点是 $\left(\frac{2}{3}, \frac{1}{3}, 0, \cdots, 0\right)$ 或它的任意一个轮换,对

应的最大值是 $\frac{4}{27}$.

现在尝试用归纳法证明. 有两点值得注意: 其一, 这里的表达式是轮换对称的, 因此不能将所有变元排序, 但可用优化假设, 即设定最大变元; 其二, 因为可能取最大值的点在边界上, 肯定要有"调整"的想法.

本题的真正难点是 $n=3$ 的证明, 既要有调整的想法, 又要思考怎样"弃项"将问题简化.

解 我们仅需证明 $F \leqslant \frac{4}{27}$.

先考虑 $n=3$ 的情况. 为简单起见, 将这种情况用引理表述.

引理 设 a, b, c 是非负实数, 使得 $a+b+c=1$, 则

$$a^2 b + b^2 c + c^2 a \leqslant \frac{4}{27}.$$

事实上, 不妨设 $a = \max(a, b, c)$, 注意到 $\left(a+\frac{c}{2}\right)+\left(b+\frac{c}{2}\right)=1$, 我们希望证明下面的不等式

$$a^2 b + b^2 c + c^2 a \leqslant \left(a+\frac{c}{2}\right)^2 \left(b+\frac{c}{2}\right). \tag{1}$$

事实上, (1) 可由两个明显的不等式 $abc \geqslant b^2 c$ 及 $\frac{a^2 c}{2} \geqslant \frac{c^2 a}{2}$ 立即推出.

又由算术-几何平均值不等式有

$$\left(\frac{a+\frac{c}{2}}{2}\right)^2 \left(b+\frac{c}{2}\right) \leqslant \frac{1}{27}\left(\frac{a+\frac{c}{2}}{2}+\frac{a+\frac{c}{2}}{2}+b+\frac{c}{2}\right)^3 = \frac{1}{27}. \tag{2}$$

结合 (1) 和 (2) 立得引理中要证的不等式.

回到原题.

对 n 用归纳法. 由引理知 $n=3$ 结论成立. 假设结论对 $n-1$ 成立, 现考虑 n 的情况. 不妨设 $x_3 = \max\{x_1, x_2, \cdots, x_n\}$, 则

$$x_1^2 x_2 + x_2^2 x_3 + \cdots + x_n^2 x_1 \leqslant (x_1+x_2)^2 x_3 + x_3^2 x_4 + \cdots + x_n^2 (x_1+x_2). \tag{3}$$

再对 $x_1+x_2, x_3, \cdots, x_n$ 用归纳假设有

$$(x_1+x_2)^2 x_3 + x_3^2 x_4 + \cdots + x_n^2 (x_1+x_2) \leqslant \frac{4}{27}. \tag{4}$$

结合(3)和(4)立得结论对 n 成立.　　　　　　　　　　　　　　　　□

题 5(2005,中国台湾 TST)　求所有正整数 $n \geqslant 3$ 使得对于任意 n 个正数 $a_1, a_2, \cdots, a_n$,存在一个正整数 M_n,满足不等式

$$\frac{a_1 + a_2 + \cdots + a_n}{\sqrt[n]{a_1 a_2 \cdots a_n}} \leqslant M_n \left(\frac{a_2}{a_1} + \frac{a_3}{a_2} + \cdots + \frac{a_n}{a_{n-1}} + \frac{a_1}{a_n} \right).$$

分析　取一个好的试验序列是解决本题的关键. 等比序列 $\{k, k^2, \cdots, k^n\}$ 是一个最佳的选择,这是因为当 n 较大时,左边的变化是"快速"的(即非线性的),而右边几乎是线性的,这样满足要求的正整数 M_n 不可能存在.

解　先证明当 $n \geqslant 4$ 时,满足要求的正整数 M_n 不存在. 若不然,在题中的不等式中,取 $a_1 = k, a_2 = k^2, \cdots, a_n = k^n$ 可得

$$\frac{k + k^2 + \cdots + k^n}{\sqrt[n]{k k^2 \cdots k^n}} \leqslant M_n \left((n-1)k + \frac{1}{k^{n-1}} \right). \tag{1}$$

而注意到

$$\frac{k + k^2 + \cdots + k^n}{\sqrt[n]{k k^2 \cdots k^n}} > \frac{k^n}{k^{\frac{n+1}{2}}} = k^{\frac{n-1}{2}},$$

这样由(1)可得

$$k^{\frac{n-3}{2}} \leqslant M_n \left((n-1) + \frac{1}{k^n} \right). \tag{2}$$

注意到 $n \geqslant 4$,现在在(2)中令 $k \to +\infty$,便知左边趋向于无穷大,而右边趋向于 $M_n(n-1)$,矛盾!

再证明当 $n \geqslant 3$ 时,满足要求的正整数 M_3 存在,如 $M_3 = 3$ 就满足要求.

对任意的正实数 a_1、a_2、a_3,记

$$M = \frac{a_2}{a_1} + \frac{a_3}{a_2} + \frac{a_1}{a_3},$$

则由 $\dfrac{a_2}{a_1}$、$\dfrac{a_3}{a_2}$、$\dfrac{a_1}{a_3}$ 均小于 M,可得

$$a_2 > \frac{1}{M} a_3, \quad a_1 > \frac{1}{M} a_2 > \frac{1}{M^2} a_3. \tag{3}$$

不妨设 $a_3 = \max(a_1, a_2, a_3)$,则由(3)可得:

$$\frac{a_1+a_2+a_3}{\sqrt[3]{a_1 a_2 a_3}} < \frac{3a_3}{\sqrt[3]{\frac{1}{M^2}a_3 \cdot \frac{1}{M}a_3 \cdot a_3}} = 3M,$$

这就是所要证明的.

综上,所求的 $n=3$. □

题 6 求最小的实数 λ,使得对任意的三个复数 $z_1,z_2,z_3 \in \{z \in \mathbf{C} \mid |z| < 1\}$,若 $z_1+z_2+z_3=0$,则

$$|z_1 z_2 + z_2 z_3 + z_3 z_1|^2 + |z_1 z_2 z_3|^2 < \lambda.$$

这个问题是 2016 年国家集训队的测试试题,系笔者提供.

解法 1 不妨设 $|z_1| = \max\{|z_1|, |z_2|, |z_3|\} > 0$. 记 $u = \dfrac{z_2}{z_1}$, $v = \dfrac{z_3}{z_1}$,则

$$|u| \leqslant 1, \quad |v| \leqslant 1, \quad u+v=-1. \tag{1}$$

由(1)知 u、v 的实部均在区间 $[-1,0]$ 中,且和为 -1,故不妨设 $u = -a+b\mathrm{i}$,其中 $0 \leqslant a \leqslant \dfrac{1}{2}$, $b \in \mathbf{R}$,则 $v = -1+a-b\mathrm{i}$. 再由 $|v| \leqslant 1$ 知

$$b^2 \leqslant 2a - a^2. \tag{2}$$

由计算易知

$$uv = x + y\mathrm{i},$$

其中 $x = a(1-a)+b^2$, $y = b(2a-1)$. 因此

$$\begin{aligned}
&|z_1 z_2 + z_2 z_3 + z_3 z_1|^2 + |z_1 z_2 z_3|^2 \\
&= |z_1|^4 \cdot |u + uv + v|^2 + |z_1|^6 \cdot |uv|^2 \\
&< |u + uv + v|^2 + |uv|^2 \\
&= |-1 + x + y\mathrm{i}|^2 + |x + y\mathrm{i}|^2 = 2(x^2 + y^2 - x) + 1 \\
&= 2((a(1-a)+b^2)^2 - a(1-a) - b^2 + b^2(2a-1)^2) + 1 \\
&= 2((b^2 - a(1-a))^2 - a(1-a)) + 1.
\end{aligned} \tag{3}$$

由(2)得,$-a \leqslant b^2 - a(1-a) \leqslant a$,并注意到 $0 \leqslant a \leqslant \dfrac{1}{2}$,可知

$$(b^2 - a(1-a))^2 \leqslant a^2 \leqslant a(1-a). \tag{4}$$

结合(3)和(4)可得

$$|z_1 z_2 + z_2 z_3 + z_3 z_1|^2 + |z_1 z_2 z_3|^2 < 1.$$

这表明 λ 的最小值不超过 1.

另一方面,对任意 $r(0 < r < 1)$,取 $(z_1, z_2, z_3) = (r, -r, 0)$,可得 $\lambda > r^4$,令 $r \to 1$,可得 $\lambda \geqslant 1$.

故所求的最小正实数 λ 为 1. $\qquad\qquad\square$

解法 2 设 $a = |z_1|^2$, $b = |z_2|^2$, $c = |z_3|^2$,则

$$
\begin{aligned}
&|z_1 z_2 + z_2 z_3 + z_3 z_1|^2 + |z_1 z_2 z_3|^2 \\
&= (z_1 z_2 + z_2 z_3 + z_3 z_1)(\overline{z_1 z_2} + \overline{z_2 z_3} + \overline{z_3 z_1}) + abc \\
&= ab + bc + ca + \sum |z_1|^2 (z_2 \overline{z_3} + z_3 \overline{z_2}) + abc \\
&= ab + bc + ca + \sum |z_1|^2 (|z_2 + z_3|^2 - |z_2|^2 - |z_3|^2) + abc \\
&= ab + bc + ca + \sum a(a - b - c) + abc \\
&= a^2 + b^2 + c^2 - ab - bc - ac + abc \\
&< a + b + c - ab - bc - ac + abc \\
&= (a-1)(b-1)(c-1) + 1 < 1.
\end{aligned}
$$

由上面不等式的最后一步可看出,当 a、b、c 中有一个趋于 1 时,所研究的表达式趋于 1,这说明常数 1 是最佳的. $\qquad\qquad\square$

评析 解法 1 的想法是先用最大模思想把三个变元问题转化成两个变元问题,然后用条件设定好复变元的表达形式,从而将复变元问题转化成实变元问题进行计算. 解法 2 是几位集训队队员的解法,想法的关键是先研究所有变元都是实数时,应怎样来证明结论? 这样就可发现一个实数的恒等式,复数情况本质上完全一样. 只是过程中要用上复数模的两个常用公式: $|z|^2 = z\bar{z}$ 及 $|z_1 + z_2|^2 = |z_1|^2 + |z_2|^2 + z_1 \overline{z_2} + z_2 \overline{z_1}$.

题 7 设实数 $x_1, x_2, \cdots, x_n \in (0, 1)$. 对 $\{1, 2, \cdots, n\}$ 的任意一个排列 σ,证明:

$$\sum_{i=1}^{n} \frac{1}{1 - x_i} \geqslant \left(1 + \frac{1}{n}\sum_{i=1}^{n} x_i\right)\left(\sum_{i=1}^{n} \frac{1}{1 - x_i x_{\sigma(i)}}\right).$$

分析 注意到右边的第一个和式可写为 $\frac{1}{n}\sum_{i=1}^{n}(1+x_i)$，自然联想到简单的关系式

$$\frac{1}{1-x_i}=(1+x_i)\cdot\frac{1}{1-x_i^2}.$$

如果我们观察到 $\{1+x_i\}$ 和 $\left\{\frac{1}{1-x_i^2}\right\}$ 是两个同序的实数组，便自然联想到切比雪夫不等式. 因此如果我们能证明

$$\sum_{i=1}^{n}\frac{1}{1-x_ix_{\sigma(i)}}\leqslant\sum_{i=1}^{n}\frac{1}{1-x_i^2},$$

便可用切比雪夫不等式直达目标.

证明 设 $y_1,y_2,\cdots,y_n$ 是 $x_1,x_2,\cdots,x_n$ 的一个排列，则由算术-几何平均值不等式并注意到一个十分常用的不等式 $\frac{1}{x+y}\leqslant\frac{1}{4x}+\frac{1}{4y}$，我们有

$$\sum_{i=1}^{n}\frac{1}{1-x_iy_i}\leqslant\sum_{i=1}^{n}\frac{1}{1-\frac{x_i^2+y_i^2}{2}}=2\sum_{i=1}^{n}\frac{1}{1-x_i^2+1-y_i^2}$$

$$\leqslant\sum_{i=1}^{n}\left(\frac{1}{2(1-x_i^2)}+\frac{1}{2(1-y_i^2)}\right)=\sum_{i=1}^{n}\frac{1}{1-x_i^2}.$$

因此，要证本题的不等式，我们仅须证明

$$\sum_{i=1}^{n}\frac{1}{1-x_i}\geqslant\frac{1}{n}\left(\sum_{i=1}^{n}(1+x_i)\right)\left(\sum_{i=1}^{n}\frac{1}{1-x_i^2}\right).\tag{1}$$

(1)式的证明是不难的. 事实上，不妨设 $0\leqslant x_1\leqslant x_2\leqslant\cdots\leqslant x_n\leqslant1$ 则

$$1+x_1\leqslant1+x_2\leqslant\cdots\leqslant1+x_n,$$

且

$$\frac{1}{1-x_1^2}\leqslant\frac{1}{1-x_2^2}\leqslant\cdots\leqslant\frac{1}{1-x_n^2}.$$

这样直接应用切比雪夫不等式便立得(1). □

题 8 设 $\{F_n\}$ 是一个斐波那契数列：$F_1=F_2=1$，$F_{n+2}=F_{n+1}+F_n$. 证明：对任意 $x\in\mathbf{R}$，$n\geqslant2$ 均有

$$\sum_{k=1}^{n} F_k \mid x - k \mid \geqslant F_{n+2} + F_n - n - 1.$$

首先,我们有必要回忆一下分段线性函数 $f(x) = \sum_{i=1}^{n} k_i \mid x - a_i \mid$ 的基本性质,至少有两个结论是常用的:

1) 设 $a_1 \leqslant a_2 \leqslant \cdots \leqslant a_n$,函数 $f(x) = \sum_{i=1}^{n} \mid x - a_i \mid$,则当 $n = 2k + 1$ 时,$f(x)$ 的最小值点为 a_{k+1},其最小值为 $\sum_{i=k+2}^{n} a_i - \sum_{i=1}^{k} a_i$;当 $n = 2k$ 时,区间 $[a_k, a_{k+1}]$ 上的每一个点均为 $f(x)$ 的最小值点,其最小值为 $\sum_{i=k+1}^{n} a_i - \sum_{i=1}^{k} a_i$.

2) 设 $a_1 \leqslant a_2 \leqslant \cdots \leqslant a_n$,而 $k_1, k_2, \cdots, k_n$ 都是正实数,则函数 $f(x) = \sum_{i=1}^{n} k_i \mid x - a_i \mid$ 的最小值在 $x = a_{i_0+1}$ 取到,其中的 i_0 是满足

$$k_1 + k_2 + \cdots + k_i \leqslant k_{i+1} + k_{i+2} + \cdots + k_n$$

的最大正整数 i.

证明 由斐波那契数列 $\{F_n\}$ 的一个著名性质

$$F_1 + F_2 + \cdots + F_n = F_{n+2} - 1,$$

可得

$$F_1 + F_2 + \cdots + F_{n-2} - F_{n-1} - F_n = -F_{n-1} - 1 < 0.$$

因此

$$F_1 + F_2 + \cdots + F_{n-2} < F_{n-1} + F_n.$$

但显然

$$F_1 + F_2 + \cdots + F_{n-2} + F_{n-1} > F_n.$$

故函数 $f(x) = \sum_{k=1}^{n} F_k \mid x - k \mid$ 的最小值为

$$f(n-1) = (n-2)F_1 + \cdots + F_{n-2} + F_n.$$

再用数学归纳法易证明:

$$(n-2)F_1 + \cdots + F_{n-2} + F_n = F_{n+2} + F_n - n - 1.$$

这样便得到了我们要证的不等式. □

补注 上例用到了分段线性函数的基本性质 2).这里再介绍基本性质 1)的一个应用.

例 设 a_1，a_2，$\cdots$，$a_{2n+1}(n \geqslant 1)$ 是和为 0 的 $2n+1$ 个实数，y 是 $f(x) = \sum_{i=1}^{2n+1} |x - a_i|$ 的最小值点. 证明：

$$y \leqslant \frac{1}{2(n+1)} \sum_{i=1}^{2n+1} |a_i|.$$

证明 不妨设 $a_1 \leqslant a_2 \leqslant \cdots \leqslant a_{2n+1}$，则 $y = a_{n+1}$. 因此，我们仅须证明

$$a_{n+1} \leqslant \frac{1}{2(n+1)} \sum_{i=1}^{2n+1} |a_i|. \tag{1}$$

如果 $a_{n+1} \leqslant 0$，则(1)显然成立. 因此不妨设

$$a_1 \leqslant \cdots \leqslant a_k < 0 \leqslant a_{k+1} \leqslant \cdots \leqslant a_{n+1} \leqslant \cdots \leqslant a_{2n+1}.$$

这时由条件 $a_1 + a_2 + \cdots + a_{2n+1} = 0$ 可得

$$\begin{aligned}
\sum_{i=1}^{2n+1} |a_i| &= -a_1 - \cdots - a_k + a_{k+1} \cdots + a_{n+1} + \cdots + a_{2n+1} \\
&= 2(a_{k+1} \cdots + a_{n+1} + \cdots + a_{2n+1}) \\
&\geqslant 2(a_{n+1} + \cdots + a_{2n+1}) \\
&\geqslant 2(n+1)a_{n+1},
\end{aligned}$$

这就是要证的不等式(1). □

题 9 设 $n \geqslant 2$ 是整数，求最大的正实数 m_n 和最小的正实数 M_n 使得对任何正实数 x_1，x_2，$\cdots$，x_n 有

$$m_n \leqslant \sum_{i=1}^{n} \frac{x_i}{x_{i-1} + 2(n-1)x_i + x_{i+1}} \leqslant M_n,$$

其中 $x_0 = x_n$，$x_{n+1} = x_1$.

分析 首先猜测 m_n 和 M_n 值及相应的可能极值点. 等变量的情况是优先考虑的：当 $x_1 = x_2 = \cdots = x_n$ 时，和式的值等于 $\frac{1}{2}$. 这是可能的最大值还是最小值呢？再取 $n=3$，$x_1 = x_2 = 1$，$x_3 = 0$. 这时和式的值是 $\frac{2}{5} < \frac{1}{2}$. 这说明等变量处可能取到最大值，亦即猜测 $M_n = \frac{1}{2}$.

现在可能的最大下界自然应猜测在 $x_1 = 1$，$x_2 = \varepsilon$，$\cdots$，$x_n = \varepsilon^{n-1}$ 当 $\varepsilon \to 0$ 时取得，这是因为 $(1, \varepsilon, \cdots, \varepsilon^{n-1}) \to (1, 0, 0, \cdots, 0)$，而后者是一个特殊的边界点一顶点. 这样 m_n 的值就可能等

于 $\dfrac{1}{2(n-1)}$.

解 记

$$S = \sum_{i=1}^{n} \frac{x_i}{x_{i-1} + 2(n-1)x_i + x_{i+1}}.$$

整个解答过程分两部分:

(1) 先证明 S 的最优下界是 $\dfrac{1}{2(n-1)}$.

事实上,注意到下面显然的不等式

$$x_{i-1} + 2(n-1)x_i + x_{i+1} \leqslant 2(n-1)\left(\sum_{i=1}^{n} x_i\right), \ i = 1, 2, \cdots, n.$$

我们有

$$S \geqslant \sum_{i=1}^{n} \frac{x_i}{2(n-1)\left(\sum_{i=1}^{n} x_i\right)} = \frac{1}{2(n-1)}.$$

另一方面,取 $x_1 = 1$, $x_2 = \varepsilon$, $\cdots$, $x_n = \varepsilon^{n-1}$,这时 S 的值等于

$$\frac{1}{\varepsilon^{n-1} + 2(n-1) + \varepsilon} + \frac{(n-2)\varepsilon}{1 + 2(n-1)\varepsilon + \varepsilon^2} + \frac{\varepsilon^{n-1}}{\varepsilon^{n-2} + 2(n-1)\varepsilon^{n-1} + 1}.$$

再令 $\varepsilon \to 0$,则 $S \to \dfrac{1}{2(n-1)}$.

这就说明了 $\dfrac{1}{2(n-1)}$ 是 S 的最大下界,即 $m_n = \dfrac{1}{2(n-1)}$.

(2) 再证明 S 的最大值是 $\dfrac{1}{2}$.

为此需要一个引理:

引理(1999,罗马尼亚 TST) 设正实数 a_1, a_2, $\cdots$, a_n 满足 $a_1 a_2 \cdots a_n = 1$,则

$$\frac{1}{n-1+a_1} + \frac{1}{n-1+a_2} + \cdots + \frac{1}{n-1+a_n} \leqslant 1.$$

引理的证明:记 $r = 1 - \dfrac{1}{n}$. 由算术-几何平均值不等式和条件可得

$$a_1^r + \cdots + a_{i-1}^r + a_{i+1}^r + \cdots + a_n^r \geqslant (n-1)a_i^{-\frac{1}{n}}.$$

因此

$$\sum_{i=1}^{n} \frac{a_i}{n-1+a_i} = \sum_{i=1}^{n} \frac{a_i^r}{(n-1)a_i^{-\frac{1}{n}}+a_i^r} \geqslant \sum_{i=1}^{n} \frac{a_i^r}{a_1^r + a_2^r + \cdots + a_n^r} = 1.$$

这等价于引理中要证的不等式.

回到原题：记 $a_i = \dfrac{\sqrt{x_{i-1} \cdot x_{i+1}}}{x_i}$，则 $a_1 a_2 \cdots a_n = 1$.

这时由引理便得

$$2S \leqslant \sum_{i=1}^{n} \frac{2x_i}{2\sqrt{x_{i-1} \cdot x_{i+1}}+2(n-1)x_i} = \sum_{i=1}^{n} \frac{1}{n-1+a_i} \leqslant 1.$$

故 $S \leqslant \dfrac{1}{2}$. 又当 $x_1 = x_2 = \cdots = x_n$ 时，$S = \dfrac{1}{2}$. 所以 $M_n = \dfrac{1}{2}$. □

题 10（科伯（Kober）不等式）　设 $a_1, a_2, \cdots, a_n$ 是正实数，证明：

$$(n-1)\sum_{i=1}^{n} a_i^2 + n(a_1 a_2 \cdots a_n)^{\frac{2}{n}} \geqslant \left(\sum_{i=1}^{n} a_i\right)^2.$$

分析　直觉告诉我们 $(a_1 a_2 \cdots a_n)^{\frac{2}{n}}$ 最不易处理，于是我们就用齐次性把它"隐"去，可设 $a_1 a_2 \cdots a_n = 1$. 再注意到本问题取等号条件并不唯一，如当 $a_1 = a_2 = \cdots = a_n$ 或其中有一个为 0，其余 $n-1$ 个均相等时等号成立. 这时宜用调整法. 一种非常合理的调整策略是：设定最小变元，把其它元都调为相等. 由于调整过程需要若干步，因此结合用归纳法可使问题大大简化.

解法 1　由齐次性，不妨设 $a_1 a_2 \cdots a_n = 1$. 这时要证的不等式转化为

$$f(a_1, a_2, \cdots, a_n) = \left(\sum_{i=1}^{n} a_i\right)^2 - (n-1)\sum_{i=1}^{n} a_i^2 - n \leqslant 0.$$

现对 n 用归纳法.

当 $n = 1, 2$ 时，结论显然成立.

假设结论对 $n-1$ 成立，下证结论对 n 成立.

不妨设 $a_1 = \min\{a_1, a_2, \cdots, a_n\}$，并记 $G = \sqrt[n-1]{a_2 \cdots a_n}$. 这时要证

$$f(a_1, a_2, \cdots, a_n) \leqslant 0.$$

我们只需证明

$$f(a_1, a_2, \cdots, a_n) \leqslant f(a_1, G, \cdots, G), \tag{1}$$

和

$$f(a_1, G, \cdots, G) \leqslant 0. \tag{2}$$

先证(1):易知(1)可等价写为

$$(n-1)\sum_{i=2}^{n} a_i^2 - \left(\sum_{i=2}^{n} a_i\right)^2 \geqslant 2a_1\left(\sum_{i=2}^{n} a_i - (n-1)G\right). \tag{3}$$

注意到

$$a_1 \leqslant G, \quad \sum_{i=2}^{n} a_i \geqslant (n-1)G,$$

要证(3),我们仅需证明

$$(n-1)\sum_{i=2}^{n} a_i^2 - \left(\sum_{i=2}^{n} a_i\right)^2 \geqslant 2G\left(\sum_{i=2}^{n} a_i - (n-1)G\right). \tag{4}$$

由于(4)关于 $a_2, \cdots, a_n$ 是齐次的,因此不妨设 $G=1$.

这时要证不等式(4)就等价于

$$(n-2)\sum_{i=2}^{n} a_i^2 - \left(\sum_{i=2}^{n} a_i\right)^2 + (n-1) \geqslant 2\sum_{i=2}^{n} a_i - \sum_{i=2}^{n} a_i^2 - (n-1). \tag{5}$$

现对 $a_2, \cdots, a_n$ 用归纳假设知(5)的左边大于等于 0,故要证(5),我们只需证明

$$2\sum_{i=2}^{n} a_i - \sum_{i=2}^{n} a_i^2 - (n-1) \leqslant 0.$$

这等价于

$$\sum_{i=2}^{n} (a_i - 1)^2 \geqslant 0.$$

它是显然成立的,故(1)得证.

再证(2):

因为 $a_1 a_2 \cdots a_n = 1$,所以 $a_1 = \dfrac{1}{G^{n-1}}$. 这时易知(2)等价于

$$\frac{n-2}{G^{2n-2}} + n \geqslant \frac{2n-2}{G^{n-2}}. \tag{6}$$

事实上,由算术-几何平均值不等式,我们有

$$\frac{n-2}{G^{2n-2}}+n=\underbrace{\frac{1}{G^{2n-2}}+\cdots+\frac{1}{G^{2n-2}}}_{n-2}+\underbrace{1+\cdots+1}_{n}$$

$$\geqslant(2n-2)^{2n-2}\sqrt{\left(\frac{1}{G^{2n-2}}\right)^{n-2}\cdot1^{n}}$$

$$=\frac{2n-2}{G^{n-2}},$$

(6)得证,从而(2)得证. □

解法 2(饶家鼎) 由齐次性,不妨设 $a_1 a_2\cdots a_n=1$. 这时要证的不等式转化为

$$g(a_1,a_2,\cdots,a_n)=(n-1)\sum_{i=1}^{n}a_i^2+n-\left(\sum_{i=1}^{n}a_i\right)^2\geqslant0.$$

现对 n 用归纳法.

当 $n=1,2$ 时,结论显然成立.

假设结论对 $n-1$ 成立,下证结论对 n 成立.不妨设 $a_1\geqslant a_2\geqslant\cdots\geqslant a_n$.

若 $a_n\geqslant1$,则必有 $a_1=a_2=\cdots=a_n=1$. 此时结论显然成立.下面只需考虑 $a_n<1$ 的情况.

a) 若 $a_{n-1}\geqslant1$,则 $a_i\geqslant1$, $i=1,2,\cdots,n-1$.

由柯西不等式可得

$$(n-1)(a_1^2+a_2^2+\cdots+a_{n-1}^2)\geqslant(a_1+a_2+\cdots+a_{n-1})^2.$$

这时要证结论对 n 成立,只需证明:

$$\frac{n-2}{2}a_n^2+\frac{n}{2}\geqslant a_n(a_1+a_2+\cdots+a_{n-1}).\tag{7}$$

事实上,由广义伯努利不等式有

$$a_1+a_2+\cdots+a_{n-1}\leqslant a_1 a_2\cdots a_{n-1}+n-2=\frac{1}{a_n}+n-2.$$

故

$$a_n(a_1+a_2+\cdots+a_{n-1})\leqslant1+(n-2)a_n$$

$$\leqslant1+\frac{n-2}{2}(a_n^2+1)=\frac{n-2}{2}a_n^2+\frac{n}{2},$$

(7)得证.

b) 若 $a_{n-1} < 1$，我们断言下面两个不等式(8)和(9)至少有一个成立.

$$g(a_1, a_2, \cdots, a_n) \geqslant g(a_1 a_n, a_2, \cdots, a_{n-1}, 1); \tag{8}$$

$$g(a_1, a_2, \cdots, a_n) \geqslant g(a_1, a_2, \cdots, a_{n-1}, a_n, 1). \tag{9}$$

事实上,(8)等价于

$$(n-1)(1-a_1^2)(1-a_n^2) \leqslant (1-a_1)(1-a_n)\{(1+a_1)(1+a_n) + 2(S - a_1 - a_n)\}, \tag{10}$$

其中 $S = \sum_{i=1}^{n} a_i$.

注意到 $a_1 \geqslant 1 \geqslant a_n$，化简(10)知(8)等价于

$$\frac{n-2}{2}(1+a_1)(1+a_n) + a_1 + a_n \geqslant S. \tag{11}$$

同理(9)等价于

$$\frac{n-2}{2}(1+a_{n-1})(1+a_n) + a_{n-1} + a_n \leqslant S. \tag{12}$$

因(11)式左边显然不小于(12)式左边,故(11)和(12)中至少有一个成立,这也证明了(8)和(9)中至少有一个成立.

由(8)和(9)中至少有一个成立,说明存在乘积为 1 的 $n-1$ 个正实数 $b_1, b_2, \cdots, b_{n-1}$ 使得

$$g(a_1, a_2, \cdots, a_n) \geqslant g(b_1, b_2, \cdots, b_{n-1}, 1).$$

现在我们只需证明 $g(b_1, b_2, \cdots, b_{n-1}, 1) \geqslant 0$,亦即

$$(n-1)\sum_{i=1}^{n-1} b_i^2 + 2n - 1 \geqslant \left(\sum_{i=1}^{n-1} b_i + 1\right)^2. \tag{13}$$

而由归纳假设,我们有

$$(n-2)\sum_{i=1}^{n-1} b_i^2 + n - 1 \geqslant \left(\sum_{i=1}^{n-1} b_i\right)^2. \tag{14}$$

这样要证(13),只需证明

$$\sum_{i=1}^{n-1} b_i^2 + n - 1 \geqslant 2\sum_{i=1}^{n-1} b_i,$$

这等价于 $\sum_{i=1}^{n-1}(b_i - 1)^2 \geqslant 0$,显然成立.故(13)成立.

综上,说明结论对 n 成立. $\qquad\qquad$ □

评析 科伯不等式的一个推广是下面的苏拉尼(Surányi)不等式:

设 $a_1, a_2, \cdots, a_n$ 是正实数,则

$$(n-1)\sum_{i=1}^{n} a_i^n + n\prod_{i=1}^{n} a_i \geqslant \left(\sum_{i=1}^{n} a_i\right)\left(\sum_{i=1}^{n} a_i^{n-1}\right).$$

最近,本切(M. Bencze)进一步把苏拉尼不等式推广到了凸函数,他的结果可表述为:

设 $a_1, a_2, \cdots, a_n$ 是区间 I 上的正实数,f 和 f' 都是 I 上的凸函数,则

$$(n-1)\sum_{i=1}^{n} f(a_i) + nf\left(\frac{1}{n}\sum_{i=1}^{n} a_i\right) \geqslant \sum_{1 \leqslant i, j \leqslant n} f\left(\frac{(n-1)a_i + a_j}{n}\right).$$

下面来看一些比较简单的组合问题.

题 11(2015,环球城市联赛) 现有 15 个和为 0 的整数,其中至多有一个为 0. 现在一张纸上写出这些数的所有 7 元子集的元素和,另一张纸上写出所有 8 元子集的元素之和. 问:两张纸上写出的和数整体是否可能完全相同(包括各数的出现次数)?

解析 考虑一般的元素之和为 0 的 $2n+1$ 元集合 X,它的所有 n 元子集构成的集族记为 F_1,它的所有 $n+1$ 元子集构成的集族记为 F_2. 对任意一个 n 元子集 $A \in F_1$,A 的补集 $X \setminus A \in F_2$,A 的所有元素之和与补集 $X \setminus A$ 的元素之和为 0.

因此我们取 X 是关于原点对称的集合(即 $X = -X$),则 $-(X \setminus A)$ 仍然属于 F_2,且 A 和 $-(X \setminus A)$ 的元素之和相等. 这样映射 $A \longmapsto -(X \setminus A)$ 是 F_1 和 F_2 上的一个一一映射,从而两组和数完全相同. □

题 12(2011,匈牙利) 凸 2011 边形满足任意四点不共圆,过每三个顶点作一个圆. 若多边形有在圆外的顶点,则称此圆为"瘦的",反之,则称为"胖的". 问:胖圆和瘦圆哪个多?

解析 对这 2011 个顶点中的任意四点 A、B、C、D. 不妨设

$$\angle A + \angle C < 180°.$$

这时,点 C 在 $\triangle ABD$ 的外接圆外,而点 A 在 $\triangle BCD$ 的外接圆外. 这说明由 A、B、C、D 确定的 4 个圆中至少有 2 个瘦圆. 故瘦圆个数不小于胖圆个数.

下面进一步证明瘦圆个数不等于胖圆个数.

若瘦圆个数等于胖圆个数,记为 a. 由于这 2011 个顶点可确定 C_{2011}^4 个四点组,从而可确定 $4C_{2011}^4$ 个圆,而任何一个三点组确定的圆出现在 $2011 - 3 = 2008$ 个四点组中,故

$$a = \frac{1}{2} \cdot \frac{4C_{2011}^4}{2008}.$$

但这不是整数,矛盾!

综上便知瘦圆数大于胖圆数. □

题 13 设整数 $n \geqslant 2$, $X = \{a_1, a_2, \cdots, a_n, a_{n+1}\}$,其中 a_i 是正整数,且 $a_i \geqslant n$, $i = 1, 2, \cdots, n+1$. 证明:存在 $1 \leqslant i \neq j \leqslant n+1$ 使得 $[a_i, a_j] > n^2$.

分析 要证一个存在性的不等式,想到用抽屉原理. 但 a_i 是无界的,因此取倒数,这时 $\frac{1}{a_i}$ 变成有界量了,从而方便构造抽屉.

证明 不妨设 $a_1 > a_2 > \cdots > a_{n+1} \geqslant n$,则

$$0 < \frac{1}{a_1} < \frac{1}{a_i} \leqslant \frac{1}{n}, \quad i = 1, 2, \cdots, n+1.$$

现将区间 $\left[\frac{1}{a_1}, \frac{1}{n}\right]$ 等分成 n 个小区间,则每个小区间的长度小于 $\frac{1}{n^2}$.

如果存在 $a_i (2 \leqslant i \leqslant n+1)$ 使得 $\frac{1}{a_i}$ 落在第一个小区间内,则有

$$0 < \frac{1}{a_i} - \frac{1}{a_1} < \frac{1}{n^2}.$$

如果所有 $a_i (2 \leqslant i \leqslant n+1)$ 使得 $\frac{1}{a_i}$ 均不落在第一个小区间内,则由抽屉原现知存在 $2 \leqslant i < j \leqslant n+1$,使得

$$0 < \frac{1}{a_j} - \frac{1}{a_i} < \frac{1}{n^2}.$$

这样,不管是哪种情况,总存在 $1 \leqslant i < j \leqslant n+1$,使得

$$0 < \frac{1}{a_j} - \frac{1}{a_i} < \frac{1}{n^2}. \tag{1}$$

因为对任意正整数 a、b,有 $ab = (a, b)[a, b]$,故由(1)可得

$$0 < \frac{\frac{a_i - a_j}{(a_i, a_j)}}{[a_i, a_j]} < \frac{1}{n^2}. \tag{2}$$

又注意到 $\dfrac{a_i - a_j}{(a_i,\,a_j)}$ 是正整数,故由(2)立得 $[a_i,\,a_j] > n^2$. □

题 14(1987,全苏联冬令营) 设 $\{a_n\}$ 是递增的正整数序列,$a_1 = 1$,且对任意正整数 n 有 $a_{n+1} \leqslant 2n$.证明:任何不小于 2 的整数都可表示为 $a_i + a_j$ 的形式,其中 i 可以等于 j.

分析 注意对递增(这里均指严格递增)的正整数序列 $\{a_n\}$,若该序列中小于 k 的项数至多为 m 项,则 $a_{m+1} \geqslant k$.这是整数离散性的一种表现.

证明 用反证法.假设结论不成立,则存在 $k > 2$ 无法表为 $a_i + a_j$ 的形式.

(1)当 k 为奇数时,数对 $(1,\,k-1)$,$(2,\,k-2)$,$\cdots$,$\left(\dfrac{k-1}{2},\,\dfrac{k+1}{2}\right)$ 的每一组数中,都至多有一个在序列 $\{a_n\}$ 中,故序列 $\{a_n\}$ 中小于 k 的至多有 $\dfrac{k-1}{2}$ 项.

(2)当 k 为偶数时,数对 $(1,\,k-1)$,$(2,\,k-2)$,$\cdots$,$\left(\dfrac{k}{2}-1,\,\dfrac{k}{2}+1\right)$ 的每一组数中,都至多有一个在序列 $\{a_n\}$ 中,而 $\dfrac{k}{2}$ 也不能属于 $\{a_n\}$ 中.故序列 $\{a_n\}$ 中小于 k 的至多有 $\dfrac{k}{2}-1$ 项.

综上,序列 $\{a_n\}$ 中小于 k 的至多有 $\left\lfloor\dfrac{k-1}{2}\right\rfloor$ 项.故

$$a_{\left\lfloor\frac{k-1}{2}\right\rfloor+1} \geqslant k.$$

但

$$a_{\left\lfloor\frac{k-1}{2}\right\rfloor+1} \leqslant 2\left\lfloor\dfrac{k-1}{2}\right\rfloor \leqslant k-1,$$

矛盾!这说明对任何大于 2 的整数可表为 $a_i + a_j$ 的形式,又 $2 = a_1 + a_1$,故对一切 $k \geqslant 2$ 的整数结论成立. □

题 15(2012,伊朗) 求所有正整数序列 $\{a_n\}$,使得对任意 $i \leqslant j$ 均有 $a_i \leqslant a_j$ 且对任意的正整数 i、j,$i+j$ 的正因数个数与 $a_i + a_j$ 的正因数的个数相等.

分析 很自然猜测自然数序列 n 是满足条件的唯一的序列.注意到 $a_1 = 1$,如果我们能证明 $\{a_n\}$ 严格递增且在一个无穷子序列上的每一个值等于下标的标号数,则我们就证明了 $a_n = n$.

解 首先证明 $\{a_n\}$ 严格递增.

若不然,假设存在正整数 i 使得 $a_i = a_{i+1}$.取 $j = p - i$,其中 p 是一个大于 $i+1$ 的质数.这时

由 $i+j$ 是质数知 a_i+a_j 也是质数. 因为 $a_i=a_{i+1}$,所以 $a_{i+1}+a_j$ 也是质数,从而 $i+1+j$ 也是质数. 这样我们找到了相邻两整数 $i+j$ 和 $i+1+j$ 均是质数,矛盾!

再证 $a_n=n$.

显然 $a_1=1$. 取 $i=j=2^{p-2}$,其中 p 是不小于 3 的质数,则 $i+j=2i=2^{p-1}$ 的正因数的个数为 p. 故 $a_i+a_j=2a_i$ 的正因数的个数也为 p. 这样,$2a_i$ 必须等于 2^{p-1}. 故 $a_{2^{p-2}}=2^{p-2}$. 这说明两个严格递增的正整数序列 a_n 和 $\{n\}$ 的首项相等,且在一个无穷子序列 $\{2^{p-2}\}$ 上的值对应相等. 故对所有正整数 n 均有 $a_n=n$. $\qquad\qquad\square$

题 16(1985,全苏联国家队夏令营) 在无穷大方格纸上标出了 n 个方格,称两个方格为"相邻的",如果它们具有公共边或公共顶点. 证明:可以从所标出的方格中挑选出 $k\geqslant\dfrac{n}{4}$ 个方格,使得它们之中任何两个都不相邻.

证明 平面上的每个方格用整点 $(x,y)\in\mathbf{Z}^2$ 表示. 将平面上的整点分划成如下的四个集合:

$$A_{00}=\{(x,y)\mid x,y\equiv 0(\bmod 2)\},$$
$$A_{10}=\{(x,y)\mid x\equiv 1,y\equiv 0(\bmod 2)\},$$
$$A_{01}=\{(x,y)\mid x\equiv 0,y\equiv 1(\bmod 2)\},$$
$$A_{11}=\{(x,y)\mid x,y\equiv 1(\bmod 2)\},$$

则这四个集合中的每个集合中整点对应的方格两两不相邻.

设标出的方格集为 S,则

$$\bigcup_{0\leqslant i,j\leqslant 1}(A_{ij}\bigcap S)=S.$$

故必有一个 $A_{ij}(i,j\in\{0,1\})$,使得

$$|A_{ij}\bigcap S|\geqslant\frac{|S|}{4}=\frac{n}{4}.$$

因此取 $A_{ij}\bigcap S$ 中的方格满足要求. $\qquad\qquad\square$

题 17(2012,塞尔维亚) 设 K 是平面直角坐标系上的整点集. 问:是否存在双射 $f:\mathbf{N}_+\rightarrow K$,使得对任意的 $a,b,c\in\mathbf{N}_+$,若 $(a,b,c)>1$,则 $f(a),f(b),f(c)$ 不共线?

本题要用整点集是一个可列集(通俗地说,即可以用自然数来编号)这一结论. 尽管它直观上

是好理解的,似乎还是有点超越中学生的知识范围.幸好参加新星五一班的不少同学熟悉这个结论.在这一结论的基础上,我们通过归纳构造证明存在满足要求的双射.

解析 首先将平面上的整点编号,记为 $K=\{A_1, A_2, \cdots\}$.现要给出 $\mathbf{N}_+$ 到 K 的一个满足要求的一一映射,本质上是要我们重新给出 K 的一个编号.先摸索着前进.当然取 $f(1)=A_1$,$f(2)=A_2$,$f(3)=A_3$,$f(4)=A_4$,$f(5)=A_5$.

但 $f(6)$ 呢?因为 $(2, 4, 6)=2$,因此 $f(6)$ 不能在直线 A_2A_4 上,这时我们取 $f(6)$ 为 K 中除去 $A_1 \sim A_5$ 且不在直线 A_2A_4 上的下标最小的 A_j(事实上,如果点 A_6 在直线 A_2A_4 上,取 $f(6)=A_7$;如果点 A_6 不在直线 A_2A_4 上,仍取 $f(6)=A_6$).

再考虑 $f(7)$ 的值.因 7 是质数,这样我们取 $f(7)$ 为 K 中除去 $f(1) \sim f(6)$ 对应点的具有最小下标 j 的点 A_j.

现在一般的 $f(n)$ 的构造就不难了.事实上,假设 $f(1)$,$f(2)$,$\cdots$,$f(n-1)$ 已被选定对应点,则取 $f(n)=A_m$,其中下标 m 为满足对任意 $i, j \leqslant n$ 有 $(i, j, n)>1$,点 A_m 不在直线 $f(i)f(j)$ 上(因这样的直线的条数有限,A_m 一定存在)的所有下标中的最小者.特别地,对质数 p,$f(p)$ 对应着 K 中没有被选取的具有最小下标的整点.

显然,这样构造的 f 确是 $\mathbf{N}_+$ 到 K 的一个满足条件的一一映射. □

华东师范大学出版社

学奥数
总有一本适合你

ECNUP

IMO
终极篇

联赛
冲刺篇

高中
预赛篇

专题篇

题库

小学
顶级篇

思维
训练篇

经典
辅导篇

入门篇